团队建设理论与实务

丁少华◎著

北京·旅游教育出版社

责任编辑:何　玲

图书在版编目(CIP)数据

团队建设理论与实务 / 丁少华著. -- 北京 : 旅游教育出版社,2014.4

ISBN 978-7-5637-2898-5

Ⅰ.①团… Ⅱ.①丁… Ⅲ.①企业管理—组织管理学 Ⅳ.①F272.9

中国版本图书馆 CIP 数据核字(2014)第 035221 号

团队建设理论与实务

丁少华　著

出版单位	旅游教育出版社
地　　址	北京市朝阳区定福庄南里 1 号
邮　　编	100024
发行电话	(010)65778403 65728372 65767462(传真)
本社网址	www.tepcb.com
E-mail	tepfx@163.com
印刷单位	北京京华虎彩印刷有限公司
经销单位	新华书店
开　　本	787 毫米×1092 毫米　1/16
印　　张	14.75
字　　数	304 千字
版　　次	2014 年 4 月第 1 版
印　　次	2014 年 4 月第 1 次印刷
定　　价	42.00 元

(图书如有装订差错请与发行部联系)

自 序

在每个人的成长历程中，总会有许多参与或运作团队的机会。也有许多人，借助于团队的支持逐渐成长起来或不断变得强大。不过，虽然参与团队的机会很多，但如果我们不能从团队中脱颖而出，就难以获得运作、管理或领导团队的机会。而较早掌握运作、管理、领导团队的理论和方法，不但能够增加人们从团队中脱颖而出的概率，更能够帮助他们在成为团队管理者或领导者后把一个团队带领好。

在复杂的人际关系中，影响人们成为管理者或领导者的因素太多，有许多因素人们自己难以把控，有许多条件并非通过自己的努力便能够获得，有许多结果也经常不以人们的意志为转移。但掌握团队建设的理论和实务，却是每一个人凭借自己的努力都能够做到的。所以，我们应该首先将自己能够把控的事情做好，至于其他，就"听天由命"吧。

丁少华

2014 年 4 月

目　录

引 言

每一位团队成员都有可能成为团队的领导者或管理者,但不可能每一位团队成员都能够成为团队的领导者或管理者。

如果你想成为一个团队的领导者或管理者,那么,你就必须习得团队运作的相关知识和理论,并练就团队运作的方法和技巧。否则,你便不可能成为团队的领导者或管理者。即使由于各种其他特殊原因,使你有机会成为一个团队领导者或管理者,但是如果你不懂得运作自己的团队,那么,你便不可能成为一个称职的团队领导者或管理者。

对每一个身心发展正常的人来说,他们都希望在人生的历程中留下更多有价值的印记,取得更大的成就。就如同人们常说的“不想当将军的士兵不是好士兵”一样,每一个健康的团队成员,都会希望自己能够成为团队的领导者或管理者,以带领团队实现自己和他人的诸多目标。那么,能够帮助你成为团队领导者或管理者的第一个充分、必要条件就是:把握好你的方向,认清楚你的目标。

第1章　问题思考

讨论方向，我们首先从关于问题的讨论开始。

讨论方向：为什么要从有关问题的讨论开始呢？这是因为，我们所处的人类世界无论从宏观角度还是微观角度看，都是由许许多多的问题组成的。既然世界的本身就是一个充满问题的世界，那么，从问题开始讨论目标便是理所当然的了。

每一个群体都是因问题而产生的。心理学对有关人的合群倾向的研究表明，人们或因某种需要、或因降低恐惧感、或因得到信息、或因本能、或因分离感等，使他们倾向于群集在一起，以获得生存，或者提高生存质量，或者增加安全感。

合群倾向是个体愿意与他人乃至群体在一起的一种倾向。美国哈佛大学心理学家H. A. 默里（H. A. Murray）认为合群是人的一种需要。美国心理学家沙赫特（S. Schachter）认为，合群与人的恐惧有关，合群能够降低恐惧。恐惧程度高的人比恐惧程度低的人更倾向于合群。后者还发现，出生顺序与合群有关。长子、长女和独生子女在害怕的时候表现出更强的合群倾向。这种倾向随出生顺序而递减。谢威（P. Shaver）和克林纳特（M. Klinnert）认为，评价自己的反应固然是重要的，但了解情况的需要是更加强烈的，他人往往是信息的重要来源。当人们面临不熟悉的情况时力求了解这个情况，于是便导致合群行为出现；英国裔美国心理学家威廉·麦独孤（William McDougall，1871—1938）认为，合群是一种本能；美国人本主义心理学家艾瑞克·弗洛姆（Erich Fromm，1900—1980）认为，普遍存在于人类心理结构中的分离感是合群的原初契机，是人类文明和人类自我意识的必然产物。

由上述可见，因为多种问题的存在而产生了群、产生了群体，又因为有了群体，才产生了团队。

群体是相对于个体而言的，是指两个或两个以上的人，为了达到共同的目标，以一定的方式联系在一起进行活动的人群。团队是由团队成员和管理层组成的一个共同体，它合理利用每一个成员的知识和技能协同工作，解决问题，达到共同的目标。团队的构成要素可归纳为“5P”，即目标（Purpose）、人（People）、定位（Place）、权力（Power）、计划（Plan）。群体和团队存在一些根本性的区别：在领导方面，群体有明确的领导者，而团队在成熟阶段，成员共享决策权；在目标方面，群体目标必须与组织目标一致，而团队中除此之外可以具有成员的个人目标；在协作方面，群体成员协作水平较低，可能存在消极和对立，而团队协作水平较高，具有一致性；在责任方面，群体的领导者要负很大责任，而团队中除领导者要负责外，成员也会负责，或领导者与成员共同负责；在技能方面，群体成员可能相同或不同，但互补水平较低，而团队成员能够做到相互补充、有效组合；在结果方面，群体的绩效是成员个体绩效之和，而团队的绩效是全体成员共同完成的产品。当然，虽然群体和团队存在许多不同，但它们最大的共同点是两者都是由多人形成的集合体，正因为如此，群体是可以向团队过渡并最终成为团队的。

沿着团队角度审视，从个人首属的家庭到个人次属的群体，再到个人所隶属的国家、民族，都有他、它们的问题，以及他和他、他和它们、它们和它们之间的问题。有问题，就必然会有迷茫、有矛盾、有纷争，但当找到问题产生的原因并改变原因后，更多的是有方向、有谅解、有合作。

的确，正因为有问题，才有了过去的历史和今天的现实，才会从过去走到现在，才会从现在走到未来。

许多的客观存在，都是从问题开始的。

理论，是从问题开始的。

理论始于问题的存在。没有问题支撑的理论是无法说明关于事物内在的联系和本质的，也不能算是科学的理论；唯有提出问题、分析问题、解答问题，才能说明客观事物的来龙去脉和发展变化，这种由问题支撑起的理论才是真正科学的理论。

创造，是从问题开始的。

创造始于问题的存在。创造的实现依赖于创造性思维。创造性思维是一个发现问题、解决问题，提出假设、验证假设的过程。人们分析问题、解决问题，首先要发现问题、提出问题。“问题”是调动人们积极思维的“催化剂”，通过发现问题、质疑现象以及批判和否定，才能够克服人们已有的思维定式，激发动力，最终获得结果。现代思维科学认为，问题是思维的起点，问题是创造的前提，一切创新变革都是从问题开始的。

教育，是从问题开始的。

教育始于问题的存在。没有问题的教育是无组织、无计划、无目的的教育。通过发现问题、分析问题、解决问题，将有问题的学生教育成为无问题的学生，才是有效的和理想的教育，才是有生命力的教育。诚然，教学与教育有所不同，将有问题的学生教成没问题的学生，是失败的教学；而将学生教成不断提出新问题的学生，才是成功的教学。

学习，是从问题开始的。

学习始于问题的存在。带着问题的学习是有目标方向的学习，为解决问题而学习是主动的、有兴趣的学习。这种学习不但有效，且能够愉悦学习者的身心。相反，没有问题的学习是盲目的学习。盲目的学习对学习者本身很难具有可信性和有效性。无问题的、被动的学习也一定是毫无兴趣的学习，这种不得不为之的学习是对学习者的煎熬，并会给他们的身心造成伤害。

探索，是从问题开始的。

探索始于问题的存在。问题能够激发探索者内在的原动力，使他们在动机和毅力的支撑下向未知不断前行。在探索中寻找问题的结果,通过假设、判断、论证寻求真谛,甚至以生命为代价换取最终答案,不仅体现出探索者追求真理的科学态度,也彰显出他们为人类进步和发展勇于献身的崇高境界。

答案,是从问题开始的。

答案始于问题的存在。从提出问题到获得答案的过程,就是由始至终的过程,没有以问题为始,便没有以有答案为终。如果人类从来没有问题,那么,人类也就从来没有答案,我们也绝不可能拥有今天。

由上述可见,许许多多的事物,都是以问题为始的。因为人类征服自然、解放自己的过程,始终是发现问题、解决问题、寻求理想结果的过程。也正是因为如此,本书以问题开篇。正如弗兰西斯·培根(Francis Bacon,1561—1626)说的那样:“如果你从肯定开始,必将以问题告终;如果从问题开始,则将以肯定结束。”

1.1 你的目的是什么

“目的”一词最早见于北周大将窦毅(519—582)为女儿窦氏(约569—613,唐太宗李世民生母)“比武招亲”,最终李渊(566—635,唐高祖,唐太宗李世民生父)“雀屏中选”的故事。后古人以眼睛为“目”,以箭靶的中心目标为“的”。凝目视靶,将箭射中靶心,即由目至的。古人将这一具体的动作过程概括为抽象的概念——目的,从此就有了今天我们常用的“目的”这个名词。

人们一般认为,目的是指行为主体根据自身的需要,以意识、观念为中介,对行为目标和结果的预先设想。作为观念形态,目的反映了人对客观事物的实践关系。人的实践活动以目的为依据,目的贯穿于实践过程始终。

关于目的的讨论有很多,从哲学和教育学角度对目的进行讨论的著名人物当属美国哲学家和教育家、实用主义哲学的重要代表人物约翰·杜威(John Dewey,1859—1952)。他认为,目的作为一个预见的结局,可以为活动确定方向。这种预见具有三种作用。

一是可以仔细观察特定情况,注意什么是到达终点的手段,并发现阻挡通往结局道路上的障碍;

二是提出运用手段的恰当的顺序,以便于经济地安排和选择;

三是使人们能够选取可供选择的办法。

他认为,目的存在于活动的内部,而不是外部。认为活动的目的总是与活动的结果相联系,所以,在谈到活动的目的时,要注意这项活动是否具有内在的连续性。杜威认为,有目的的行动和明智的行动是一件事。一个人之所以愚蠢、盲目或是不聪明、不明智——没有心思——和他在审核活动中不了解他行为可能的结果的程度密切相关。明智是一种能力，有时我们也把它称为“有意识的能力”。有意识就是知道我们在做什么，就是我们对活动具有有意的、观察的和计划的特征。所以，杜威总结道：“活动的目的就是行动有意义，不像一个自动化的机器；这是有意要做这些事情，并根据这个意向来认识事物的意义。”

在工作和生活中，我们不仅经常说到目的，也会经常谈到目标。有些人知道两者不同，但却难以较为清晰地加以分辨。目的和目标的区别在于，目的比较抽象，是某种行为普遍性、统一性、终极性的宗旨，是人们最终追求的结果，可以理解为是人们的梦想与期望；目标则比较具体，是某种行为特殊性的、个别化的、阶段性的追求，是人们在一定时期内所追求的最终成果，是人们在某个阶段的宗旨和使命的具体化。两者最大的区别在于，目的不具有量化特征，而目标必须量化。目的和目标的联系在于，人们的目标总要围绕着他们的目的而确定，目的指导目标的确立，而目标的不断实现则使目的最终达成。

对于一个人来说，没有目的，就是没有追求，也自然不会确立什么目标，即没有目的就没有目标。但是，有了目的而不围绕这一目的确立相应的具体目标，目的便会永远是空想，追求也永远不会得到结果。

如果上述文字还不能够清楚地说明目的、目标的话，那么，下面的例子会有助于我们对目的、目标加以理解。假设，一个懂得感恩的孩子立志赚大钱让父母安享晚年，父母安享晚年便成为他赚钱的主要目的之一。为此，他确定计划：用 3 年时间赚 100 万元、用 5 年时间赚 200 万元、用 10 年时间赚 500 万元……其中，这些用 N 年时间赚到 N 百万元的计划，便是他赚钱的目标。很显然，这个懂得感恩的孩子用 N 年时间赚到 N 百万元的目标都是围绕让父母安享晚年这个目的进行的，实现了这些目标，让父母安享晚年的目的便能够实现；但如果他没有这些目标，让父母安享晚年的目的便会成为空想。

其实，对于事业和生活，绝大多数人是有追求的，也就是说，人们都有自己事业和生活的目的。围绕这些目的，人们会确立许多目标。无论是一至三年的短期目标、三至五年的中期目标，还是五至十年的长期目标，其最终达成，都能够使之与其相符的目的得以全部或部分实现。但是，任何目标的达成从来都不会轻而易举或信手拈来，而是必须依靠人们实施诸多具体和有效行为，不断完成各项学习、工作任务才能实现。在实现目标过程中的每个人的行为，也都具有目标性。这些目标性的行为构成“行为链”，当行为链中的绝大多数行为都围绕目标完成“自己的工作任务”并达到具体目标后，目标结果便随之出现。而许多短期目标的达成，又形成“目标链”，进而达成中期目标。以此类推，人们才能最终实现自己的终极目标，并进而达成目的。

由此可见，目标行为是目标实现的基础和条件，唯有不断“垒土”，方可砌“九层之台”；唯有举首足，方可就“千里之行”。所以，从始起步，并不断以终为始，方能最终将一个个目标握在手中。

杰夫·海登在《非常成功的人会做的八件事》（http://blogs. bnet. com. cn/? uid-19109-action-viewspace-itemid-25662，2012 年 11 月 19 日）一文中提出，非常成功的人“他

们以终点为起点……”：

普通的成功通常是因为设置了普通的目标。

弄清楚你真正想要的是什么：成为最好、最快、最便宜、最大还是别的什么。盯住终极目标。弄清楚你的终点在哪里。那就是你的目标。

然后你就可以回到工作之中，并且计划出沿途的每一步布局。

在设定目标的时候，永远不要从小处着眼。如果你最终的目标是最终的成功，那么你就会做出更好的决策，而且你能发现自己会更容易倾尽全力地工作。

杰夫·海登认为，非常成功的人“……他们不会停下脚步”：

实现一个目标，无论是一个多么大的目标，对于非常成功的人来说都不会是终点。实现一个大目标只会成为实现下一个大目标的起点。

也许你希望创建一家1亿美元的公司；一旦你做到了，你就可以利用你的人脉和影响力去为你的信仰创建一个慈善基金。然后你的企业和慈善事业的成功可以为你提供一个演讲、写作和思想领导的平台。然后……

在一个领域内取得巨大成功的过程给予了你在很多其他领域取得巨大成功所需的技能和人脉。

非常成功的人不会只想赢得一场比赛。他们期望并计划赢得随后的一系列赛事。

一个人的一生在不同的阶段会有不同的目标，在同一阶段也同时会有几个目标，这都是正常的，也是应该的。但对于这短短的一生来说，我们是不是应该想一想，自己最终一定要得到的结果是什么呢？换言之，我们倾注毕生之力追求的是什么呢？是金钱，是权力，是荣誉，还是平安和健康？人活一世，无论我们叱咤风云还是平凡渺小，无论我们是高大威猛的壮汉还是娇小美丽的姑娘，最终都会是一缕青烟，尔后便会在归宿地——那个“小盒子”里安静地休息。在这个盒子里，虽然没有美丑，没有善恶，没有喜怒，但在进入这个小盒子之前，我们究竟干过了些什么，我们所干的这些是不是给那些还活着的人留下了什么有意义的东西？

所以，我们给读者的结论性建议是：实现目标的充分、必要条件就一个字——做。

诚然，做也分有效和无效两种，所以，怎么做有效，便是我们下面必须讨论的问题。

1.2 你应该怎样做

如果说目标是人们对某个阶段自我计划行为最终结果的期待的话，那么，使这种期待成为现实的唯一途径就是行动过程中的具体行为了。因为没有行为过程中的具体行为，没有在行为过程中围绕目标实现解决各种问题、创造必要条件，期待便只能是一个空想，而空想自然永远不可能成为现实。但是，即使有了行为过程中的具体行为，如果这些行为没有目标，即便是行为本身有效，但就目标而言，最终还是对其实现无补。所以，实现目标虽然以行为作为条件，但这些行为必须围绕目标实施，这样，行为才会有效，才有意义，目标实现也不会变成一纸空谈。下面，我们通过一个案例来分析围绕目标实施有效行为的重要作用。

◆案例讨论：目标

问题：你乘坐的客轮触礁了，离岸最近距离在东南 30 海里，每人必须带三样（在生活中能够接触到的）东西下到救生艇上，你的选择是什么？

在如此危急的时刻，你一定不会把给你的条件全部放弃，哪怕是其中之一。在以往各类管理者的培训中，我们也从未遇到过对给出的条件什么都不选择的人。由此看来，选择自己认为需要的东西，用它们尽可能保全性命，是所有身心健康的人必然的行为。但是，由于人们的经历（经验）、认知水平、对事物价值的倾向性（价值观）不同，故他们所选择的东西也不尽相同，那么，你会选择什么呢？

你或许会选择下述条件中的 N（N→∞）分之三：

A. 救生衣、救生圈

B. 淡水、食物

C. 手电筒、打火机、火柴、小镜子

D. 手机

E. 刀子、绳子

F. 鱼竿、渔网

G. 一把枪、信号枪和信号弹、信号灯、驱鲨剂

H. 钱（信用卡）或金条

I. 亲人的照片或某件信物

J. 指南针

……

你已经选择了上述中你认为有意义的三样东西，下面我们就一起对你所选择的东西做假设性讨论。

假设 A：你穿上了救生衣，带上了救生圈……

这当然是很有意义的。因为如果你下到救生艇上，在无风三尺浪的大海里，你乘坐的救生艇很可能顷刻间被一个大浪打翻。落到海里的你，要是没有救生衣或救生圈帮你浮在水上，那你就只能葬身大海了。所以，唯有穿着救生衣或带上救生圈（最好是穿上救生衣，再套上救生圈），你才不会沉入大海，你才有可能获救。因此，你做这样的选择是对的。

当然，要是你有海难逃生的间接或直接经验，如果时间允许，你还会：在穿上救生衣、套上救生圈之前，先把能够穿上的衣服都穿上。如果能找到塑料袋，再把它们套在自己

的手和脚上……

遇到海难自救的方法是每个人都应该了解的，虽然我们可能一辈子都用不上这些知识和方法，但不怕一万就怕万一，一旦哪天真的让哪位碰上了，这些知识和方法肯定能派上用场。

链接：发生海难如何自救

发生海难时，应如何自救呢？专业人士说，人员万一落水，长时间在冰冷的海水中浸泡，就有可能引起低温症，致中心体温下降到35℃以下，体内各重要器官发生严重的功能失调，心室发生纤颤，这是海难导致死亡的主要原因。

冰水浸泡低温症的预防，主要办法是合理使用救生设备，在水中减少活动，保持身体和精神的安静等，千方百计地防止或减少体热散失。救生装备主要为漂浮工具，如救生背心和救生船及抗浸服，以避免身体与冷水直接接触。

(1)穿抗浸服：各国空军都有自己的抗浸服，有很好的防水、保暖的作用(普通老百姓可没有这东西)。

对于一般海上遇险者来说，如在下水前穿上较厚的衣服，就能延长冷水浸泡的生存时间。若水温低于10℃则必须戴上手套和穿上鞋子，使体热散失量减到最小。

(2)保持安静：落入冷水者应利用救生背心或抓住沉船漂浮物，尽可能安静地漂浮。这样在进入冷水时的不适感很快就会减轻。在没有救生背心，也抓不到沉船漂浮物，或者必须马上离开即将沉没的船只，以及离海岸或打捞船的距离较近时，才可以考虑游泳。否则，即使游泳技术相当熟练，在冰冷的水中也只能游很短的距离。在10℃的水中，体力好的人，可以游1~2千米；一般人游100米都很困难。

(3)保护头部与采取一定的姿势减慢体热散失：入水后应尽量避免头颈部浸入冷水里，不可将飞行帽或头盔去掉。头部和手的防护是相当重要的。为了减少水接触的体表面积，特别是几个高度散热的部位，即腑窝、腹股沟和胸部，在水中应取双手在胸前交叉，双腿向腹屈曲的姿势。如果有几个人在一起，可以挽起胳膊，身体挤靠在一起以保存体热。

此外，海上求生的要领还包括：

(1)要有坚强的意志及克服困难的决心，只有这样才能激发无穷的智慧，克服重重困难。

(2)迅速发出呼救信号，请求援救。

(3)离船在海水中漂流或乘救生器材漂流要辨别好方向，安定情绪，迅速离开险船。

(4)不要喝海水，千方百计寻找淡水，防止脱水。

(5)寻找食物代用品，海洋中有鱼、龟、海鸟、贝壳、海藻可供食用。

(6)谨防鲨鱼、海蛇等咬伤。

(选自 http://www.xnjk.net/jjzt/zn/200671694836.htm，2006年7月16日)

假设 B:你带上了淡水和食物……

没错,在自救或等待救援的过程中,你必须想办法活下来,无论你在救生艇上,或者借助救生衣、救生圈及其他漂浮物在海面上等待救援,还是靠自己的努力游向海边,你都必须有足够的体能,而水和食物,是保持体能所必需的。所以,如果你选择了水和食物,就等于选择了在一定的时间内具有体能,也就等于选择了可能生存下来的机会。这里之所以用"在一定的时间内"和"可能生存下来"对体能和机会进行限定,是因为存在另一种假设。

假设你带上了自己的体力足以承担的淡水和食物,假设一天一天过去,你望眼欲穿也没能等来救援者,也没能到达岸边……终有一天,你带的淡水和食物会被你喝完吃尽,那么,你肯定知道等待你的将是什么吧。

链接:水

生命离不开水。所有的生物都依赖水,所有的生物也都含有水。没有食物,正常人平均能活三周,但没有水三天也活不了。

人体的 75% 是水。水使人体维持恒温,使肾脏行使排泄功能,使人拥有清醒的头脑,使心脏正常跳动。但是体液是有限的,身体消耗的水分必须及时得到补充,否则健康和工作效率都无从言及。

正常人平均每天耗水 2 ~ 3 升——即使静卧,每天也要消耗大约 1 升水。正常呼吸会从人体带走水分,随着工作强度加大和气温的升高,深度呼吸和出汗也会促使人体失去水分。病人的呕吐和腹泻更会使水分大量丧失。人体必须不断补充水分以维持正常水分平衡。通过饮水和食用含水食品可以补充水分。为了使水分消耗降至最低程度,可以采取以下措施。

多休息,少活动;不要抽烟;待在阴凉场所,如果找不到,可搭一凉棚;不要躺在热腾腾的地面上;不要进食或尽可能少进食。如果身体得不到水分,体液会从要害器官转移以便消化食物,这会加速脱水。脂肪很难消化,需要大量水分;不要饮酒,那样会使器官消耗大量水分;尽量少说话,不要用嘴呼吸,等等。

(选自怀斯曼. 怀斯曼生存手册[M]. 哈尔滨:北方文艺出版社,2007.)

假设 C:你带上了手电筒、打火机、火柴、小镜子……

人们带上火柴、打火机应该不是为了点烟,带上镜子也不会是为了用来化妆,在关乎生死存亡之际,带上这些东西自然因为它们都与"发光"相关。事实证明,无论在黑暗中借助手电光、火光,还是在白天借助镜子反光,都可能让救援人员更容易发现求救者。此外,如果逃生过程中登上某个荒岛,手电筒、打火机肯定能够派上大用场。

链接:遇险如何求救

一、烟、火信号

火是国际通行的求救信号,所以,遇险时以燃火作为信号求救是重要、有效的方法。火堆最好摆成间隔相同的三角形,这样更方便点燃。烟雾在白天更容易被救援者发现,所以,应在火中加入易产生烟雾的材料。如果可供燃烧的材料有限,那么,适时燃火是必须要做到的。

二、地对空信号

如果能够找到较大的开阔地,在那里设置容易被空中救援人员发现的标志,是一种很好的自救方法。在开阔地上设置救援标志物,通常以每个标志长10米、宽3米、间隔3米为宜。国际通行以标志有许多,如:"I"——有伤势严重的病人需立即转移或需要医生;"F"——需要食物和饮用水;"II"——需要药品;"LL"——一切都好;"X"——不能行动;"→"——按这一路线运动。

三、其他信号

(1)光信号。在晴天,阳光是最为便利的可用求救资源。所有能够反射阳光的器具都可以加以利用。持续的反射光将产生长线和圆点,这是莫尔斯代码的一种。

(2)旗语信号。用衣服或其他物品做成旗,通过先向左长划,再向右短划——左右挥动发出救援信号。

假设D:你带上了手机……

现代生活中,手机已经是多数人的随身之物,如果一日忘于家中,对于许多患有"手机综合征"的人们来说,实在是一种煎熬。当然,关键时刻,一部功能正常的手机,的确能够发挥重要的作用。有媒体曾刊文称,国内某省中国移动公司员工在越南亚龙湾乘船游玩遇险,船主无法联系到当地救援机构,情急之下一位员工拿出手机(一般都会在入境越南后交由所住宾馆集中收存,但此君未交),打开竟有信号,之后便是联系国内同事……国内再联系越南相关机构……最终得到救援……

有人可能会问:手机在海上有信号吗?专业机构的回答是:手机信号要靠移动通信基站发射和接收,所以,手机是否有信号,要看当地移动通信基站信号的覆盖范围,超出覆盖范围便无信号。现在基站的覆盖能力在平原上一般最远为40公里(有人说是50公里),因为存在地形、建筑、天气等因素干扰信号传输,实际信号覆盖范围远远小于上述距离。海上不能建站,所以离开陆地大于50公里的话,应该就没有信号了。另外,海平面存在"镜面反射",这种反射也会对无线信号传输产生干扰。一位试航者这样说:"我们试航的时候,靠近陆地会有信号,远离陆地则一点信号都没有,只有在靠近陆地、岛屿的时候,大家争先恐后地把手机打开,也就刚能够收到信息……"

链接:全国统一的水上遇险求救电话

交通部、中国海上搜救中心与信息产业部协商确定“12395”为全国统一的水上遇险求救电话。

假设 E:你带上了刀子、绳子……

用刀子防身是有意义的,虽然不想伤害谁,但带上它,还是能壮壮胆的。可能带刀子的人多数以为,如果真的在海里遇到鲨鱼什么的攻击自己时,有可能用上。先不说茫茫大海中,落水者遇到鲨鱼的可能性有多大,如果真的赶巧遇到,以刀子等刺(击)伤鲨鱼不见得是理想的方法,或许会造成鲨鱼更激烈的报复。其实,一把锃亮的刀子不仅仅可以用来防身、割砍,它还能够做反光工具使用。几位在墨西哥沿海钓鱼的美国人,遇暴风雨漂浮在海面上,就是在白天利用随身携带的刀子反射阳光,引起了很远的行船注意……

绳子也是有意义的。捆绑东西、拉拽等都派得上用场。关键的时候,一条绳子也能够救人一命:美国两个狩猎者相约到原始森林中狩猎,当他们在森林中打到一只狍子后遇到了暴风雪,两人拖着战利品艰难地往回走……他们迷失了方向,在寻找归途中为减轻负重,他们扔掉了所有可以扔掉的东西。当他们走到一棵大树下时,再也走不动了。其中一个人倚着树坐下休息,而另一个人用尽最后一点力气,面对着树站着,用绳子把自己捆在了树上。当救援人员找到他们的时候,前者已经死去,而后者还活着。虽然后者因冻伤而截肢,但保住了生命。一条绳子让站立者没有倒下,双脚接触地面使他比前者减少了身体触地面积,散热减慢,因而与死神擦肩而过。

链接:刀

一把刀在紧急求生时是无价之宝,谨慎老练的探险家总会随身携带它。然而刀也是危险物品,常被用作残杀的工具。如果乘机旅行,作为标准反劫机程序之一,你应该遵循要求主动交出刀具。此外,当气氛紧张或面临尴尬局面时,无论如何也不要随便显露刀枪。

多锋折叠刀是非常有用的工具。但如果你仅能带一把刀,应选择那种适于通常用途、锋利且结实耐用的刀具,从砍柴到挖野菜或者给动物剥皮都用得着。有些刀柄上嵌有指南针,还有的刀柄中空,以便存放一些救命之物。但问题是,中空型刀柄可能不那么结实,刀柄上的指南针在经历几次奋力砍柴之后也可能失去可靠性。如果丢了这把刀,那些救命之物也就随之失去了。

(选自怀斯曼. 怀斯曼生存手册[M]. 哈尔滨:北方文艺出版社,2007.)

假设F:你带上了渔竿、渔网……

这些或许会有用。如果你在救生艇上一直耗着,能吃的都吃完了,弄点鱼、蟹充饥能够维持生命。

假设G:一把枪、信号枪和信号弹、信号灯、驱鲨剂……

这些可不是一般人在生活中能够接触到的。你所乘坐的这艘客轮上恐怕没有这些。如果真的有,带上这些当然是有用的。

假设H:钱(信用卡)或金条……

在这里,钱应该是最不重要的,因为在此情境中,钱作为"等价交换物"的价值已经变得微乎其微了。有一则寓言故事说:洪水袭来,一个农民和一个地主都爬上一棵大树逃生。农民从家里出来时带了一袋干粮,地主则带了一袋子黄金。大水不退,农民以干粮充饥保住性命,地主则因无法用黄金换到食物而饿死……

诚然,钱在本案例以外的更多时候是一定有用的。在此时虽以钱换命基本不能,但在其他时候没有钱万万不能。

假设I:亲人的照片或某件信物……

危难之中是什么能给人以力量和期望?亲情和爱应该是最为直接、可信和有力的了。所以,千万不要耻笑选择带上一张孩子或其他亲人照片的人。因为,正是拳拳骨肉亲情,为他人而忘我,才使人们产生永不放弃自己的意志力,才能使他们在死神面前勇敢地大声说:"不!"

假设J:指南针……

指南针是用以判别方位的一种简单仪器,是中国古代四大发明之一,古时称为司南。在本案例中,指南针是"每人必须带三样东西"中所应选择的充分必要条件。你的目的是要活下来;你的目标是在最短的时间到达岸边(获救)。那么,唯有指南针能够帮助你辨别东南方向,找到了这个方向,你就找到了离岸最近的距离,而同样的速度走最近的距离,你到达岸边的时间就最短,你就更有可能活下来……

链接:装备好你的野外救生袋

1. 火种。火种对于生存来说至关重要,火柴、蜡烛、打火石和放大镜都能够用来生火。

2. 针和线、鱼钩和鱼线。大号的针和坚韧耐磨的线。小号鱼钩即可。鱼线越长越好。

3. 指南针。辨别方向最重要的工具。刻度清晰、纽扣大小的指南针就挺好。当然,液态填空型是最好的。

4. 贝塔灯(β灯)。夜间察看地图非常理想,同时还可做夜间钓鱼的诱饵。

5. 圈套索线。用于布置陷阱或圈套,还能解决许多求生问题

6. 弹性锯条。用它可以不费多少力气就能锯断很粗的木头。

7. 医疗小瓶。内装止疼、止泻、抗生素、抗组胺、抗疟疾类药品以及漂白粉、高锰酸钾等。

8. 刀。切割东西时一定用得着,还可以防身。

9. 避孕套。用来装水比塑料袋管用得多。

10. 哨子。用很少的气力就能把声音传到很远的地方。

11. 手电筒。夜里干什么都能用到它。

12. 盐。缺盐会疲乏无力、恶心、头晕目眩、肌肉痉挛。

13. 荧光棒。荧光棒一折就亮,夜间救援的时候非常有用。

14. 绳子。用处很多。

15. 小镜子。反射阳光的有效工具。

16. 雨衣。防雨,还能遮风、遮阳。

17. 眼镜。视力好的人也用得着。

18. 毛巾。太多的用途。

19. 证件。能够证明你的身份或帮你找到家人。

20. 食物。压缩干粮和巧克力都是很好的选择。

(选自怀斯曼. 怀斯曼生存手册[M]. 哈尔滨:北方文艺出版社,2007.)

◆案例讨论:精神、情感、意志力

美国纽因州有个叫道格的中年男子,以抓龙虾为生。一天,道格独自驾驶小船出海作业。当他用船上的电动升降机将捕虾的铁网拉出海面的时候,船只突然剧烈摇摆起来,他在慌忙用手支撑身体时,不慎将自己的右小臂卷入升降机中。剧痛中道格使尽浑身的力气也没能将小臂从升降机的绞索中拽出来。血越流越多,体力渐渐不支……突然,他眼前闪出女儿的身影:可爱的女儿正在等着爸爸回家,她不能没有爸爸……对,她不能没有爸爸!道格一边想着,一边迅速做出了一个惊人的决定:用随身携带的刀将自己绞在升降机绳索中的小臂割掉。他忍着常人难以忍受的剧痛,一刀一刀……他成功了。正是心中想到了女儿,才让道格以坚强的意志战胜了自己,虽然自己永远失去了右小臂,但却保全了生命,并让女儿能够继续在父爱中成长。

是什么让道格活了下来?精神的力量?爱?坚强的意志力?都是!就是因为有了这些,才让他扫除了一切通往生的道路上的“障碍”,才让他把自己从死亡线上救了回来。

精神的力量是巨大的,它能够让拥有者摒弃彷徨、怯弱和恐惧,牢牢把握自己生命方向的权杖,为生命和尊严而战。那么,精神的力量是什么呢?从哲学角度说,精神的力量就是意识的力量,也就是哲学上的“意识的能动性”。但是,在这里我们并不想从哲学的角度去认识它,我们所言的精神的力量可以这样去理解,即:它是一种源于信仰的力量,是心智(心理与智能的表现),是人性中迸发的光芒,是生命中钻石般璀璨夺目的光辉。毛泽东(1893—1976)说过:“人是要有一点精神的。”这种精神是什么?这种精神就是能够让人们焕发出强大的动力,让人无坚不摧、无往不胜的精神。

一个人没有精神,就没有了灵魂;一个团队没有精神,就没有了战斗力;一个国家没有精神,就没有了希望。正是人们有了精神,才有了"大爱",正是人们有了精神的力量,他们的大爱才变得坚韧、厚重、博大、永恒。

"人可以世俗,但绝不可以低俗""利益与是非遭遇时,利益必须让位于是非""形而上的精神追求和形而下的物质占有,在价值的层面上是不可换算的"。[王列生.必须用精神信仰引导社会前进[J].中国青年政治学院校报,2011(16).]王列生认为:"人们在现实生活中都希望有一个家、一个避风的港湾,其实这个港湾还只是人们的物质家园,人们更需要的是一个精神家园。"他指出:"当今,人们时常感觉到空虚、寂寞,其实都是精神家园丧失所造成的。因此,重建我们的精神家园显得格外重要。"他强调:"物质的富足并不代表精神的富足,这两者是不能画等号的。我们不仅仅需要去追求物质财富,更需要去追求自己的精神财富,因为精神财富才是真正判定一个人生活质量的重要标准。"

去获得精神财富,我们才能真正富有。让自己拥有一座"灯塔"、一个"彼岸"、一颗"太阳",我们才能不断前行。

"人无精神、信仰,就不是人。"王列生说。

1.3 如何找到问题的根源

在上述"案例讨论"中,你会做出自己认为有意义的选择。但是,如果在你的选择中不包括指南针,就说明你的选择存在问题。你应该仔细检查自己的思考过程,找出是什么原因使自己出错。

任何问题的解决都来自于对导致问题出现原因的改变,找到问题产生的原因,改变原因或消除原因,问题便会迎刃而解。

尺有所短,寸有所长,如果人们做事以短对长或受其他主、客观原因影响,便有可能出错。做事出现错误,就必须用有效的方法对问题加以解决,而要想解决问题,就首先要找到问题产生的原因。

下面给出的"寻找问题根源的方法",是简便而有效的解决问题的方法,它能够帮助我们解决遇到的绝大多数问题。此方法要求我们在解决问题时沿着一条逻辑主线,依次向自己提出五个"为什么",并一一作答。在思考问题时要连续而不间断,并始终坚持主题不能偏离。以"由于承担的工作过多,我过度劳累"问题为例,与大家共同分享用"寻找问题根源的方法"寻找产生这一问题的原因。

由于承担的工作过多，我过度劳累

A. 错误的思考方法	B. 正确的思考方法
1. 为什么？ 因为别人都不能做	1. 为什么？ 因为别人都不能做
2. 为什么？ 因为他们都不知道该怎么做	2. 为什么？ 因为他们都不知道该怎么做
3. 为什么？ 因为他们不愿意做	3. 为什么？ 因为他们没有被告知让他们做
4. 为什么？ 因为他们可能做不了	4. 为什么？ 因为我没有让他们做
5. 为什么？ 因为我都去做了	5. 为什么？ 因为我不相信他们
结果：没有找到问题的根源	结果：找到问题的根源

如表可见，A 是错误的思考方法，正确的思考方法是 B。因为，B 一直都在沿着一条逻辑主线回答问题存在的原因，在回答第三问时没有偏离主题，所以最终找到了问题产生的根源。而 A 在回答第三问的原因时偏离了主题，所以最终没有找到问题的根源。之所以给出“由于承担的工作过多，我过度劳累”这个问题作为例题，是因为在现实工作中，我们经常能够看到，有许多管理者言称自己要完成的工作任务太多，经常因过度透支而使自己身心疲惫不堪。更有甚者，因长期过度透支而使身体某些器官产生器质性病变以致英年早逝。在肯定他们全心全意、呕心沥血为人民服务的崇高精神和行为的同时，我们也会深深地为他们没能够保重身体，没能够有更多时间为人民做更多的有益的事情而惋惜。那么，导致这一结果的主要原因到底是什么呢？B 对这一问题给出了清楚的答案，即“因为我不相信他们”，也就是说，该问题产生的原因主要是领导者或管理者自己不相信其他人，特别是他们不相信自己的下属能够把工作任务完成得像自己一样完美。也正是因为如此，希望完美的他们，便对许许多多工作亲力亲为、事必躬亲。可想而知，当一个人把需要许多人才能完成的工作任务都自己一个人做了，他所支出的体力必将是巨大的。医学研究证明，人的身体具有自我保护和调节机能，当人的体能支出过度时，他的身体就会自然做出拒绝的生理反应，以保护身体器官不至于受到伤害，有时甚至会以病变方式“阻止”继续透支。如果此时停止透支，通过休息恢复体能，身体的各种机能便会恢复到平衡状态。但是，如果透支者继续“我行我素”，最终便会导致身体器官因不堪重负而损伤，由此出现英年早逝等悲剧恐怕就是不可避免的了。用这样的原因去判断优秀人物的价值观、行为以及结果未免有些不敬和残酷，但事实证明，相反的管理方法对领导者或管理者自己和团队都不会产生不良的后果。现代管理学的研究早就发现，管理者事

必躬亲会给自我和团队带来可怕的后果。所以,研究者们一直在告诫管理者:必须学会以“授权管理”的方法面对工作、管理自己。此问题在后面章节中还将进行讨论。

上述所谓“沿着一条逻辑主线”,是指在寻找问题根源(问题产生的原因)→改变或消除原因→解决问题的循环模式中,解决问题者必须始终朝着一个正确的方向走,唯有这样,才能找到问题真正的原因所在。此期间任何一步如果偏离了方向,最终都不可能达到解决问题的目标。寻找问题的根源如此,做其他事情也是如此。对所有人来说,在做事之前确定正确的方向都是十分重要的。

链接:过劳死

Karoshi 源自日语“过劳死”(过度劳累工作导致死亡)。“过劳死”是因为工作时间过长,劳动强度过大,心理压力太大,从而出现精疲力竭的亚健康状态,由于积重难返,将突然引发身体潜在的疾病急性恶化,救治不及时而危及生命。据报道:日本每年约有 1 万人因过劳而猝死。根据世界卫生组织调查统计,在美国、英国、日本、澳大利亚等地都有过劳死流行率记载;而“过劳死”一词是近 15 年来才被医学界正式命名的。

该词源自日本,最早出现于 20 世纪七八十年代日本的经济繁荣时期。过劳死并不是临床医学病名,而是属于社会医学范畴。人体就像一个弹簧,劳累就是外力。当劳累超过极限或持续时间过长时,身体这个弹簧就会发生永久变形,免疫力大大下降,导致老化、衰竭甚至死亡。有关资料表明,直接促成“过劳死”的五种疾病依次为:冠状动脉疾病、主动脉瘤、心瓣膜病、心肌病和脑出血。除此以外,消化系统疾病、肾衰竭、感染性疾病也会导致“过劳死”。

著名画家陈逸飞去世,终年 59 岁,引发一片惋惜之声。与中国人目前 72 岁的平均寿命相比,他走得太早了。陈逸飞一向以敬业著称,据陈逸飞的好友透露,陈逸飞去世前除了忙于电影以外,他旗下的逸飞集团正忙着搬家,集团内部也正在进行人事大变动和改组,另外,陈逸飞的公司也在做上市的准备,这都让他忙得够呛。

一项针对城市中年男性健康状况的调查显示,有 66% 的人失眠、多梦、不易入睡;经常腰酸背痛者占到 62%;一干活就喊累的占 58%;爬楼时感到吃力或记忆力明显减退的有 57%;皮肤干燥、面色晦暗、脾气暴躁、焦急者为 48%。

(选自 http://gz. ifeng. com/guangzhouzhuanti/guolao,2012 年 8 月 2 日;http://nan. 99. com. cn/changshi172972_2. htm,2010 年 11 月 9 日)

第2章　做正确的事

这个命题已经被许多人讨论过了，可谓仁者见仁，智者见智。在这里之所以把它再度拿出来讨论，的确是因为它太重要、太有意义了。做正确的事比正确做事更重要，这句话读起来有些绕口，有可能将自己的思维缠绕在正确的事和正确做事上。正确做事应该是有意义的，那为什么做正确的事比它更重要呢？我们结合第一章的“案例讨论：目标”，透过假设进行讨论，就能够对这个问题有一个较为清楚的认识。

假设A安全下到了救生艇上并用力地划船，在这里：A所做的划船的行为，可以认定为“正确做事”，因为只有划船，船才能前进，才有可能到达岸边。再假设，A一直在“正确做事”（划船），他的船行驶的方向是东南方向，那么，A“正确做事”的结果就是能够用最短的时间到达岸边。但是，如果A选择了东南的反向西北，那么，他“正确做事”（划船）的结果就是离最近的岸边越来越远。分析至此，我们就很容易明白什么是“做正确的事”了：即朝着东南方向划船，因为这个方向离岸边的距离最近。所以，A必须首先选择好东南方向即“做正确的事”，然后全力划船即“正确做事”才有意义。也正因为如此，人们才得出了做正确的事比正确做事更重要这一结论。

“不值得定律”告诉我们，不值得做的事指即使做得很好，也不具有信度和效度的事。以此定律判断A的行为，如果A没有选择东南方向即“做正确的事”便全力划船即“正确做事”，这个“正确做事” 哪怕做得再好，对达到目标也是毫无意义的。

2.1　寓言故事给出的哲理

一天，熊猫向狮王报告说：狼太凶残了，已经吃掉了许多小动物，有的连骨头都没有留下。

狮王听后勃然大怒，立即发文道：狼必须痛改前非，否则严惩不贷！

不出几日，羊的告状信送到了狮王手中，信中写道：狐狸老玩弄狡猾伎俩，巧立名目对它们进行敲诈，不是收青苗费，就是收泉水保护费，要么就是收空气清洁费、山地使用费等，再这样下去，羊们就没法活了。

狮王阅后暴怒，立即再发文道：必须严惩不贷！

……告状信不断，狮王每每大怒后便不断发文。

狮王的文件一次次发出，但狼还是想吃就吃，狐狸还是该收照收。

狮王对此很是苦恼，便向猩猩博士求教："我一次次发文要求严惩狼和狐狸，态度也很坚决，为什么这些家伙还敢如此胆大妄为呢？"狮王没想到，猩猩博士非但没有回答它的问题，却反问道："大王的这个问题难道还需要我来回答吗？"

依此寓言故事引申思考，我们不难看出：狮王虽然屡次发文"严惩不贷"即"正确做事"，但它却没有将"严惩不贷"真正落实到位，即没有"做正确的事"，因此，无法获得它想得到的结果也就不足为怪了。

做正确的事比正确做事更重要。这是因为，做正确的事，是一种方向的选择；正确做事，则是一种具体的手段和方法。

有许多论据能够证明做正确的事比正确做事更重要这一论点的正确性。

有意义的目的选择远远高于手段和方法的运用，目的是手段和方法具有意义的前提条件，没有目的的手段和方法是没有意义的。

比如，衣服因身体而具有意义，如果没有身体，衣服的意义便不复存在。所以，就衣服与身体而言，身体比衣服更重要。

当然，有意义的目的也需要手段和方法的运用，才能使目的真正具有意义。假如你是一个艺术爱好者，在寒冷的冬天你穿着背心裤衩在冰天雪地里散步以追求和展示艺术，旁观者中会有善良的人往好处想：哦？这人或许是在锻炼自己抵御严寒的能力！惊叹中"好棒耶！"等词也或许会脱口而出。但绝大多数人一定会认为你是一个"精神病"！假如你在烈日炎炎中穿着羽绒大衣坐在树下读书，你的这种行为自然会吸引诸多眼球，猎奇者会赶紧举起相机留下这难得的一幕，播客们会庆幸碰到了难得的题材，但"谁难受谁知道"的体会你肯定比他们要清楚得多。虽然短时间内这些行为对你的身体不会造成太大伤害，但要是时间长了，人生最大的悲剧就可能出现了：艺术在，人没了。

有意义的目的决定行为的性质，有意义的手段和方法决定行为的绩效。

君子爱财，如果的确取之有道，冰冷的手铐肯定与其无缘。如果我是一个很有钱的富豪（这是假设），我已经把"终性"（一种无法抗拒的给予他人的力量）养成为一种习惯，我要送钱给你让你过上比你现在更好的生活，不附加任何条件地白给，你要吗？答案是肯定的。那好，你得到这笔钱的方法有二，在我说完后你必须在 5 秒钟内选择：方法一，马上一次性给你 100 万元；方法二，第一天给你 1 元，从第二天开始每天给你前一天两倍的钱，连续 30 天。你来不及多想，那你的选择是什么呢？你很可能选择方法一，这样 100 万元就马上到手了。这笔钱已经不少了，但在知足后静下心来一算，你或许会后悔不已。因为，如果你选择方法二的话，你得到的钱会有 5 亿元之多（536,870,912 元）。后悔吧？因为你的选择，使你行为的绩效水平相比之下基本可以忽略不计。你选择要钱是"正确做事"，但却因为没有"做正确的事"，最终使自己蒙受了"巨大损失"。

与宇宙的存在相比,人生实在是弹指一挥间而已。但是,人生对每一个人来说,却都是全部。所以,就每一个人而言,无论与什么相比较,一旦进入成年,眼看生命被压缩在最后的几十年里,“无可奈何花落去”便常会伴随着人们,使他们难禁人生有限和短暂的叹息。对此,人们不禁要问:能把有限的人生延长吗?对此问题的回答是肯定的。先不说科学技术的创新有可能将人类的生命延长到150岁,就以目前平均寿命70多岁来说,只要在有限的生命时间里有效地利用时间,便能够得到延长有限生命的结果。

有效地利用时间的方法有许多,做正确的事就是其中重要的方法之一。

人的一生有一半的时间是在职业岗位上度过的,在40年左右的职业生涯中,人们会做许许多多的事情。如果一个人能够把握好在做事的过程中多做正确的事,就不会因常做不正确的事而浪费时间,由此,就等于延长了自己的职业生命。假设职业生命的时间价值与其因职业工作所得按1∶1相关,那么,延长了职业生命的时间就等于获得了更多的报酬。所以,对所有人来说,经常做正确的事的人可以使其在经济上得到比其他少做正确的事的人更多的回报。

毛泽东说过,一个人做好事并不难,难的是一辈子做好事不做坏事。其实,做正确的事也是这个道理。一个人做正确的事并不难,但难的是始终做正确的事,不做不正确的事。有人说,人的一生是追求幸福的一生,想要得到幸福,就必须让自己具有持续的幸福感,而持续的幸福感一定会与因经常做正确的事而得到良好结果从而获得成功感相联系。由此可见,经常做正确的事会使人得到幸福;还有人说,人的一生是挫折的一生,而挫折的产生,一定是我们在做事待人中因哪里做得不对而出现了问题,使我们在通往目标的道路上遇到了障碍或摔了跟头。显然,这是在做事待人中做错了事的结果。失败,是所有人都体验过的事情,实在不足为奇。也正因为如此,人们为解脱自己,常以“失败是成功之母”自我解压、聊以自慰。但是,如果不能从错误中吸取教训且继续在做事待人中经常出错,那么,这些人的一生必将与挫折为伴而难言幸福。

当然,人一生难无过,除非不做任何事,否则人无论在职业生涯的哪个阶段,都不能保证自己的所作所为都是正确的。因此,每个人对自己的要求应该是尽可能地在做事前深思熟虑,即要舍得花一些时间对要做的事情认真地斟酌,考量做事的方式方法,这样,一旦进入做事过程,做正确的事的概率就会更高。中国有句俗话叫“慢工出细活”,现代管理学也明确提出,在效率和效果两者中,首先要选择效果。由此可见,在东西方人的眼里,用时间换绩效的观念是趋同的。

2.2　检查细节,切勿以为自己不会出错

“细节决定成败”,这句话对许多人来说早已耳熟能详了。的确,在日常工作中,无论

是间接经验还是直接经验，都告诉我们每一个人，重视任务完成过程中的各个环节的每一个细节运作，都会将错误出现的可能性降到最低水平。因此，管理我们的人和被我们管理的人都会经常提出诸如“千万注意每一个环节的检查”或“认真检查，不得出错”等类似的要求。

海尔集团总裁张瑞敏先生有两句名言：“把每一件简单的事做好就是不简单；把每一件平凡的事做好就是不平凡。”的确，无论我们在什么岗位上工作，每天都会做许许多多简单、平凡的小事，日复一日的千篇一律，难免有味同嚼蜡之感。但是，如果我们能够克服心理和情绪上的不稳定和烦躁，以责任感和意志力控制自己，认真负责地做好每一件简单、平凡的小事，其结果就是不简单和不平凡。每一个团队每天要做的事，就是每个岗位每天重复着做的简单、平凡的小事，而正是在这些简单、平凡、重复地完成每一件小事的过程中，团队的最终目标才能够得以实现。

要想日复一日、年复一年地做好简单、平凡的小事，就必须将认真完成工作任务的态度和细致、谨慎的工作方式融入任务完成的全过程之中。中国道家创始人老子（约前571—前471）有名言道：“天下大事必作于细，天下难事必作于易。”意即做大事必须从小事开始，做难事必须从容易的事开始，说的就是这个道理。

2.2.1 墨菲法则

检查细节，先从“墨菲法则”说起。

被称之为20世纪西方文化三大发现之一的墨菲定律，已经被许多人所知。1949年，美国爱德华兹空军基地上尉工程师爱德华·墨菲（Edward A. Murphy）和他的上司斯塔普少校在一次火箭减速超重试验中因仪器失灵遭遇了事故。墨菲发现，事故的原因是竟然有人有条不紊地将16个加速度计全部装在了错误的位置上。由此他得出教训：如果做某项工作有多种方法，而其中有一种方法将导致事故，那么一定有人会按照这种方法去做。后来，斯塔普在一次记者招待会上将墨菲的观点表述为：凡事可能出岔子，就一定会出岔子，并将其称为“墨菲法则”。

一、如何理解墨菲法则

以后，又有人对这一法则进行了释解：

(1)任何事情都没有表面看起来那么简单。

(2)所有的事都会比你预计的时间长。

(3)会出错的事总会出错。

(4)如果你担心某些事情出错，那它就更可能发生。

此外还有一些据此而生的另类表述：

(1)如果第一次便成功，显然你已经做错了某事。

(2)如果某事不值得去做，则不值得把它做好。

(3)绝不记住忘掉的事。

(4)当一切都朝一个方向进行时,最好朝反方向深深地看一眼。

(5)今天是你前半生的末日。

(6)教育无法代替才智。

……

当然,还有人认为,墨菲法则其实要表达的就是一句话:切勿以为自己不会出错。这个对墨菲法则的理解和释解也是笔者最为认同的。

墨菲法则到底要告诉人们什么?难道它要告诉我们的真的是"凡事只要有可能出错,那就一定会出错"吗?如果有人单从这两句话的字面去理解,那就太容易得出"错误就是一种必然"这样太简单的结论了。先不论墨菲的原话是不是:"If there are two or more ways to do something, and one of those ways can result in a catastrophe, then someone will do it.(如果有两种或以上选择,其中一种将导致灾难,则必定有人会作出这种选择)",笔者也不认同以"错误就是一种必然"来释解墨菲法则的原意。理由有二,其一是:从墨菲出此言论的性质上看,多数人都认为墨菲是在因有人将加速度计装在了错误的位置上而导致试验发生事故之后,其言论旨在表达自己就事故出现的原因所得出的教训。既然是讨论教训,自然不会放弃事故人为的主观原因,而以"错误就是一种必然"这一客观唯一结果对事故的必然出现作出结论;其二是:从墨菲出此言论的事故背景上看,这一事故的责任人并非墨菲自己,作为参与实验并希望实验取得成功的工程师来说,他不可能不对因人为出错并导致失败的结果痛心和惋惜,也正因为如此,他便不可能以"凡事只要有可能出错,你就一定会出错"为他人因疏忽大意而至实验失败的错误行为进行开脱。所以,我们理解墨菲法则,绝不能以消极的态度从其"语言表象"出发去简单认识,而应以积极的态度去揭示其"语言表象"下面所隐含的更深层的含义。

二、墨菲法则的应用

其实,后人对墨菲法则的理解多是持积极态度的。

(一)差错如果难以避免,就应该采取有效方法将其降至最低

1.不能忽视小概率危险事件

因为小概率事件在实验或活动中发生的概率很小,因而便会让人们产生一种错误的感觉,即在活动中应该不会发生。但事实恰恰相反,正是由于人们被这种错觉所麻痹,进而疏于对活动过程的各个细小环节认真检查,继而使事故发生的可能性加大,其结果就是事故可能频繁发生。纵观无数的大小事故原因,可以得出结论:"认为小概率事件不会发生"是导致侥幸心理和麻痹大意思想的根本原因。墨菲法则正是从强调小概率事件的重要性的角度明确指出:虽然危险事件发生的概率很小,但在每一次实验(或活动)中仍可能发生,因此必须引起人们的高度重视。

另外,错觉实际上是一种错误的感觉,感觉是人们对客观事物单一属性的反映,其本身可靠水平就很低。因此,立足于感觉,往往会产生对事物的错误认识。所以,人们认识

事物，应该立足于知觉，即人们对客观事物整体属性的反映，这样，才可能得到对事物的可信认知。人们通常通过“眼、耳、鼻、舌、身”五种渠道感知客观事物，即视觉、听觉、嗅觉、味觉和触觉。其中每一种渠道都只能感知事物的单一属性，如我们看到一个西红柿，只能看到它的形状是圆的和颜色是红的、黄的等；拿起来能感觉到它是光滑的；吃一口只能感觉到它的味道是酸的。如果我们以这些感觉中的一个单一属性去认定什么是西红柿，那就只能得出不完全的结论，如“红的”“光滑的”“酸的”等，很显然，这些单一的结论因不能全面反映西红柿的属性，因此是不正确的。而如果我们把西红柿的各种单一属性综合在一起来认定西红柿，结果自然是全面的，而全面的才是真实的、可信的，所以才是正确的。对事物单一属性的反映而导致对事物错误认识的事例很多，其中“瞎子摸象”就是一个典型事例。

2. 差错如果难以避免，就应该对工作者工作过程中的各种行为警钟长鸣

在现代管理中，安全管理是其重要内容之一。日常安全管理的目标就是杜绝工作事故发生。诚然，所有的工作者在完成工作任务的过程中，都不愿意出现差错，更不愿意因自己工作的失误导致事故发生。正因为如此，对我们大家来说，事故通常是一种不经常发生的“意外事件”，因为这些意外事件发生的概率一般都比较小，人们便将其称之为小概率事件。也正是由于这些小概率事件在大多数情况下较少发生，故往往使人们产生侥幸心理和麻痹大意的思想，甚至被人们所忽视，这便是事故发生的主观原因。对此，墨菲法则给我们的告诫是，所有工作者都必须将安全意识铭刻在意识之中，时刻保持警惕，注重工作细节，采取有效方法积极预防。只有这样才能将意外事件出现的可能性降至最低。

警钟长鸣对提高安全管理水平具有重要意义。现代管理研究者认为，在安全管理中，警示是安全管理得以实现的条件。

(1)警示是预防控制职能得以实现的先决条件。管理具有预防控制职能。即针对不安全状态具有突发性的特点，为预防安全事故出现，在工作者开始实施工作行为之前便采取一定的控制方法、手段和措施，对工作者的行为进行一定的控制和规范，以防止事故发生。在安全管理中，重在预防是预防控制职能的核心，坚持预防为主是其重要原则。墨菲法则告诉我们：只要客观上存在可能的危险，那么，这种可能的危险迟早会成为不安全的现实状态。所以，在人们已知工作过程中已经出现过的和可能存在的潜在危险时，便必须在工作开始之前将这些可能、潜在的“错误点”罗列出来对工作者进行警示，并授之以有效预防控制方法加以应对，以避免事故出现。

(2)警示是强化工作者安全意识的有利条件。在安全管理过程中，警示警告危险存在，能够起到并强化工作者形成安全意识的作用。这种警示通常会告诫工作者，在工作中不仅要重视和避免发生频率高、危险性大的工作事故及危险事件，而且要重视和避免发生概率小，但一旦出现同样能够产生巨大危害的工作事故和危险事件。这种警示还会告诫工作者，在他们的意识中不仅要消除麻痹大意的思想，而且要克服侥幸心理。透过警示对工作者进行强化，有利于工作者提高安全意识，从而为安全管理目标得以实现创造条件。

(3)警示是管理者将被动管理改变为主动管理的重要条件。传统的安全管理存在被动的特征，其具体表现为：通常只在工作者完成工作任务的过程中采取安全措施，或在事故发生之后，通过总结事故教训“亡羊补牢”。随着社会不断进步和科学技术的迅猛发展，市场经济导致个别工作者的价值取向、行为方式不断变化，其直接显现在工作过程之中的结果就是新的危险不断出现，发生事故的诱因增多。因此，传统的安全管理模式已难以适应社会现实的需要。为此，透过警示，能够告诫工作者不仅要重视已有的危险，还要主动地去识别新的、潜在的危险；透过警示，能够告诫管理者将事后管理改变为事前管理，或将事后管理改变为事后管理与事前管理相结合的管理。这样，才能将被动管理转变为主动管理，才能牢牢掌控住安全管理的主动权。

竞争的本质是掌握主动权。所以，唯有将被动管理转变为主动管理，才能够在市场经济社会的竞争中立于不败之地。

(4)警示是提高工作者参与安全管理自觉性的前提条件。有人用“100 - 1 = 0”来形容在团队中个体行为的失误会殃及团队全体成员，俗话为“一只老鼠坏一锅汤”。因为，完成事物过程中的安全水平，是各级各类工作者个别活动行为安全水平的综合体现，如果个体行为安全水平较低，势必会影响到整体。完成任务的过程都是一个个段与段的连接过程，整个任务完成过程就像一根链条，而每一个工作者所完成的工作任务，都是其中的一段“链”。由于个体的活动行为经常是任务完成“链”中的一个不可缺少的或是唯一的“连接点”，一旦出错，整个连接便会中断，使任务无法完成，所以，团队安全管理不仅仅是管理者的事，更是所有团队成员的事。安全管理的结果不仅仅关系到管理者的工作绩效和目标达成，更是与全体团队成员的工作绩效和目标达成密切相关。

由上述所见，在工作中常在自己的头上放置一把“达摩克利斯之剑”(源自古希腊传说，用来时刻给自己危险存在的提示，不断敲响警钟，增加危机意识，对人们减少工作中出现错误的机会一定是有益的。

(二)调动团队成员积极性的方法

心理学研究表明，有两种方法对调动团队全体成员参加安全管理的积极性十分有效。

1.激励

激励是团队管理者调动团队成员工作积极性的常用方法之一，是通过调动团队成员积极性的正诱因，如给予正向行为或行为结果的肯定评价、适度物质奖励、改善工作环境等正面刺激，使被激励者获得鼓励，进而激发其产生积极投入工作的动力的过程。激励是每个团队激发团队成员提高安全管理积极性的催化剂，也是调动团队成员投入安全管理工作的有效方法，是提高团队安全管理水平的不可或缺的工作环节和活动。对所有团队来说，有效激励方法的运用，能够使团队组织发展保持持续的动力，保证团队组织目标高效率达成。

心理学研究结果告诉我们,激励以团队成员的需要为基点,以需求理论为指导,通过“给予激励→获得动力→完成任务→满足需要”这一过程,能够使管理者和被管理者在良性循环中沟通、互动,故对两者之间建立和谐的人际关系也同样具有积极意义。

激励能够让团队成员变得更好。

在《成功的领导者如何提升团队表现》(http://blogs. bnet. com. cn/? uid-22876-action-viewspaceitemid-22863,2011 年 11 月 29 日)一文中,就“一个领导该如何让其他人更好呢?”这个问题,约翰·鲍尔多尼(John Baldoni)为领导者提出了四条建议。

(1)肯定他们的价值。让人们知道他们对手头上的工作来说是非常重要和必要的。

(2)挑战他们。给人们胜过他人的机会。

(3)激励他们。优秀的管理者培训他们的员工,而伟大的管理者激励他们的直接汇报者。怎么才能做到呢?首先,他们设立追求卓越的高标准,他们推动实现张力目标。其次,他们对自己设立的标准负责。这样的领导者不会因为自己的成就而骄傲,而是因为整个团队一起实现目标而骄傲。

(4)知道什么时候成为焦点。

2. 压力

压力通常是指心理压力源和心理压力反应共同构成的一种认知和行为体验过程。压力不是一种想象出来的疾病,而是身体“战备状态”的反映,这是当人们意识到某种情形或者某个人,或者某件事情具有潜在的威胁性和紧张状态的时候做出的反应。当这种情况发生的时候,人的大脑会分泌出包括肾上腺素等激素,肾上腺素通过血管流淌到身体的各个部分。当这些荷尔蒙流到心脏、肺和肌肉的时候,一种特殊的生理反应就发生了。适度的压力会使受压者产生许多“战备状态”反应症状:如心跳开始加快,呼吸开始急促,肌肉紧张并准备行动,视觉变得敏锐起来,思维敏锐,心中不安等。因此,当管理者将负诱因,如必要和适度的惩罚、警告等负面刺激以语言或文字作用于工作者时,会给他们带来“战备状态”,使他们在完成工作任务的过程中肌肉紧张,视觉、思维敏锐,注意力更加集中。这些身体的反应能够带来工作者工作出错率的较大幅度降低。有人认为,对于工作中的安全问题,负面刺激比正面刺激更重要。原因在于:安全是人类生存的基本需要,如果安全,则被认为是正常的;若不安全,一旦发生事故会更加引起人们的高度重视。

“不安全比安全更能引起人们的注意”,墨菲法则正是在此意义上揭示了在安全问题上应时刻提高警惕,人人都必须关注安全问题的科学道理。

在完成工作任务的过程中,由于疏忽而生的工作失误和事故的事件实在不少。类似下列的“工作事故”经常会见于报端。

链接：客机维修后丢 30 颗螺丝钉

有媒体报道称，法国航空公司一架空客 A340 客机本月初在厦门太古飞机工程有限公司进行维修保养，飞行数天后才发现飞机的一块保护板上竟然少了约 30 颗螺丝钉。

这架法航客机在厦门太古飞机工程有限公司进行维修保养后，本月 10 号启程飞往巴黎，停留三天后再飞往波士顿，抵达后才发现，机翼上的保护板原本应有 90 颗螺丝钉，但其中 30 颗不见了。法航在 11 月中旬下令这架飞机停飞，补回螺丝钉，确保安全后再重新投入运营。

太古（中国）有限公司公共事务经理许颖婷昨日证实，“有这个事”“会有一个媒体声明发出来的”。

一位不愿意透露姓名的业内人士告诉记者，漏装的 30 颗螺丝钉可能来自机翼扰流板，以前从未听说过此种问题出现，也许是飞机维修管理过程出现了漏洞。

事发后，法国航空公司表示，螺丝钉缺失的部分相对较小，和飞机的主要结构无关，也不属于客舱部分，不会构成太大影响。但是这位业内人士说：“这肯定是有隐患的，扰流板也是机翼的一部分，掉了以后就有问题。”

（选自 http://gzdaily.yahoo.com/html/2011－11/29/content-1543382.htm，2011 年 11 月 29 日）

容易犯错误是人类与生俱来的弱点，虽然人们在不断地征服自然和改造自然，虽然今天的科学技术已经发展到了相当高的水平，我们还是不能避免事故的发生。一项准备周全、自认为万无一失的计划，常常因为意想不到的小小纰漏而功亏一篑。我们到底该怎么办呢？

“泰山不拒细壤，故能成其高；江海不择细流，故能就其深。”所以，大礼不辞小让，细节决定成败。不忽视小概率危险事件，凡事注重细节，就会减少失败，获得更多成功。

牢记墨菲法则，切勿以为“不会出错”，是我们在工作中永远应该印刻在脑子里的。

◆案例讨论：会议中的疏漏

某机构召开年终表彰会，邀请上级主管领导出席并讲话。按照会议需要，在主席台安排八个座位。为表示对与会上级领导的尊重，会议主办机构的负责人在会场入口处等待、迎接领导到来。待领导到来时他们发现，陪同上级领导与会的来宾多了一位。也是为了表示对来宾的尊重，机构的负责人立即指示下属在主席台上增加一个座位。在主席台上负责会议安排的负责人接到指示，因时间紧迫来不及从较远的地方搬来椅子，情急之下，便到主席台旁的贮物间寻找。很巧，贮物间里恰好有几把高背椅子，虽然与主席台上已摆好的椅子不一样，但更显得庄重、大气。这位负责人一阵高兴：太好了，正好可以摆在中间给领导坐呀！他马上搬出一把，擦去灰尘，并很快吩咐下属把这把椅子摆在了主席台中央。很快,领导来到会场,一一入座。主持人首先介绍与会领导:“……这位是市委常委、副书记……”领导起身示意,落座。突然间只听“咔嚓”“嗵”……顿时间台上一片惊诧,台下一片哗然。原来,这把椅子因有一条腿存在问题,没能经得住这位超重领导落座时向下的压力,顷刻间将这位领导重重地摔在了主席台上……

问题:这种疏漏能够避免吗? 如果是你,你会怎么做?

答案很简单,自己或安排别人把台上的椅子全部检查一遍。如果你没有像美国的艾柯夫(Russell L. Ackoff,1919—2009)所说的“当为不为”(见2.3,“不当为之”与“当为不为”),你就不会在这里出错。

2.2.2 不贰过

在中国,孔子(前551—前479)可谓家喻户晓,他是中国春秋末期的思想家和教育家,儒家的创始人,曾有弟子三千,贤人七十二。许多人知道,在孔夫子的芸芸弟子中,最得他喜欢的弟子就能是颜回(前521—前481)。人们不禁会问,在众多的弟子中,孔子为什么最喜欢颜回呢? 据《论语·雍也》篇中载:哀公问:“弟子孰为好学?”孔子对曰:“有颜回者好学,不迁怒,不贰过,不幸短命死矣。今也则亡,未闻好学者也。”这段对话可释解为:鲁哀公问孔子:“你的学生中谁是最好学的呢?”孔子回答说:“有一个叫颜回的学生好学,他从来不迁怒于别人,也从不重犯同样的过错。不幸短命死了。现在没有那样的人了,没有听说谁是好学的。”

孔子大赞颜回“不迁怒,不贰过”之优点,其实对所有人来说,均可将其视为人人皆应具有的好品质,也应该成为我们每个人孜孜以求的品质修炼目标。但是要想真正达成“不迁怒,不贰过”,实在是件很难的事情。

链接:“不迁怒,不贰过”之难

香港《大公报》曾发表王师北先生的文章,他在文章中谈道:……李泽厚《论语今读》解释说:“‘好学’指的是实践行为和心理修养。自己有过失,却归罪他人,大发脾气(迁怒),是至今常见的现象。”梁漱溟《孔家思想史》认为“不贰过有两层意思:一是知过。知过非常之难,根本问题是在此。我们平常做了许多错事,我们往往不知道。一是改过。知过后便不再有过,就是所谓一息不懈,所以说过而能改不为过矣。”钱穆《论语新解》也说:“不贰过,非谓今日有过,后不更犯。明日又有过,后复不犯。当知见一不善,一番改时,即猛进一番,此类之过即永绝。故不迁怒如镜悬水止,不贰过如冰消冻释,养心至此,始见功夫。”这些解释,对理解原文很有帮助。

作者认为,孔子把“不迁怒,不贰过”作为“好学”的主要表现,可能让现代人多少感到有点意外,其实很有道理。南怀瑾《论语别裁》说,这证明了一个观念:“学问并不专指文学知识。”程树德《论语集释》说得更明确:“问好学而答以不迁怒不贰过,则古人所谓学，凡切身之用皆是也。古人之学，在学为人。今人之学，在求知识。语云：'士先器识而后文艺。'不揣其本，而惟务其末，呜呼！”一个真正好学的人，应该虚怀若谷。一旦发现自己的过失，不管别人是“善意批评”，还是所谓恶意嘲讽，他都不会迁怒于人，更不会为自己的错误找出许多辩解的理由。不仅用这种态度来对待业务知识方面的某种缺陷，而且更坚持用这种精神来加强自己的人格修养。这样“不迁怒，不贰过”，时时注意修正自己，完善自己，恐怕也正是孔子一生孜孜不倦追求的完美境界。

这样看来，“不迁怒，不贰过”不过是孔子提倡的一种境界，一种好学者应该追求的理想境界罢了，但真正实行起来，谈何容易！要做到“不迁怒，不贰过”为什么这样难？答案就在这里。孔子说，颜回死了以后，再也没有人做到这两条。颜回是个淡泊名利的人，“一箪食，一瓢饮，在陋巷。人不堪其忧，回也不改其乐。”这样的人精神上没有锁链，什么环境都能自得其乐，不会患得患失。坦承自己的过失，对于他们而言，是一种收获，一种进步，一种人格的完善。颜回以后，能有多少人从名缰利锁之中解脱出来？青云直上之际，恨不锦上添花；光环耀眼之时，岂容佛头着粪？看看历史，这样的例子，真是要多少有多少，并不只有谁谁谁一个人。譬如当年余秋雨和挑错者势不两立，现在看来，似乎就很可以理解。要求余秋雨对挑错者彬彬有礼，那才是不通人情之论。

作者最后设问：能够把“不迁怒，不贰过”作为自己行为准则的人，又有多少呢？

（选自 http://www.chinanews.com/ga/fkjc/news/2007/06-01/948931.shtml，2007 年 6 月 1 日）

“不贰过”有两层意思：一是知过，知道自己所做的事情是错误的事；一是改过，知过后便不再有过，就是所谓一息不懈。一个人不犯两次同样的错误，的确是很难做到的事情。虽然人们总是在说要“吃一堑，长一智”，但还是有不少人会被同一块石头绊倒多次。所以，看似很容易做到的“不贰过”，其实是一种修养境界，是需要人们长期修炼才能获得的品行。颜回正是因为不断自我修炼，具有了高水平的情商并经常做正确的事，才成为孔老夫子的最爱。因此，对每一个职业者而言，如果你是一位领导者，常做正确的利民“大事”，自然能够得到人民的爱戴；如果你是一个普通职业者，常做正确的利人“小事”，也同样会让大家喜欢。不贰过，对于管理者和被管理者团队管理能力和自我管理能力的提升、提高管理效率非常重要。牢记不贰过，在出现问题后找到问题的根本原因，确定解决方案加以解决，并杜绝同样的问题再次发生，才能把“大事”“小事”一起做好。这样，我们才能够因为常做正确的事而利国利人，又因利国利人而得到他人的喜爱，并会因他人的喜爱而生幸福感。这是一个很好的循环，也是一个很好的和谐状态。由此可见，做正确的事的确是很有意义的。

一段时间以来，关于“不迁怒，不贰过”的讨论着实不少。就领导干部如何做到“不迁怒，不贰过”的问题，有研究者（朱波.从季文子“三思而后行”到颜回“不迁怒，不贰过”！. http://opinion.people.com.cn/GB/1036/10326391.html，2009 年 11 月 5 日）感言：现实工作上、生活中,一些领导干部难免有挫折、遇失败、受谩骂、挨批评,但切不可迁怒于人,将下属、同事、配偶、子女、邻居当“出气筒”;否则,“城门失火,殃及池鱼”,势必影响属下工作、单位团结、家庭和邻里和谐。他认为作为领导干部,要做到以下四点:

第一,要想达到颜回的修养境界并非易事,但“发乎其上,得乎其中”。只有高标准、严要求,才会获得更大的收获。为此,必须保持终生学习的理念,勤于学习实践颜回“不迁怒,不贰过”“不伐善,不施劳”等品行,促事业发展,助人生增辉。思路决定出路,“问渠哪得清如许,为有源头活水来”。学习充电是思路创新和出“金点子”的不竭源泉。所以,要“少些烟酒味,多些书卷气”。减少应酬,多看书报,多勤力思考,多研究问题,多谋划工作,多为民办事。

第二,要少强调客观因素,多找找主观原因,多发扬自我“挑刺”精神,克己复礼,不诿过于人。切不可碰到困难绕着走,遇到问题“踢皮球”。不为失败找理由,要为成功找方法。一个真正好学的人,就应该虚怀若谷,一旦发现自己的过失,不管别人是“善意批评”,还是恶意嘲讽,都不要抱怨别人,更不要为自己的错误找出许多辩解的理由,不仅要用这种态度来对待业务知识方面的某种缺陷,而且要坚持用这种精神来加强自己的人格修养,努力克服抱怨、推诿恶习,尽力做到“不贰过”,不重蹈覆辙。

第三,要切忌“一旦官帽加身,即便目中无人”。因为盲目乐观,夜郎自大,骄傲自满,锋芒毕露,刚愎自用,往往遭致失败。西楚霸王项羽(前232—前202)自矜攻伐,最终失败自刎乌江的深刻教训应当吸取。因此,各级领导干部“务必继续保持谦虚谨慎的作风”,对他人、对群众,要高看一眼,虚心请教;对自己、对家人,要严格自律、严格要求。学习颜回“不伐善,不施劳”,就是要高调做事,低调为人,绝不能总夸耀自己的优点,拿自己的长处比人家的短处,总表白自己的功劳、成绩。其实,成绩不讲跑不了,问题不讲不得了。过分地示强、自矜,往往会引发妒忌和不满,使前进遇到阻力或半路便被“封杀”。所以,“上善若水”“宠辱不惊”“不以物喜,不以己悲”应当作为我们毕生的追求;戒骄戒躁、低调做人、韬光养晦,绝对必要;忍辱负重、任劳任怨、奉献自己、帮助别人、为民解困,方显领导干部本色。

第四,要始终保持艰苦奋斗的优良作风,莫忘“传家宝”。安贫乐道、自得其乐,在工作上要多尽心尽力,在待遇上少与他人攀比。虽然现在的条件比以前已经大为改观,但还要强化“过紧日子”的观念,带头勤俭节约,发扬“勤俭持家”“勤俭办公”“勤俭办一切事情”的精神,狠刹铺张浪费、建豪华办公楼、文山会海、公款“大吃大喝”及“游山玩水”等不正之风。

就“不贰过”与“好学”的关联性问题,研究者(潘柱廷.不迁不怒,不贰过.http://www.i170.com/user/jordanpan/Artlist/P2/E,2010年5月24日)认为:“不贰过”就是不犯同样的错误,不在同一个坑里面摔跟头。完全做到虽然并不容易,但是“不贰过”与“好学”的关联还是比较好理解的。毕竟,能够及时改正错误就是好学的体现,而且是好学的成果的体现。

在《论语》中，也有“困而知之”的说法，就是在遇到困境（犯了错误）的时候，能够吸取教训，以利下次不要进入同样的困境（犯同样的错）。这样“困而知之”的学法，从某种角度来说，比单单从书本上学会更有价值，这是在实践中学习。

反过来的情况有两种，第一种是不实践。这样自己会以为不会遇到“困”，不会出现“过”，也就不会有“困而知之”和“不贰过”。但是，这种看似没有“困”“过”的情况，其实是非常危险的，很可能因人缺乏实践经验，使之在遇到“困”的时候不知所措，进而面临更大、更危险的“困”。有人认为，人的一生其实就是充满挫折的一生，也就是说人的一生不可能不遇到“困”。“天降大任于斯人也，必先苦其心志，劳其筋骨，饿其体肤，空乏其身，行拂乱其所为，所以动心忍性，曾益其所不能。”《孟子・告子下》中的这段论述好像也是一番“困而知之”的另类写照。

反过来的第二种情况就是“固、愚、呆”，就是“困而仍不知”而“过而再过”。反复在同一个坑里摔跟头，第一种可能是“人之固”，也就是固执，就是不认为面前的这个坑是一个坑，于是固执地再次迈入并摔跟头；第二种可能性是“人之愚”，是为无智，眼见坑在面前却不知道如何回避和跨越；第三种可能性是“人之呆”，是觉得自己不会运气这么不好而遇到同一个坑，所以就没有从上次摔入坑中的过程和结果中总结经验教训和学习方法、技巧，冀望于侥幸不会再遇此坑，冀望于以后还有很多时间和机会再去学习，没有想到自己竟然会很快就遇到一个同样的坑，并且再次栽在这个坑里。

潘杜廷先生说：起初不太理解“不迁怒”与“好学”有什么关系，后来看了《傅佩荣〈论语〉心得》中谈及不迁怒就是不找借口，便豁然感悟了。他认为，不迁怒就是不找借口，自己的问题不找别人的借口；不抱怨，不抱怨别人，不抱怨社会，不抱怨客观条件。如果不迁怒，那么解决问题就只能积极地从自己身上找原因，那么就会诱发自己的改进动力，那么自然就促使自己“学习”，进而促进自己将所学付诸实践。

的确，虽然“吃一堑长一智”“闻过即改”是人们经常挂在嘴边上的话，但是如果积习难改，总是按照与以往同样的方式做事，就总是会犯同样的错误。如果说老是犯同样的错误，堪称“恶习”，那么坚持不犯同样的错、“不贰过”就是一种优良的品质，这种品质也是“好学”。“好学”不仅是爱读书爱思考懂道理，最关键的是能够完全地实践“道理”。

人类好学，来自于作为“人”的天然属性，几千年来的探索、实践，人从自然人向自由人的发展已经达到了相当高的水平。现今，科学技术已发展到崭新阶段，人类在对以往失败原因认知的过程中也已积累了相当多的经验，个体在完成工作任务的精细化水平方面也大幅度提高。但是，我们却发现，即便如此，各种差错还是在许多人身上不断出现。的确，一个人一辈子做正确的事实在太难，所以，这种“难”会在今天和未来一直伴随我们。

上文曾讨论过的两选方案让你选择其一：

一是：一次性给你 100 万元；

二是：每天给你 1 元，每后一天给你前一天钱的 2 倍。

如果不细算而只注重眼前的绝对数量，人们会选择“一”，但细算一下人们肯定会弃“一”择“二”。

人生由无数个选择组成，在数字面前，人人都是平等的。但智慧的人能够更有效地控制和优化自己的行为，利用正确的行为方式去改变一些绝对数字，使绝对的数字变成相对的数字，即将数字的相对数量增大。比如，如果一个人在时间 A 中，做出了一个正确的选择或做了一件正确的事，就是在绝对时间 A 里完成了应该完成的工作任务或取得了工作结果；而另一个人在相同的时间 A 里实施同样行为时，由于做出了错误的选择或做了一件错误的事情，故在绝对时间里没有完成工作任务或得到工作结果。两者相比，前者自然因此得到了 A 的剩余时间，而后者却还要花费 A 的时间或更多的时间去重新去做该项工作。在这里，前者便是相对延长了其可利用的工作时间，即相对延长了“职业生命”。做正确的事，相对做错误的事而言，其必然结果就是能够节约时间。有人假定一个人的“职业生命”时间从 20 岁开始到 60 岁结束是 40 年，除去节假日、休息、病事假等时间，剩下的时间平均到每一天所谓的“有效时间”是 1.3 个小时。假设，如果一个人能够每天将 1.3 个小时的“有效时间”延长一倍，那么此人的“职业生命”便会翻番。

成功对于每个人来说都是欲求的事情，但是我们总会看到在追求成功的过程中，总是有人如愿以偿，而也总是有人饱尝苦果。原因实在太多，但其中一定包含在选择中存在问题。实践告诉我们，在许多情况下，选择比努力更重要。当然，在选择之前我们一定要弄清楚我们真正需要的是什么，并在此基础上决定我们如何选择。对在沙漠中长途跋涉的人来说，水比黄金重要；对一只鸡而言，一个米粒比一颗珍珠重要；对年轻人来说，未来的发展空间比目前的舒适和高薪重要。不同的思维，会导致不同的选择，也会产生不同的结果。我们要做正确的事，而不能仅仅把事情做正确，关键在于此事本身是不是正确的。

所以，我们务必记得这句话：做正确的事比正确地做事更重要。

历史就如同一张棋盘，每个人都是历史的棋子，他们“被动”地由人摆在棋盘的某个位置上。但在这些位置上，每个人无论主动、被动与否，他们都会发挥自己的作用。他们时而与其他棋子共同防御，时而一同发起进攻，时而单枪匹马杀入敌阵，为最终胜利而牺牲自己。一副棋盘，“楚汉相争”，在方寸的平面上演绎出深层和复杂的人生。对于每一个棋子而言，如果都能走对每一步，那么，最终胜利一定是必然。所以，坚持做正确的事，做对国家、人民、集体、自己有利的事，做促进社会发展、人类进步的事，做让家庭幸福、个人快乐的事，就能取得成功，就会使自己取得更大的成就。

2.3 “不当为之”与“当为不为”

徐志跃先生在博文《做正确的事比正确地做事更重要——追思艾柯夫》（21 世纪经

济报道:23 版,2010.)一文中,围绕“忽弃当为之过”,对艾柯夫的“不当为之”与“当为不为”进行了讨论,他写道:“艾柯夫说:‘我们所有的社会问题源自于更正确地做错误的事情。你做错误的事情越有效率,你就变得越错误。错误地做正确的事情,比起正确地做错误的事情,远远要好!如果你错误地做正确的事情并改正错误的做法,你就得到更好的结果!’”

徐先生认为:要真正理解这个道理,我们需要了解艾柯夫对两类不同错误的区分。一种错误是实际犯下的,即你做了不应该做的事,艾柯夫称之为“不当之为”。还有一种错误是本应该做的事情而没有去做,他称之为“当为不为”,有朋友从古汉语找到一个更雅的表达:“忽弃当为”,语出胡寅(1098—1156)《崇正辨》。“忽弃当为”比“不当之为”更严重,原因之一是,这种错误常常是不可能或很难纠正的。这样的错误也许是永远没有追回的机会。比如,IBM 公司 20 世纪 80 年代的错就是“忽弃当为”——它没有尽早挺进小型电脑市场。“当为不为”往往还不易发现,因为财务报表永远只是记录所犯过的错。而且,“当为不为”这类错误几乎不会纳入考核管理者的惩罚内容。正由于“不当之为”是唯一被追究责任的一类错误,寻求安全或稳定的管理者的最佳策略就是去避免此类错误,尽可能少做,甚至不做。僵化的官僚组织往往如此。这样的组织及其中的各层次员工也就长进不了,也就没有竞争优势可言。艾柯夫甚至说:“官僚系统的主要目的就是让大家忙忙碌碌而其实什么也没干。”

豆瓣社区有博文《观照心灵的门外思虑》(http://www.douban.com/note/62800138/,2010 年 3 月 9 日)中写道:重拾“忽弃”一词,……往往是,谁也不知道该做还是不该做,对心灵的观照因此浮出水面。或许,我们花了很大精力去抨击和纠正政治和理性领域的不当之为,却忽弃了对心灵的观照。

笔者以为“不当为之”的例子实在太多,但就此类中某些相当低劣和弱智的行为还应用点笔墨贬之。其中最应鞭笞的就是电话推销:花钱买了别人的信息,挨个拨打陌生人的电话,结果呢?除了一些人根本不会接听不熟悉的电话外,多数人在接通后会直接挂掉,少数人听几句后说声“不需要”,也有个别人会厉声加以拒绝。前者,推销商似乎不损失什么,而后三种,他们应该是需要支付时间的吧?可想,用这种人们已经熟知的类似“垃圾短信”的方式推销产品,明知方法不当却硬要为之,这种“不当为之”最终如何能见成效呢?

在现实生活和工作中,“当为不为”也并不鲜见,如人们经常看到或遇到的所谓“不作为”就是如此,其中以“行政不作为”最为常见。不作为是相对于作为而言的,指行为人负有实施某种积极行为的特定的法律义务,并且能够实行而不实行的行为。不作为是行为的一种特殊方式,与作为是相反的关系。可见,“当为不为”可能是政府各层、各机构公务人员或相关职能部门的工作人员更易在工作中犯的错误。有人认为,政府公务人员和相关职能部门的工作人员在工作中应做到“四好”,即“门好进”“脸好看”“话好听”“事好办”。前“三好”是表明一种“亲民”的态度;后“一好”则能够避免“当为不为”,表明“为民”的责任和能力。因此,这“四好”实在应该成为考核所有政府公务人员和相关职能部门的工作人员的标准。

此外,在“不当为之”与“当为不为”之外,还存在一种做事的错误方式,就是“为而不为其够”,即做了正确的事情但却不把事情做完或做好。“虎头蛇尾”“半途而废”“功亏一篑”是此类行为的重要特征。做了正确的事情,却不把事情做完或做好,不能善始善终,这种行为发生的原因多源于做事者的做事态度、做事方法存在问题以及做事能力不及等。对于近些年连续发生的患者袭医案,将医患矛盾推至风口浪尖,有人为医生喊冤,也有认为患者鸣不平,“公说公有理,婆说婆有理”。有人认为,医患矛盾源于医疗制度存在问题,那我倒要问,哪一个患者是因制度问题而非治疗方法问题与医生、护士“刀枪相见”的?以什么样的态度对待患者、采用什么用的方法给患者治疗、给患者开什么药、开多少药,均是医生本人可以控制的,对于这些医生可以“使能”的行为问题,难道以医疗制度存在问题等原因进行敷衍,就能够掩盖医生自身操守和行为上存在的问题吗?钟南山先生曾公开批评一些医务人员“连基本的道德底线都没有”,这一批评在网上得到众多网民的支持。作为一名业内专家,能够大胆直言,抨击和批评业内人士,实在可敬可佩。医生是“天使”不是“恶魔”,因医生“不当为之”与“当为不为”而生的医患间的暴力冲突和伤害事件也只是个案并不普遍,但是,医生在医治病患的过程中“为而不为其够”却较多存在。比如,认真为病患诊断病情并对症下药,同时却想方设法给病患多开药、开高价药、开自费药;外科大夫手术前认真为病患分析病情,甚至问寒问暖,呵护有加,但每次查房时都会极力推荐所谓质量最有保证但价格昂贵的进口治疗设备或药品,这难道也是制度问题吗?如果有人把这些行为也归于制度原因,那么请问,制度是面对所有人制定的,为此,每一个人的行为都应该受到来自于该制度的规范,那么为什么一些医生在制度面前有如此行为,而另一些医生在同样的制度面前并非如此呢?

“为而不为其够”的行为表现之一,就是行为者因趋利而“忽弃”了道德和良知,部分做了应该做的事和正确的事,但却因心存趋利等“杂念”而没把好事做到头、“没把好人做到底”。众所周知,“按劳分配”是社会主义初级阶段的分配原则,是邓小平建设有中国特色社会主义理论的一个重要构成部分。这一分配原则是适合于中国所有劳动者的,自然不会将医生排除在外。按劳分配,多劳多得,但劳动者首先必须做到劳而有德,在此基础之上的多劳多得才是合规和正当的。医生以认真的态度面对患者并积极治疗病患本属责任和义务,但在实施这些行为的过程中,却从一些昂贵的医疗器械和药品中获利,以及术前术后收取红包等,这都属于不当得利。这种不当得利(受利益,致他方受到损失)的行为就是典型的“为而不为其够”的行为,就是做了错事的另一种表现。

詹姆斯·F. 派克(James F. Parkers),2001—2004年任美国西南航空公司执行董事兼副主席,这三年是美国航空业最具挑战性的三年。在派克担任执行董事期间,西南航空被评为美国最受尊敬的三家公司之一,美国最佳企业公民100强之一,全球最负社会责任的公司之一,年度最佳航空公司。派克最辉煌的成就是,西南航空成为“9·11”后唯一没有裁员同时保持赢利的航空公司。他在著作《做正确的事》(派克. Do the Right Thing [M]. 骆欣庆,李小平,译. 北京:中国人民大学出版社,2009.)中写道:“在西南航空,我们有时会谈到‘黄金法则’,我们相信这是处理相互之间关系相当好的法则。我们并不想搞任何宗教信仰,但这确实反映了世界各大宗教和哲学的核心原则。这条黄金法则就是按照人们希望被对待的方式去对待他们。‘9 · 11’后我们就是按照这条黄金法则去对待我们的员工、顾客和股东的。”詹姆斯 · 派克的秘诀就是“做对的事,而不是把事情做对”,即“做正确的事”。正因为如此,他和他的团队成为那段最困难时期美国航空业的制胜者。

对于每一位管理者和被管理者来说,都应该永远牢记“做正确的事比正确做事更重要”。

无论是管理者还是被管理者,在工作中对自己严格要求,尽量减少工作上的纰漏都是应该的,也是必需的。但是,对许多人而言,工作出现纰漏或差错是“天经地义”的事情。那么,作为一个管理者,当自己的员工在工作中犯了错误,我们应该怎么办呢? 杰夫 · 海登认为:员工首先是“一个个人”。就算员工有时会犯下大错,也要尽最大努力将员工作为“一个人”来对待。犯错或表现欠佳是不可避免的。退一步,考虑一下这个员工的整体素质,而不要局限在员工的一时表现。他承认,这样做很难,特别是在员工犯了重大错误的时候。这样的错误通常会影响我们对一个人的看法。但是,太在意这样的错误,就会忽视员工的技能,而无法做到人尽其才。所以,下次当员工犯错的时候,试着客观对待。“在适当的时候,原谅是你所拥有的最强大的领导力。”

链接:为何你的老板会为权利而发狂?

美国人力资源者嘉年华的创立者苏珊娜 · 卢卡斯(Suzanne Lucas)在她的《为何你的老板会为权利而发狂》一文中写道:

你听说过一个完美好人升职经理之后,变成怪物了吗? 对这种现象,这里可能有个很好的解释。

《今日科学》援引一项新的研究表明,有权力的人看事情更加黑白分明,因此愿意实施更严厉的惩罚。在南加州大学马歇尔商学院的斯科特 · 维尔特姆(Scott Wiltermuth)和斯坦福大学商学院的弗朗西斯 · 弗林(Francis Flynn)两位研究人员设计的实验中,一些学生有权力地位,而另一些没有。处于“有权”位置的人对事情的看法更加善恶分明。

当事情做错时,有权人很快归为某个明确原因,不太可能承认错误出自其他原因。维尔特姆说:在实验中,当别人感到自己有权力的时候,我们也观察到相同现象。我们还发现,结果清楚地表明,有权力的人更严厉地惩罚有问题的行为。权力与更严厉地惩罚之间的关联可能给经理们带来巨大问题:经理认为的恰当惩罚,可能被其他人看作过于严厉。

他们的发现澄清了一些我在自己的职业生涯中观察到的现象:我现在明白为什么会有“微经理”和“微观管理”。他们得到权力,突然看事物黑白分明,对错分明。而如果他们的做事方法正确,是通过把其他做法都定义为错误方法。既然错误不好,他们必须制止员工犯错误。要达到这个目标,唯一的方法是每件事都按正确的方式完成,而且必须由老板亲自做的方式来定义对错。

我不确定维尔特姆和弗林是否也会同意,这也是他们的研究线索,但这只是我在实践中看到的情况。人们很难区分“坏”和“不同”,他们也很难改变自己的想法,即使提出附加信息,他们也有可能拒绝看附加信息。

例如,周三我写了一篇文章,某人被指控在工作中犯错,但故事中本人从未被询问。这看上去很像有人迅速作出决定,而且拒绝考虑更多的信息。

当然,领导角色中必要的一件事就是能够做出决定,并且坚持决定。优柔寡断的人无法成事,在任何决策中,几乎不可能获得完整信息。(告诉我,你怎么知道午餐吃奶酪汉堡包就是最好的选择?)领导人需要做出决定,并且坚持它们。

所以这需要权衡。如果你是经理,这项研究表明,你可能更容易做出强硬决策。我的建议是,谨记这一点。为自己设定一个目标:每天在你行动前都考虑别人的意见。谨慎雇用下属,让能帮你做出明智决定的优秀下属围绕在你身边——然后倾听他们的意见。

最重要的是,不要让权力直接控制你的头脑。

(选自 http://blogs. bnet. com. cn/? action-viewspace-itemid-27164,2013 年 6 月 19 日)

第3章　把握方向

把握方向，实在是一个挺大的问题。把握什么方向？前进的方向？命运的方向？人生的方向？或者政治方向？的确，回答哪一个问题，都不是一句两句能够说清楚的。但是，如果我们把复杂的问题简单化，把上述所有方向问题都简化为从哪走—向哪去，就容易找到答案了。

从哪儿走，即从哪里起步；向哪儿去，即对准某个方向的某个目的地而行，并力求最终到达这个地方。从起步开始到到达最终的目的地，其间必须有"行"来辅助，而要前行则必须有"道"，正如人在地面上走，必须有道路即人行道；在地下走要有道即地道；车在路上走要有道即行车道；船在河里、海里走或飞机在空中飞也要有道即航道。如此等等表明，我们从此地到达彼地，必须借助于这些"道"方能实现。有学者研究认为，道可能来源于甲骨文里的"𠔉"字（参见《一分为三》）。从字形看，中间的空隙处很像道路，而线条部分像是两个人背向而行。按着一般规律，线条部分应该是文字，空隙部分不是文字，或许这个字的情况比较特殊，两者都有意义。金文中发展了线条部分的含义，把此字变成从行从首的样子，像是人在行走。人的行走离不开道路，于是动词行走变成了名词道路。从上可见，古人在面对自然和征服自然的过程中，对所谓的"道"，已经相当重视了。

有人说："行多远方为执着，思多远方为远见。"这里所说的思、行，一定是朝向某个方向展开的。行走的是道路，思走的是思路，所以，道或路其实只是通向某个目的地的辅助条件，而最终行或思的目的地，才是人们的最终所望。

当然，在行与思的过程中除了把握方向外，也要注重借助其他条件提高效率。如登山志在攀顶，攀登者借助登山工具和装备，既能提供更多安全保证，也能节省体能、加快速度。这种最终效率和效果相融一体的结果方可称之为完美。

3.1　方向是关键

英国科学家朱利安·赫胥黎（Sir Julian Sorell Huxley，1825—1895）有一次应邀到都柏林演讲，由于时间紧迫，他跳上一辆出租车后便急着对司机说："快开快开！来不及了！"司机立即启动汽车，往前猛开了好几分钟，这时，赫胥黎才发现方向不对，他问司机道:“我没有说要去哪里吗?”司机回答:“没有呀!你只叫我开快呀!”赫胥黎于是马上歉意道:“抱歉,请掉头吧,我要去都柏林……”这个故事说明,如果不明方向,不知道去哪儿,司机的车开得再快也永远不会到达目的地。在本书第一章“案例讨论:目标”中我们给出过一个案例,案例中写道:“离最近距离在东南30海里……”该案例表面上讨论的是选择什么东西更可能实现目标,但实际上是想通过人们对指南针的选择来说明解决问题的关键是把握方向。

我们常听一些成功人士说,一个人想要成功,必须在许多方面加以努力,但如果把方向与努力放在一起相比较,应该是方向比努力更重要、更关键。

谭小芳在中国管理网上发表题为《方向比努力重要》(http://blog.chinaceot.com/blog-htm-do-showone-type-blog-uid-1019004-itemid-602309.html,2010年6月7日)一文,文章中写道:

白龙马随唐僧西天取经归来,名动天下,被誉为“天下第一名马”,引得众马羡慕不已。于是,很多想要成功的马都来找白龙马,询问为什么自己同样努力却一无所获?

白龙马说:“其实我去西天取经时,大家也没闲着,甚至比我还累,我走一步,你们也走一步,只不过我目标明确,十万八千里走了个来回,而你们在磨坊里原地踏步而已。”

众马愕然!随之陷入深思。

看完这个故事,大家应该会感到道理很简单,但故事值得回味,路就在脚下,努力的方向只能靠自己掌舵。

这个故事让我们验证了一个道理:方向比努力重要。两者相比较,方向是关键。

我们经常说:只要努力了,结果如何并不重要。

这一句话有一定道理,但放在一切讲究效率的今天却并不适用。我们拼尽全力做某件事,自然是希望获得成功,不然也不必白费力气了。不过,努力并不等于成功,只有找对方法、找对方向,才能拿到成功的金钥匙,只有选对方法才能事半功倍,比别人提前一步到达终点。

其实,事实早就告诉我们,做任何事情明确方向都是非常重要的。如果方向反了,或发生了大的偏离,那么,速度越快,工作的力度越大,距离目标就会越远。

对所有人来说,前进的方向从来都是指向某个目标的,认准这个目标,为实现这个目标不断努力,我们就会离目标越来越近。当然,如果我们在奔向这个目标的过程中充满激情,那么,我们就能够获得更多来自于自身和他人的动力,而这些动力,能够让我们更快地获得成功。

在实现目标的过程中,方向是关键,努力是条件,激情是动力源。

美国富豪、企业家纳文·简(Naveen Jain)认为,成功不在于银行户头的大小,而在于可以对多少生命产生积极的改变。他认为企业家成功的10个秘诀中,排在首位的就是

"对你努力的目标充满激情"。

1. 对你努力的目标充满激情

这意味你会牺牲大部分工作时间用在你提出的这个想法上。这个激情也会点燃那些被你吸引到一起的团队的每个人，使他们努力走向成功。而且因为有了这个激情，你的团队和客户都更可能确信你努力要做的事情是什么。

2. 伟大的企业家都定睛在那些其他人认为没什么的机会上

定睛帮助我们去除浪费的努力和分心。大多数公司死亡不是因为饥饿，而是由于消化不良。企业受苦都是因为同时做太多的事情，不是因为做好很少的几件事。所以，必须定睛在你的使命上。

3. 成功来自艰苦的工作

没有所谓的一夜成功。表面上的一夜成功都来自于多年的辛勤劳动和汗水。幸运的人会告诉你没有容易的方法可以成功，成功都是光顾那些努力工作者。成功的企业家会对他们做的每件事付出100%的努力。如果你已经尽力了，那你就从不会后悔。定睛在你可以控制的事情上，定睛在你的努力上，结果就随他去吧。

4. 成功的路是漫长的，记住享受这个过程

每个人会告诉你定睛在目标上，但是成功的人会定睛在这个过程上，并沿路庆祝每个里程碑。如果你不能享受这个过程，值得花大部分生命去试着到达这个目的地吗？你吸引到你的团队一起完成使命的成员难道会更喜欢这个过程吗？即使这个目的地从未到达，在这个过程中，你们一起的时间难道不更好吗？

5. 信任你的直觉胜于你的电子表格

真实世界中有太多变化是你不能放在你的电子表格中的。电子表格会从不真实的假设中产生结果，并给你一个虚假的安全感。通常情况下，你内心是你最好的向导。人的大脑就像一个二进制的计算机，仅能分析基于1和0的真实信息。我们的心更像化学计算机，它利用模糊逻辑分析那些不容易定义为1或者0的信息。

在生意场上，我们都会有这样的经历，我们的心告诉我们不行，而我们的大脑给出的逻辑的结果是行。有时候基于本能的微弱声音，会比无可抗拒的逻辑产生更强的共鸣。

6. 保持灵活，但也要坚忍。每个企业家在执行上都要保持灵敏

当新的信息可行时，你需要不断进行学习和适应。同时，你需要对你企业的使命和动机保持坚忍。这也说明微弱的声音为何重要，当你偏离轨道时，它会给予早期警告信号。成功的企业家在迈向成功的路上，会在听这个声音和保持坚忍中找到平衡。因为有时，成功正好等着穿越那伪装成失败的过渡性阻碍。

7. 依靠你的团队。这是一个简单的事实，不是每个人擅长每件事

每个人都需要那些具有互补性技能的人。企业家们都比较乐观，让他们相信他们不擅长一些事情有些困难。这需要自己在灵魂深处进行反省，知道自己真正的技能和力量。人很容易吸引与自己相像的人。找到那些不像你，但是在你不能的事情上擅长的人

是一个技巧。

8. 执行、执行、执行

除非你是世界上最聪明的人,否则可能有很多人都在做你正在做的事情。成功不是来自那些突破性的创新,而是无错误地执行。一个好的战略不一定能赢得一个好的游戏或者战争。胜利来自基本的点点滴滴。

我们看见很多企业家浪费太多时间在写商业计划书和准备PPT。其实商业计划书超过一页都太长了。而且,事情不是向你拟定的方向发展的。无论你花多少时间完善你的商业计划书,你仍需要根据基础事实来适应。你会从行动,而非假设中学习到更多有用的信息。记住,保持灵活性,当新的信息可行时,适应它。

9. 没有诚实和正直,任何人不可能实现长久的成功

这两个品格需要成为我们做的每件事的核心。每个人都有良心,但是很多人不听它。当你不是完全诚实,或者稍微偏离了一点正直的轨道,总是会有一个微弱的声音提醒。一定要听这个声音。

10. 成功是一个长旅程,并且如果你感恩,会更成功

当你成功时,沿路有太多人提供了帮助。你很明白,你很少有机会去帮助那些帮助过你的人。因为在大多数情况下,你都不知道他们是谁。还债的唯一方法就是帮助那些你能帮助的人,希望他们去帮助更多的人。当我们成功时,我们从我们生活的社区、社会中得到很多,所以我们应该想如何帮助其他人作为回报。

有时候,也许是对人良善的一种态度。其他时间,提供一个感同身受聆听的耳朵或者安慰的言语给那些有需要的人。用我们已有的资源尽力行善,是我们的责任。

定睛,就是认准了目标,专注于目标,牢牢地抓住想要达到的目标,充满激情、坚韧努力、恪守诚信,向着目标一步步迈进,我们才能成为梦想的成功者。

在这个世界上,人们通常有两种生活方式:一种是随遇而安,不为明天的事劳神费力,走到哪里算哪里;另一种是给自己设立一个或多个人生目标,然后用一生的时间去完成这些目标。前一种人不能说没有快乐,因为他们身在路上,心在炕上,满足于有饭能吃饱、有床能安眠,虽平淡却与世无争。这种生活方式对一些人来说是一件很舒心的事情。多舒心,少难过,自然会感到快乐。虽然他们也会时不时因“平淡无味”的生活而心生迷惘或身生疲倦,但他们是知足而不给他人和社会“添乱”的“良民”,所以,他们其实是社会安定、和谐的一部分,是合理、必然的存在。后一种人是不甘于现状的人,他们有自己的人生目标,由于在过程中经常出现暂时的挫折和逆境,所以他们也会觉得很累,但他们肯定不会迷惘,因为他们知道自己一定要什么,知道自己能够要到什么,知道自己该怎样去要,也知道自己目前在哪一个阶段,尽管身体还在路上,但他的心已经找到了归宿。他们知道,自己活着就是为了在死去的时候没有遗憾,得到心灵的宁静。

3.2　把握人生的方向

作家路遥(1949—1992)在他的小说《人生》(《收获》1982 年第三期,获 1981—1982 全国优秀中篇小说奖)中引用了作家柳青(1916—1978)的一段话:

人生的道路虽然漫长,但紧要处常常只有几步,特别是当人年轻的时候。

没有一个人的生活道路是笔直的,没有岔道的。有些岔道口,譬如政治上的岔口,事业上的岔道口,个人生活上的岔道口,你走错一步,可以影响人生的一个时期,也可以影响一生。

人生的道路,该如何走呢?向前,自不必说,关键是这个“前”指的是哪儿?

1943 年 6 月,在晋察冀边区平山县黄泥区的一个小村子里,为了反对日本侵略者在边区抢粮、实行“抢光、杀光、烧光”的“三光”政策,西北战地服务团深入到河北平山和山西繁峙的广大农村参加斗争。为了配合这场斗争,在三四天时间里,牧虹(1918—1989)和卢肃(1917—2004)一起突击创作完成了小型歌剧《团结就是力量》。在这个剧的排练过程中,大家觉得剧情内容还可以,但结束得有些突然,缺乏终止感。综合大家的建议,决定由牧虹同志写词,卢肃同志谱曲,为该剧增加一个幕终曲,于是《团结就是力量》这首唱着上口、唱着有劲、唱得人精神振奋、唱遍边区的经典名曲就这样诞生了。

团结就是力量,
团结就是力量,
这力量是铁,
这力量是钢,
比铁还硬,
比钢还强,
向着法西斯齐开火,
让一切不民主的制度死亡!
向着太阳,
向着自由,
向着新中国,
发出万丈光芒!

3.2.1　人生向太阳

太阳,总是无私地给我们阳光,温暖我们的身心。你朝向它,它就会微笑着把光和热洒向你,给你关怀和温暖,给你力量和勇气。所以,人生,只有向着太阳,人们才能得到阳光,即你向着太阳,你就阳光,就有力量。

太阳光照耀地球,给万物送来了光和热,人类和所有生物都离不开太阳。同时,太阳辐射是预防疾病,也是增进人体健康不可缺少的自然因素之一。在一般情况下,太阳辐射能够对人体健康产生良好的作用。某些疾病,如骨结核、风湿性关节炎、佝偻病、皮肤病等在一定的条件下均可以利用太阳辐射进行治疗,称为日光疗法。据研究,适当地晒晒太阳,能促进人体的新陈代谢,对人体产生一系列的生理和物理化学作用,它可以改善睡眠,增强肌肉系统的功能,对肌体的生长和发育有着良好的作用,从而使人心情舒畅,工作效率提高。

但是,炎热的夏天太阳总是"火辣辣"的,这个季节的阳光中的紫外线过多、过强。烈日当头,在阳光下待得时间久了容易引起眩晕、日射病、皮肤烧伤等症状,有害人体健康。所以,在夏天骄阳似火的时段,上午 10 点至下午两三点钟,应减少户外活动,或采取防晒降温措施,避免皮肤损伤及中暑等现象发生。

冬天,节气进入大雪后,天气变得更加寒冷,感冒和流感也进入高发季节。冬季流感高发与晒太阳较少有关,所以,冬季多晒晒太阳,对预防感冒和流感有一定作用。另外,晒太阳也是人们获取维生素 D 的好方法。

为了解开流感在冬季流行之谜,各国研究人员进行了大量的研究。早在 1981 年,英国流行病学家埃德加·霍普·辛姆普森(Edgar Hope Simpson)就提出,流感的季节性高发可能与太阳辐射有关。只是当时没有其他专业人员把这个假说当回事。但此后的很多研究结果表明,维生素 D 可能在人的免疫系统中扮演重要的角色。而维生素 D 的获取有两种途径,一是从食物中获得,但量少;二是晒太阳时,阳光的紫外线辐射作用于皮肤,形成化学反应,合成维生素 D,这是人体获得维生素 D 的好方式。美国科学家一项为期 40 年的研究发现,每天服用一剂维生素 D,能将患乳腺癌、结肠癌和卵巢癌的风险降低一半。阳光照射在皮肤上,身体就会产生维生素 D,这部分维生素 D 占身体维生素 D 供给的 90%。研究癌症治疗的专家说,有关这种"阳光维生素"防癌作用的证据十分充分,公共卫生部门必须采取紧急行动提高人们体内的维生素 D 的水平。近几年来,越来越多的证据表明,缺乏维生素 D 可能对身体极其有害。据称,心脏病、肺病、癌症、糖尿病、高血压、精神分裂症和多发性硬化等疾病的形成都与缺乏维生素 D 密切相关。所以,通过阳光获得维生素 D 的方法对人的健康所起到的积极作用不可低估。

人们从阳光中获得的不仅仅是维生素 D,更是对生命质量的追求和在对生命的追求过程中所具有的精神和力量。

邢汶所写的题为《阳光与生命》(选自贾平凹. 流行哲理小品:中国卷. 北京:中国人民大学出版社,2007.)一文,再一次让我们体会到阳光对生命的重要性。

做医生的邻居跟我讲了个事。

他的一个病人，挺年轻的姑娘，患了干燥综合征。这是一种很罕见的病，就是身体分泌的那些汗液、胃液和唾液都是越来越少，导致人消化困难，必须借助专门的导管将类似胃酸的物质输入体内，才能稍稍缓解；更残忍的是，这种病人不能见阳光。阳光就像一台榨汁机，会很快耗完病人的体液，就像在榨取一个鲜嫩的苹果，导致病人呼吸衰竭。现在的医术还无法彻底治疗这种病症，在谨慎地反复会诊之后，他们诊断，这个姑娘最多还能再活10个月。

姑娘的病房，窗帘是日夜拉上的，只有镍灯发出淡淡的冷光，只有月光很暗淡的夜晚，病人才可以在护士的陪同下到院子里散步。

医生说，他从没见过那么苍白的脸，却也从没见过那样明亮的眼神。每次他进去的时候，都看见那个姑娘在专心致志地涂指甲油，鲜艳通红的那种，和她的苍白正好形成鲜明的对比。

两个多月后，我在网上看到一则资料，说国外有个患干燥症的病人，生活在避免阳光直射的环境里，活了三年之久。希望这则消息可以使这个姑娘宽慰一些，我打印下来，去找那个医生。

医生听清来意，摇摇头，说没有用了，她已经去了。看着我惊讶的样子，医生叹口气，“她突然坚持去天山旅行，我们通知了她的父母，但谁也劝不住。后来听说她根本没爬上去，只是在天山脚下的草原骑骑马，病情当场发作，救治无效，没了。挺可惜的，才22岁，听说恋爱都没谈过……”

身患绝症的年轻女孩，让自己的生命提前在明媚的阳光下凋谢，该有着怎样的勇气和决心？

医生又说，她和你一样，喜欢读书写东西。在整理病人遗物的时候，整理出来一大堆各种颜色的指甲油，每种颜色外面都贴了张小纸条，是她自己给那些指甲油起的名字。其中，淡蓝色的，叫作“豆蔻”；银色的，叫作“妖精”；而大红的那支，她起了一个很古典的名字，叫作“与子偕老”。

听得我心酸。

阳光和生命相比，当然生命重要。

但在某些关键时刻，阳光显得那样不可缺少不可代替，甚至用生命去换取也心甘情愿。

她鲜红的指甲油，也许一直是她心底下鲜红的太阳，可是，她不能舍弃的，不仅仅是一种可以检测生命的硬度和质量的阳光，还有尘世每日升起的太阳。

我们健康人每天都能看到触摸到阳光，就像看到触摸到很多其他美好的事物一样。只是在通常情况下，我们选择了疏忽，而非珍视。

有读者认为：姑娘在生命的历程中体会到虽然生命重要，但“阳光显得那样不可缺少、不可替代，甚至用生命去换取也心甘情愿”的道理，引导人们去“珍视”生活中一切美好的事物，赞扬她在生命的最后时光里用顽强的精神来感受阳光等大自然的美好。与其继续在黑暗中延续没有质量的生命，不如凭着仅存的一点生命的硬度，去享受一下久违的阳光，提升一下生命的质量，尽管时间短暂，但生命的火花照样能够迸发！也可死而无憾。

的确，对生命的最佳回应，就是在有限的生命时间里生活得更快乐。

阳光给了我们健康，如果我们能够张开双臂，就一定要面向太阳，拥抱阳光；虽然健康对生命至关重要，但是，如果有一天我们没有了健康（终究会有这一天），也不应该有任何抱怨。因为阳光还在，它曾经为我们奉献了太多、燃烧了太多。以后，它还会继续默默地把它的光和热无私地奉献给包括我们亲友在内的所有的人们。

你健康，你自然就阳光。你没有了健康，你的亲朋好友、其他人、所有人还将继续阳光。

“向着太阳，向着自由，向着新中国……”抗战中无数先辈们高唱着这支歌奔赴战场，去勇敢地面对牺牲。今天，我们能够做到吗？

3.2.2 走向自由

自由是人生命的最高境界，自由让理想的追求者将精神、情感，甚至血肉之躯投入到他们奔向“精神家园”的过程之中并死而无憾。回顾中国共产党的奋斗历史，诸多共产主义战士的生命历程便是真实的写照。“苦寒”在《民主与自由是共产党人的毕生追求》（http://blog.sina.com.cn/s/blog－4da929310101cgtt.html，2012 年 9 月 5 日）一文中指出：“中国共产党人几代人的毕生理想，是建立一个没有独裁者和独裁思想的仁、善、美统一的、理想的新型社会。……广大共产党人从来不会忘记，当年的红岩精神，就是共产党人舍生取义，用生命与鲜血追求民主与自由精神的真实写照。”

在马克思（Karl Heinrich Marx，1818—1883）主义哲学的基本原理中，有“必然王国”和“自由王国”这样两个基本概念。哲学告诉我们，人类发展的历史就是一个不断地从必然王国向自由王国发展的历史。

所谓“必然王国”，是指人们对人类社会和自然界的必然性尚未认识和掌握，因而人的活动和行为不得不受这种盲目力量的支配和奴役的状态。这是人们对自然力量和社会力量的无能为力的状态，即对自然规律的无知，因而受自然规律的束缚；同时由于对社会规律一无所知以及私有制的狭隘性，人们又受到自己创造的社会力量的束缚。

所谓“自由王国”，是指人们认识和掌握了社会历史和大自然的必然性和规律，使自己成了自然界和社会的主人，将自己从自然界和社会领域的盲目力量的支配和奴役下解放出来，从而能自觉地创造自己的历史的一种状态，是人们摆脱了盲目必然性的奴役，成为自然界，也成为自己社会关系的主人的一种状态。

自由是对必然的认识和支配，一旦人们对客观的社会和自然的必然性有了正确的认识，并能支配它，使其服务于人类自觉的目的的时候，也就从必然王国进入自由王国。任何一个客观规律一经被认识和利用，就是实现了一个从必然王国到自由王国的飞跃。

在认识上，必然王国指人在认识和实践活动中，对客观事物及其规律还没有真正认识而不能自觉地支配自己和外部世界；自由王国指人在认识和实践活动中，认识了客观事物及其规律并自觉依照这一认识来支配自己和外部世界。

在社会历史中，必然王国指人受盲目必然性支配，特别是受自己所创造的社会关系的奴役和支配的社会状态；自由王国指人自己成为自然界和社会的主人，摆脱了盲目性，能自觉创造自己的历史的社会状态。人类的认识史和社会史，就是从必然王国向自由王国发展的历史。必然王国向自由王国的发展是一个无限的过程。

马克思认为，"自由王国"按照事物的本性来说，它存在于真正的物质生产领域的彼岸，但并不是说物质生产领域的彼岸就是"自由王国"，只有当人类把自己能力的发展作为目的本身时才有真正的自由王国。"自由王国"是受人类理性支配的王国，因为人唯有在其理性的指引之下，才能够不受自然界机械的因果规律支配，这便是人之为人、不同于自然万物的崇高之所在。比如说我饿了，超市里有面包，但我没钱，根据自然因果规律，因为我饿了，所以即使我没钱，我也会去超市抢面包；但人不是只受到自然因果规律支配的人，更是有理性的存在者，因为我没钱，不付钱去抢面包是违反道德的（当然也违反法律），所以即使我饿了，我也不会去抢面包。所以，我不是受到自然因果规律支配的存在者，因而是自由的人。

一个社会人，无论从何角度认知自我或期待自我，大都会希望自己能够成为一个自由的人。而要想成为自由的人，恐非唯有选择全面自由发展而不能实现。"每个人的全面而自由的发展"是马克思主义的最高命题。马克思和恩格斯（Friedrich Von Engels，1820—1895）的许多著作都体现了这一思想。《共产党宣言》明确提出"每个人的自由发展是一切人自由发展的条件"（马克思恩格斯选集：第 3 卷，北京：人民出版社，1995.），人类的理想社会——共产主义社会，就是一个"自由人的联合体"。马克思认为，未来新社会是一个"以每个人的全面而自由的发展为基本原则的社会形式"（马克思恩格斯全集：第 20 卷，北京：人民出版社，1960.），它的本质特征就是"建立在个人的全面发展和他们共同的社会生产力成为他们的社会财富这一基础上的自由个性"（马克思恩格斯全集：第 23 卷，北京：人民出版社，1972.）。秦晓波、丛琳在《从全面发展到自由发展——对〈共产党宣言〉"人的解放"思想的认识》（《沈阳师范大学学报》，2010 年第 4 期）一文中指出："贯穿于《共产党宣言》中的'人类解放'这一重大历史命题，以实现人的全面、自由发展，最终实现全人类的彻底解放为最终目标和理想指引着全世界共产党人为之奋斗。马克思的人的发展思想内涵丰富深刻，精髓是主张人的全面发展是自由发展的前提，自由发展是全面发展的目的，自由发展是人的发展的最终目标，是人类发展的必然趋势。"陈建中在《从"人的自由而全面发展"到和谐社会构建》（《理论探索》，2007 年第 1 期）中提出："'人的自由而全面发展'的未来社会是和谐社会的价值取向。"他认为，从根本上说，人自身的和谐就是逐步实现人的自由全面发展，它必然要求社会成员个性和谐、精神和谐，有健全的人格、良好的心态以及豁达的生命情怀，能真正融入自然、融入社会，达到个人正义。他认为，马克思、恩格斯从人类生存和人类社会永续发展的角度，以科学的人文精神揭示人的真正本质，得出关于人的自由而全面发展是未来社会基本原则的思想，是对人类生存和发展的最大的终极关怀，是真正的以人为本，以人为尺度，以人为中心。未来社会的高度和谐，是实现了人与自然、人与社会的和谐统一，是人作为主体的自觉、自愿、自主的发展，使“人终于成为自己的社会结合的主人，从而也就成为自然界的主人，成为自己本身的主人——自由的人”。

既然我们一定将会从必然王国走向自由王国，我们要建设和谐社会，那么，今天我们除了选择全面发展、自由发展之外，难道还会有其他的选择吗？

诚然，追求个人的全面发展和自由发展，恐非动动嘴皮子就能够大功告成的事情，但是，虽然道路有荆棘、坎坷、曲折，但走向自由，最终成为自由的人应该是现代人一生的追求。自由王国是社会发展的必然趋势，在实现通往自由王国的过程中，如果我们能够为其最终实现尽自己的努力做些贡献，为解决这一人类社会如何发展的永久命题提供些答案，实在是利人、利国，同时也是利己的好事情。

著名基督教华人布道家和神学家唐崇荣牧师（Stephen Tong）在他的著作《神的预定与人的自由》中，讨论了“自由的中性本质”。他这样写道：自由是必需的吗？是。因为“自由”和“贵”不能分开，“自由”和“至高的价值”是同体的。正因为“自由”，所以位格（基督教认为，位格就是一个智慧生命的存在显现，可以被称为“生命中心”。每个人有且仅有一个位格，天使也是如此；人的位格又称为人格；而上帝有三个生命中心，即一个本体、三个位格，故称三位一体。作者注）才有真正的价值。一个有位格而没有自由的活物，只是一个完全没有道德可能的活物。自由之所以是必需的，因为自由是道德最重要的基础。自由被误用的时候，就产生了被定罪的“恶”的存在；但是，我们不能因为自由中间潜藏着变成“恶”的可能性，就否定自由，也否定正用自由时那个受造物的“善”。换句话说，自由的本身是中性的。当自由与神的旨意相契合的时候，受造者就成为存有“善”的活物，他的尊贵就显明出来了；但当自由被误用的时候，受造者就成为存有“恶”的活物，他的尊贵就受糟蹋、被贬值了。所以，自由有所谓的“尊贵性”，但本身也隐藏了“危机性”。他认为，中性的自由既然可善可恶，可以达到更高的标准、更高的价值，也可以丢弃、践踏、出卖自己原有的价值。这样，中性的自由就不能被定为没有价值。因为自由本身的价值就是“可能达到更高的价值，也可能放弃自己原有的价值”，它本身就是有价值的一个价值；所以，自由是必需的。

自由的确是必需的，不过自由一旦被误用，便会生恶，不同人或群体的自由与自由之间也会产生纷争、冲突。法国文学家和政治思想家，近代自由主义的奠基者之一邦雅曼·贡斯当（Benjamin Constant，1767—1830），将自由视为最高信仰，毕生为自由的理想而战，他在吸收前人自由学说的基础上，提出了其独具特色的现代自由理论。他认为，人类历史上共出现过两种不同性质的自由:古代人的自由是一种积极的政治自由;现代人的自由是一种法律状态下的个人自由。两种不同性质的自由之间虽然存在着一定内在张力,但不可偏废任何一方。政治自由必须首先建立在个人自由的基础上,而个人自由的实现也需要通过政治自由才能得到保障。他强调,问题的关键其实并不在于放弃一种自由以换取另一种自由,而是在两种自由间构建起一种互为补充的关系,从而创造出一种政治自由与个人自由和谐共存的政治体制。他认为,人民主权的原则,亦即普遍意志高于任何特殊意志的原则是不容置疑的。他强调:“世界上只有两种权力,一种是非法的,那就是暴力;另一种是合法的,那就是普遍意志。”然而,贡斯当从法国大革命的实践中认识到,人民主权的原则也有可能被误用来论证某种前所未有的暴政。他警告,如果没有精确的定义,人民主权理论的胜利可能成为人民的灾难。在他看来,关键的问题在于区分政治权力的权限与政治权力的归属及行使这两个问题。人民主权所涉及的仅仅是政治权力的归属及其行使方式,而绝不在任何意义上使政府能够合法地享有更大的权力。主权在本质上必须是有限度的。这个限度就是个人的独立与存在。不论是民主的政府还是少数人控制的政府,政府都有不应企图跨越个人权利所要求的界限。如果跨越这一点,政治统治就会成为专制统治。“多数人的同意并不足以使社会的行为合法化:有些行为是不可能得到任何赞同的。”贡斯当强调,企图通过民主方式来保证主权的绝对权力不侵害个人利益,只能是一种幻想。抽象的权力也许可能是高尚的、公正的、无私的,但现世的权力必然是偏私的、压迫性的,或者说是罪恶的。正是在这个意义上,贡斯当强调,任何由人行使的权力都不应该是绝对的。“任何现世的权力都不应该是无限的,不论这种权力属于人民、属于人民代表、属于任何名义的人,还是属于法律。人民的同意不能使不合法的事情变得合法:人民不能授予任何代表他们自身没有的权利。”由于贡斯当视政治权力为一种必要的罪恶,因此他主张对权力加以限制。对政府权力的限制可能来自几方面。其一,来自宪法限制。“宪法本身即是一种对权力不信任的行为:它为权威设了限制。假如我们相信政府具有永远正确的禀赋且永远不会走极端,宪法便没有必要设定这些限制了。”其二,政府内部的分权与制衡也有限制政府权力的作用。最后,也是最重要的,政府的权力必须有外部限制,即明确划定政府权限的范围以及个人在社会中不可侵犯的权利。对权力最根本的限制就是人民的独立的权利。“不管在任何地方,如果个人毫无价值,全体人民也就毫无价值。公民拥有个人权利,这种权利不依赖于任何社会与政治权威。任何权威若侵犯这些权利都是不合法的。公民的权利包括个人自由、宗教自由、意见自由(包括公开表达的自由)、享受财产的自由,以及不受任何专断权力控制的保障。任何权力都不能质疑这些权利,否则,它就会摧毁自己的信誉。”

自由的人具有自由之思想和独立之人格,无论自由者信仰的是什么,只要他们从好向善,避邪弃恶,不要让自己的“自由被误用”,他的自由就是有利于大众的。一个自由者利他的行为,自然应归于“高贵的”行为范畴之中。弃恶扬善是中华民族的传统美德,是为人之高尚的品质,由于这些人常存善念,使他们弃恶扬善的情感和意志能自由地物化为他们现实的行为方式，即善念支配他们的行为，能使他们将善念这一心理活动通过良好的道德行为表现出来。善念是人们善行的先导者，是人的一种思维活动和心理状况，是人的一种思想感情和道德意识。善念也可称之为“万善之门”，人们唯有从这里迈出第一步，才能走向人生的制高点。人的善念的形成并非来自先天，而是在后天的道德教育、环境熏陶、社会实践和自我修炼的过程中逐渐形成的。

首先，善念来源于人们正确的善恶观。善恶观是指人们对善恶的本质、起源、标准及评价的依据等问题所持有的观点和态度。正确的善恶观能够使人在面对善恶时持有正确的观点和态度；相反，对善恶的无知和错判，会使人误入歧途，这也是“自由被误用”的最主要的原因之一。

其次，善念来源于人们崇高的信念。信念是情感、认知和意志的有机统一体，是人们在一定的认识基础上确立的对某种思想或事物坚信不疑并身体力行的心理态度和精神状态。信念对于人的思维趋向、人格追求、价值观、道德观、审美观、英雄观、幸福观等，都会产生积极或消极的影响。一个自由的人的信念应该是对真理、正义、光明、真善和事业的追求。这样的信念一经在他们的头脑里生根，便会成为他们的善念之源。

最后，善念还来源于人的“思无邪”心理自觉。“思无邪”语出《论语·为政第二》，是我国伟大的思想家、教育家孔子评价诗歌总集《诗经》的著名观点。至于“思无邪”的含义，有人译为“不胡思乱想”，有人解为“思无邪者，诚也”（程伊川，1033—1107）。刘宝楠（1791—1855）在《正义》中说：“思无邪者，此诗之言。诗之本体，论功颂德，止僻防邪，大抵归于正，于此一句，可以当之也。”看来，虽然诸多文贤者对“思无邪”释解不尽相同，但多以为有“正诚”之意。要做到“正诚”最为重要的是“克邪”，即克服“自私自利”的邪念，进而“思无邪”而善念生，又因善念生而德行正。如同每个人的善恶观的形成都必须经由教育、熏陶、实践、自我修炼方能形成一样，善念的形成也是必须经过自我艰辛努力和矛盾斗争的。

实践证明，善念是在后天的道德实践中同恶进行斗争而形成的，是由于自己具有了利人的品格而变得善良。一句问候，一个搀扶，一点理解，一次捐献，都飘逸着善念的温馨，闪烁着人性的光彩，体现着人格的魅力。不可否认，社会生活中欺善怕恶是大有其人其事的，但我们切不可因此而放弃匡扶正义，追求善良。善念是宝贵的，然而只有经过实践，把善念转化为善行的时候，才能实现善念的社会价值。因为善念是根，善言是花，善行是果。要做到常存善念，就要经常自思内省，排除邪念，弃恶扬善，唯善是举。常存善念，贵在自觉，克服恶念，贵在坚决。要做到这点，必须开展激烈的思想斗争，以是克非，以正驱邪，以善压恶，才能把恶念、恶行消灭在萌芽状态中。

一个自由的人，应该是一个把人民的利益放在首位的人，对掌握了一定公权力的人来说更是必须如此。作为一个普通人，如果你做不到这么高尚或纯粹，也应该时刻将尊重他人的利益作为自己行为的准则；一个自由的人，应该是一个有道德的人，不仅有责任反对违背道德的行为，而且也有责任维护他人和保护自己的正当权益不受非正义的侵害；一个自由的人，应该是一个能够毫不犹豫地选择正义、光明、真善美的人，应以正义面对邪恶、以真善美面对假恶丑、以光明驱散黑暗。当然，如果绝大多数掌有公权力的人能够坚持把人民利益放在首位，如果绝大多数普通人疾恶如仇，自觉而勇敢地同邪恶作斗争，他们的行为便具有了真正道德意义上"善"的社会价值，才能够成为真正的自由的人。

人之所以长着一左一右平行的两只眼睛，是为了让人们避免偏见、平等看人；人之所以长着一左一右两只耳朵，是为了让人们不要只听一面之词；人的一个大脑之所以分为左右半球，是为了让人们在想着自己的时候也想着别人；人的一颗心脏之所以分为左右心房，是为了让人们在心里装着自己的时候也要把别人装在心中。一个能够让自己不存偏见、不偏听偏信、心存他人的人，才能够成为真正的自由的人。

朝着一个方向不断迈进，在过程之中悉心观察、认真反思，一定会让每一个人不断获得知识和力量，摆脱无知与盲从，这样，才能够让他们离自由越来越近。在通往自由的道路上，只有人们心系个人发展与社会和谐，才能够让每一个人不断挖掘潜能、获得心智成长。而在把握方向、走向自由的过程中，避免人与人之间因自由的被误用而发生冲突与纷争，尊重他人和不同群体的自由，才是社会进步和长治久安的最佳之策。

3.2.3 心系祖国情系家

国、国家，有时称为邦，从广义的角度看，国家是指拥有共同的语言、文化、种族或者历史的社会群体。在这个定义中，一个国家没有具体的边界；国家也指那些享有共同领土和政府的人民。从社会科学和人文地理范畴角度看，国家是指被人民、文化、语言、地理区别出来的领土，被政治自治权区别出来的一块领地，一个领地或者邦国的人民，跟特定的人有关联的地区。从狭义的角度看，国家是一定范围内的人群所形成的共同体形式。一般国家行政管理当局是国家的象征，它是一种拥有治理一个社会的权利的国家机构，在一定的领土内拥有外部和内部的主权。国家不是从来就有的，在国家出现之前，人类社会处于原始社会状态。恩格斯指出，国家的出现是人类社会发展的必然结果。人类社会始终存在着两种生产，即物质和精神资料的生产（衣、食、住及生产工具的生产）和人类自身的生产（人种的繁衍及婚姻家庭形式的发展）。社会制度受这两种生产的制约。在物质资料生产水平低下时，以血缘关系为纽带的氏族制度，成为国家产生以前对社会进行管理的基本社会制度。随着物质资料生产的发展，人们在物质资料生产过程中结成的生产关系逐渐代替了血缘关系，使社会结构发生了根本变化。新的社会制度取代了由血缘关系决定的氏族制度，这就是具有公共权力的国家制度。恩格斯曾强调国家是阶级矛盾不可调和的产物，指出原始社会制度瓦解是个逐渐的过程，物质资料生产的发展、家庭私有制的出现和奴隶阶级的形成是国家产生的前提。在原始社会，生产发展到社会第一次大分工（农业与畜牧业的分离）时，就已经有奴隶出现；而在第二次社会大分工（农业与手工业分离）时，奴隶已成为农业、手工业的主要劳动力。这时国家尚未出现，只有在阶级形成后，当两个对立的阶级的矛盾达到不可调和时才出现了国家。

政治学上的国家(state)一词,最早来自于意大利思想家马基雅维里(1469—1527)所用的“statos”一词,该词来自于拉丁文“status”。

汉语中的“国家”一词,“国”的含义类似于欧洲观念中的“国家”,而“国”与“家”在最初是有区分的。如《周易》中说:“是以身安而国家可保也。”秦汉以后以一国而统天下,由于儒家文化强调“家国同构”,家又指家庭、家族,从而形成了“家”“国”并提的条件,“国家”指一国的整体,如西汉刘向(约前77—前6)《说苑》:“苟有可以安国家,利人民者。”《明史》:“国家正赖公耳。”但是,中国古籍中出现的“国家”并非近代民族国家的观念,而只有“天下”的观念。在西学东渐时,才用“国家”一词附会西方的“state”。

关于国家起源的学说有许多,主要有自然说、契约说、武力说、私有制说和氏族说。

西方古代史研究表明,古希腊(前800—前146)是西方历史的开源。古希腊位于欧洲南部,地中海的东北部,包括今巴尔干半岛南部、小亚细亚半岛西岸和爱琴海中的许多小岛。爱琴海及周边地区的青铜文明是古希腊最早的文明,统称为爱琴文明,该文明先后以克里特岛和迈锡尼为中心。在公元前2000年左右,克里特岛出现了最早的国家。

许宏在他所著的《最早的中国》(北京:科学出版社,2009.)一书中,以考古发掘与研究成果为依据,辅之以出土与传世文献及相关学科的材料为佐证,以二里头遗址为切入点,系统地阐述了东亚历史上最早的广域王权国家即早期“中国”形成的过程。他认为,“中国”诞生于二里头时代。

二里头是中原深处一个不起眼的小村庄,处于伊、洛河之间,隶属于洛阳偃师市。1959年,村庄数千年的平静被打破。古史学家徐旭生依文献的线索寻找“夏王朝”。他认为,最可能找到夏文化遗存的有两个区域,其中就包括河南洛阳平原附近。二里头遗址由是被发现。李伟主笔的《二里头:寻找中国之始》(《三联周刊》专稿)为我们勾画出早期中国形成的基本脉络:大约在公元前2300年,长江下游良渚文明的光辉渐渐暗淡下来。此前较为沉寂的中原地区却开始了激烈的变革,接过了文明演进的接力棒。这是一个众多相对独立的邦国并存且相互竞争的阶段,北京大学严文明教授把它称之为“龙山时代”(约前3000—前2000)。考古学上,这是铜石并用时代晚期。在古史传说中,大致相当于尧舜时期。按文献记载,这1000年结束前后,中国产生了第一个王朝国家——夏。中原成为文明核心、多元一体的格局正式形成。各种矛盾的激化,是龙山时代的鲜明特征。社会成员的贫富分化继续加剧,贵族地位进一步提升,但中间阶层的社会成员地位下降。发掘各个地区的墓葬,主要是一贫如洗的小墓。大多数贫民阶层的状况不断恶化,原先橄榄形的社会结构被打破,形成了金字塔的结构。随着文化的重组、人群流动,以及周边文化的大量涌入,中原地区显得混乱不堪,社会越发动荡不安。聚落群内部一些有实力的村落开始建筑城垣工事,对付那些强大的近邻。他们依靠着丛林法则,用武力征服扩大实力,逐渐谋取了聚落群的领导地位。血与火的洗礼,使一些军事色彩强烈的城池耸立起来,包括郑州西山古城、登封王城岗、安阳后冈、淮阳平粮台、辉县孟庄等。中原大地进入了小国林立的时代。反复激荡之中,两个区域开始崛起。一个是位于山西西南的临汾盆地,传说是陶唐氏即帝尧的居所。其中最大的陶寺遗址是这里的邦国中心。但是在公元前2000年后的内部暴力冲突中,陶寺走向衰落并最终消亡。另一个引人注目的区域,便是豫西地区,这里的遗址群十分密集。尤其在大河之南的嵩山南北麓,当陶寺在晋西南一支独大时,这里激战正酣。包括登封王城岗、禹州瓦店、新密古城寨等多个大集团争斗不断。你方唱罢我登场,“城头变幻大王旗”。我们至今还无法复原这场史前中原大战的更多细节,但是历史的线索却是相对清晰的。当这些邦国、集团、城邑衰落后,嵩山东南麓的新砦集团杀出一条血路,异军突起,鼎盛一时。考古学家们发现,新砦体现了一些新的文明迹象,他们称之为“新砦现象”。比如100万平方米的新砦聚落抛却了方正的城垣规制,而以并不规则的壕沟连通自然河道、冲沟形成防御体系。这种规划思想与其他邦国城邑相比,更加质朴而务实。在龙山时代的尾声,新砦大邑走向兴盛时,其他龙山城邑已经衰落甚至废弃。逐鹿之群雄一蹶不振,新砦集团开始傲视中原。然而,这个最强大的部族集团,其城邑只存在了大约100年。从文化的延续性上看,他们似乎放弃了故土,向北翻过嵩山进入了洛阳盆地。嵩山东南部为丘陵地区,地势破碎。嵩山东北的洛阳盆地环境更优越,不仅气候温暖,地势开阔,交通更加便利。而现在偃师二里头村所在的古伊洛河北岸又是难得的高地。实力胜出者获得入主中原的机会。新砦人很有可能来到了二里头村一带,在此兴建都邑,拉开了二里头文化——“夏”王朝的历史。早期中国正式形成。

在以中国为代表的东方,封建制国家出现得同样比较早,且形式少有变化。秦朝(前221—前206)是中国历史上第一个统一的封建制国家。从公元前230年到公元前221年,秦始皇嬴政先后灭掉了齐、楚、赵等六国,完成了国家统一。他首创了皇帝制度、以三公九卿为代表的中央官制,以及郡县制,彻底打破了自西周以来的世卿世禄制度,维护了国家的统一,强化了中央对地方的控制,奠定了中国古代大一统王朝的统治基础,得“百代犹得秦政法”的评价。

在西方,现代国家的建立大概首先从13世纪的英国、法国开始。

在日常生活中,常与国家相提并论的是祖国。祖国与国家这两个概念是有区别的:前者是一个地域、文化、历史、宗教,有时是民族及人种的概念,带有丰富的感情色彩;而后者是一个政治权力机构。祖国,一般定义为:自己的国家。祖国首先是国家,其次是自己对这个国家具有归属感。这种归属感,来自于民族文化的认同,家族祖先的传承,生存、生活的保证。没有国家支撑的祖国,是精神上的祖国,不是现实中的祖国。所以,现实中的人们爱祖国一般也是爱国家。有人认为,祖国应当是祖先开辟的生存之地,如中国近代启蒙思想家魏源(1794—1857)《圣武记》卷六中写道:“巴社者,回回祖国。”后经生生不息的传宗接代繁衍至今而形成的“一片固定疆土”。因此,从民族传统文化的认知理念中,人们通常就把“一片固定疆土”或祖籍所在的国家称之为祖国,并赋予这片疆土生生不息和传宗接代的特殊含义予以崇拜、爱惜和捍卫。所以,近代民主革命志士秋瑾(1875—1907)才为我们留下了“头颅肯使闲中老,祖国宁甘劫后灰?”(《柬某君》)的著名诗句。

中华人民共和国成立60多年来,爱国主义是我们时常提到的。爱国主义的对象是“国”,这个“国”就包含有两种含义:一是祖国;二是国家。祖国和国家既有区别,又有联系。那么,爱国究竟是爱祖国,还是爱国家呢?上文提到,祖国应当是祖先开辟的生存之地,后经生生不息的传宗接代繁衍至今而形成的“一片固定疆土”。因此,从民族传统文化的认知理念中,人们通常就把“一片固定疆土”称之为祖国,并赋予这片疆土生生不息和传宗接代的特殊含义加以崇拜、爱惜和捍卫。更具深意的是,人们又把祖国比喻为母亲,而母亲又恰恰是繁衍生命最直接的载体寓意。所以,“祖国啊母亲”的比拟所流露的情感,就是人们对祖国热爱的一种表现形式,通俗地讲,爱祖国是一种没有政治含义的人性本能主张。

长期以来,人们对国和家的关系有不同的认识,主要在于对“先有国,还是先有家”问题的争论。

有许多人认为,“没有天哪有地,没有地哪有家,没有家哪有我”。这是自古以来人们都知道的浅显道理。自中华人民共和国成立以来,人们饱尝了不断发展中的国家给我们带来的美好,体味了站起来的中华民族真正矗立于民族之林的自豪。这让我们深深地感受到只有国家昌盛富强,人民才能安居乐业,才能不受凌辱。

有研究者发表《国和家》(http://blog.sina.com.cn/s/blog-8ed95c5e010152bi.html,2012年11月30日)一文指出:“看见央视公益广告,‘有国才有家’。我一时顿塞,不是因为那词用得太好,让我认同而激动得说不出话,而是一个国家最大媒体的愚昧无知。媒体自身极其可笑的愚昧和对人类历史的极度无知!人类站立起来后,人们彼此组成了家或家族并以此为单位,村落氏族部落逐渐发展到国家。任何一个国,都是在单个的‘家’的基础上发展起来的,正是许许多多个‘家’组成了现在的‘国’!可以说,没有‘家’,就没有‘国’;没有‘人’,就没有‘家’,更无所谓‘国’!”

国防大学马克思主义研究所研究员颜晓峰在《有了强的国　才有富的家》(http://theory.people.com.cn/n/2013/0121/c49150-20268236.html,2013年1月21日)一文中指出:“‘一心装满国,一手撑起家;家是最小国,国是千万家’。中华民族是中华儿女世世代代共同的家园,家园的兴衰沉浮与儿女的悲欢离合密切相连。因此,中国人民无不期盼国运盛、民族兴,爱国就是爱家、爱众、爱己。爱国主义基于每个国人的民族认同、文化认同、国家认同,系于全体人民的幸福愿望、美好希冀、发展需求。‘国家好,民族好,大家才会好’,习近平总书记畅谈‘中国梦’时的感言,用朴实的话语道出了深刻的道理。回顾中国近代以来170多年的历史图景,寻觅一代代中国人天壤之别的命运轨迹,我们无不为之信服,无不更加希望如期实现全面建成小康社会的宏伟蓝图,祖国更好、家园更好,我们自己才能更好!”他认为:“国家靠大家,民族靠民众。没有国哪有家,同样,没有民哪有族。”

笔者认为,上述两种观点都有一定的道理,问题的关键在于如何理解何者为“先”。如果将“先”视为一种时间概念,那么必然是家在前,国在后,因为家是在国以前出现的,国是在随着家的不断增多后才得以形成的,故“先有家后有国”。但是,如果赋予“先”重要性的概念或量的大小,国与家相比,国必然更加重要,因为它是家的维护者和家的利益代言人;另外,国比家也更大,因为“家是最小国,国是千万家”,由此,国自应在前,而家则在其后,由此可见,应是“先有国后有家”。其实,人们对国与家谁先谁后关系的争论的主旨,并非是人们一定要得到国与家哪个先出现或哪个后出现的结论,而是人们想由此弄清楚到底国与家谁更重要的问题。笔者认为,分析一下国与家两者之间的关系,便能够使这一问题得到解决。我们以一棵大树为例就此问题进行讨论:一棵大树有树根、有枝叶、有花果,那么,谁是树根,谁是枝叶、花果呢?我认为,“国”是树的根,“家”是树的枝叶和花果,有根方有树,根壮树便枝繁叶茂、果实累累,即国强或国富,则民强或民富。当然,反之亦然。所以,两者是互为因果的关系。树的生命循环过程告诉我们,树根总是将大地中的营养和水分转递给枝叶和花果,使它们获得赖以生存的一部分营养,而枝叶和花果吸收阳光雨露和氧气,除自己消耗外,还将其中的一部分转换为营养转递给树根,使树根获得更多生命的动力。所以,两者也是互为因果的关系。无根则无树,根死则树不能活,正如刘琨(271—318)在《答卢谌书》道:“国破家亡,亲友凋残。”当然,树枯根虽非必死,但无枝干的树根亦等同于死。所以,两者亦是互为因果的关系。

鉴于以上,有关国与家谁更重要的问题的结论是:两者是互为条件、互为意义、互为因果、互为重要的关系。

从甲骨文字的字形上看,家字的上面是“宀”(mián),表示与房室有关。考古研究表明,人类最早的房子是用来祭祀祖先或家族开会的地方。家字的下面是“豕”,即野猪。野猪是非常难得的祭品,所以用野猪做祭祀活动的祭品,说明古人在这种祭祀场所中的祭祀活动是最隆重的。家的重要性也由此体现出来。

当人类从动物分化出来之初,并无家庭。今天被人们所恪守和推崇的个体婚姻家庭,只有几千年,至多上万年的历史。虽然现在“人人都有一个家”,但是人类对人类家庭的认识远没有终结,包括对家庭起源的认识还在深化中,仍然存在着分歧。邓伟志、徐榕撰写的《简论家庭的起源和演化》[《上海交通大学学报》(哲学社会科学版),2004年第6期]一文认为,人类家庭从产生到发展经历了血婚制家庭、伙婚制家庭、偶婚制家庭三个阶段。

他们认为,在蒙昧时代的初级阶段,人类的两性结合不存在什么社会规范的约束。人们的性行为几乎是动物的本能表现,性关系处于一种与动物没有多大差别的混乱杂交状态,没有什么限制。这种状态被称为杂乱性交。在杂乱性交时期,人类原始的杂交并不是一种婚姻和家庭形式。在婚姻形式还不存在的情况下,没有任何制度可言的两性关系只能被称作“杂乱性交”。原始人群没有婚姻和家庭。经过杂乱性交关系阶段,人类的两性关系中逐渐出现某种由习俗规定的社例。只有按照一定社会规范建立起来的两性关系才具有婚姻的意义,才能构成家庭。这时人类开始由原始杂交状态进入到第一个家庭形式阶段,即血婚制家庭阶段。血婚制家庭是家庭发展史上的第一个阶段。在蒙昧时代的中级阶段,两性关系出现了简单的、不严格的禁例。这标志着人类两性关系开始有了社会规范的约束和限制,成为婚姻关系或制度,为家庭的产生奠定了基础。这种两性关系的禁例就是不准许父母与子女发生两性关系,这是关于婚姻关系的最简单的限制,并逐步成为一种习惯和制度,为人们所共同遵守。血婚制家庭形成的特点是:按辈数划分婚姻集团和范围,同辈的人构成夫妻圈子。即家庭范围内的所有祖父母都互为夫妻,所有的父亲和母亲也互为夫妻,后者的子女构成第三个共同夫妻圈子,而他们的子女,再构成第四个夫妻圈。这样就排除了不同辈分之间的两性关系,两性关系的范围限制在同辈男女之间。一对配偶的子女中的每一代都互为兄弟姊妹,并互为夫妻。血婚制家庭是人类史上的巨大进步。血婚制家庭本身也经历了一个由低级向高级的发展过程,从而完成了向新的家庭形式的过渡。

伙婚制家庭又称普那路亚家庭,是人类家庭发展史上的第二个阶段。在蒙昧时代的中、高级阶段,两性关系中又出现了一种新的禁例,即不准兄弟姊妹之间发生婚姻关系。排除父母和子女之间的通婚关系是家庭进化史上的第一个进步,而排除兄弟姊妹之间的通婚关系则是第二个进步。起初是排除同胞的兄弟与姊妹之间的婚姻关系,这种排除先是发生在偶然或个别场合。随着其好处逐步被人认识,在局部地区被采用,然后逐渐普及,成为惯例。最后甚至排除旁系兄弟与姊妹之间的婚姻关系,而由一群兄弟与不是他们的姊妹的女子互为夫妻。在生产力水平低下的蒙昧时代中后期,本能地、自发地起作用的自然选择规律是血婚制家庭向伙婚制家庭过渡的重要原因。

偶婚制家庭是家庭发展史上的第三个阶段。偶婚制家庭是一种不牢固的个体婚,是群婚向一夫一妻制的个体婚过渡的婚姻家庭形式。其特点是,一个男子与一个女子过不稳定的婚姻生活。人类进入野蛮时代后,亲属之间禁止结婚的范围越来越大,婚姻禁例日益错综复杂,群婚也就越来越不可能,一种新的婚姻家庭形式———偶婚制便逐渐产生。偶婚制家庭发展初期,一个男子在许多妻子中有一个主妻,一个女子在许多丈夫中也有一个主夫,以后逐渐过渡到一个男子和一个女子共同生活。在偶婚制下,一男一女结成配偶,有明确的婚姻关系,因此不同于杂交状态和群婚时期偶然的或长或短的成对同居。同时,偶婚制又是一种脆弱的、不稳定的婚姻关系,因此与稳固的一夫一妻制家庭有根本区别。偶婚制家庭的不稳定性是由其婚姻关系的基础决定的,这种婚姻关系不是以感情为基础,而是"以方便和需要为基础",婚姻可以根据夫妇任何一方的意愿解散,而子女依然属于母方。偶婚制家庭配偶之间的经济联系微弱,仍然实行以母系血缘关系为纽带、成员共同参与生产活动、平均分配的原始共产制,而"在共产制家庭经济中,全体大多数妇女都属于同一氏族,而男子则属于不同的氏族,这种共产制的家庭经济是原始时代到处通行的妇女统治的物质基础,这种妇女统治的发现,乃是巴霍芬的第三个功绩"。在这种经济关系中,妇女承担主要的生产活动,从事原始农业、采摘植物果实、驯养动物。与男子的打猎和捕鱼活动相比,妇女的生产劳动能得到比较稳定的收获,而且妇女还担当了大部分家务和养育子女的任务,因而妇女在家庭中处于主要地位,受到高度尊敬,而男子则处于次要地位。偶婚制家庭的产生，是自然选择作用和生产力发展共同推动的结果。在野蛮时代的中级阶段和高级阶段交替的时期，由于生产力的发展和生产关系因素的变化，一种新的家庭形态——专偶制家庭即一夫一妻制家庭在偶婚制家庭中孕育而生，并通过家长制家庭这一过渡形式，在文明时代到来之际最终确立。而由不稳定的偶婚制家庭发展为牢固的一夫一妻制家庭的动力是财产的私有和继承。在野蛮时代的中高级阶段，生产力水平迅速提高。人们拥有的固定财富不限于住房、衣服、简单的装饰品、粗糙的生产工具和生活用具，这时家畜的驯养和畜群的繁殖，创造了前所未有的财富。在畜群发展并成为私有财富的同时，奴隶制度也已经发明了。生产资料私有和奴隶制度出现，给家庭注入了新的因素。丈夫比妻子更具有统治地位，其责任是获得食物和制造为此所必需的劳动工具，丈夫拥有了劳动工具权，又是家畜和新的"劳动工具"——奴隶的所有者，而妻子只拥有家庭用具。离异时，丈夫带走自己的所有财物。在母权制的条件下，男性死者的子女由于属于母方的氏族，无法继承父亲的财产。因此，分工和获得财富的多少的不同，丈夫家庭地位的根本改变，都提出了改变财产继承权的问题，即必须确立按男系计算世系的办法和父系的继承权。生产力水平的提高引起生产资料私有制的产生和家庭关系的变化，改变了传统的继承制，这是专制家庭产生的根本原因。

随着社会的发展和进步，一夫一妻制（亦称"单偶婚""个体婚"）越来越多地成为人们接受的一种婚姻家庭形式。严格意义上的一夫一妻制从对偶婚发展而来，产生于西方，它的确立是文明时代开始的标志之一，并适应于整个西方历史。西方自古以来从法律上就规定了严格的一夫一妻制。从古希腊罗马到中世纪欧洲，再到近现代，莫不如此。从传说中的罗马建城直到西罗马灭亡，罗马人都是古代世界严格实行一夫一妻制的范例。古罗马法学家莫德斯丁即称，"婚姻是一夫一妻的终身结合，神事和人事的共同关系"。即便贵为罗马皇帝或各国国王，也不例外。西方的帝王基本没有妻妾成群，嫔妃如云。他们只能有一个配偶，同普通百姓一般。东方不论是南亚还是东亚，传统都是一夫多妻，而中国过去虽然有正房、偏房一说，但还是属于一夫多妻。给妻室们配以不同的头衔，显示的是一种等级制度。比如古代有三妻四妾之说，所谓三妻四妾，就是"一发妻二平妻四偏妾"。发妻持家，平妻在旁辅佐，偏妾则要尽心伺候夫君与三房夫人。在中国，到中华民国时，一夫一妻制以法律的形式固定下来，但最后确定一夫一妻制还是在 1949 年之后。1950 年 5 月 1 日颁行的《中华人民共和国婚姻法》更是加以明文规定。中国开始实行男女婚姻自由、一夫一妻、男女权利平等、保护妇女和子女合法利益的新民主主义婚姻制度。

人类的历史发展到今天，现代家庭已经具有不同于以往家庭的许多特征，虽然对这些特征的认知没有一个统一的标准，但是已有不少社会学家先后提出过一些意见，有人将其总结为以下十点：

第一，关心世界和国家大事，收听、收看新闻成为生活中必不缺少的部分。

第二，书柜里有藏书，桌子上有报纸，墙上有书画等装饰品。家庭成员注意学习现代科学文化知识。

第三，对社会和人生进行探讨，围绕艺术形象或新闻人物各抒己见，敢于争论问题。

第四，每个成员有对身心健康有益的业余爱好，善于自我设计。

第五，对话风趣、简洁，爱好文娱体育活动。

第六，男不躁，女不哗；长不专制，幼不骄横；以理服人，说话音调平稳适中，并留有让对方发表意见的余地。

第七，财权共享，量入为出，各取所需，购买高档商品有计划。

第八，长辈受到尊敬爱戴，子女能自由发表意见，包括对长辈的批评。

第九，穿着美观，吃喝精细，备有家庭食谱，钻研烹调技术。

第十，对取得荣誉的成员表示祝贺，以热烈的气氛过生日。

人们不单单希望有一个家，而且希望有一个健康的家。一个健康的家，一定是家庭成员之间存在一种健康的关系。人们通常认为，健康的家庭关系应具有以下基本特征：

1. 家庭成员对家庭具有认同感，成员之间有默契与承诺

在一个健康的家庭中，其家庭成员在长期的磨合与潜移默化中形成了互相支持、鼓励与合作的家风，家庭成员重视家庭生活，即使工作再忙或兴趣爱好很多，也会设法减少一些工作时间或牺牲一点个人的嗜好，拿出时间去参与家庭活动、维护家庭的幸福。

一个健康的家庭，有其共同的目标，其所拟定的目标是由家庭成员透过民主式参与共同讨论完成的；一个健康家庭的目标，并非一成不变，而是具有一定的弹性，而是能够因外在环境的变化而进行修正。虽然有时“计划赶不上变化”，但目标确定的“弹性原则”通常都能够对变化加以应对。此外，对家庭目标的达成，家庭成员亦能够彼此互相妥协与承诺形成默契，并付诸行动努力实践。一个健康的家庭，其成员在对家庭的认知上会有一定的认同感，并且具有作为家庭一员的自豪感。

一个健康的家庭，夫妻之间对性忠贞不贰，彼此互相尊重、信任与诚实，婚外情人是对婚姻及家庭没有承诺的表现，它是对婚姻亲密关系的重大威胁。一个美满的婚姻，是配偶彼此之间都觉得对方是“世界独一无二，不可或缺的”。

一个具有认同感，成员之间具有默契与承诺的家庭，足以让其中的每一个人感到骄傲。

2. 家庭成员常有共同的家庭活动，注重协调时间安排家人齐聚一堂

在一个健康的家庭中，即使家庭成员工作或个人生活十分忙碌，大家也能够有效控制共同的时间，而不被个人的时间所控制，并设法避免个人时间对家庭时间的影响，以保证家人用共有的时间共处。这种家庭全体成员的聚会并非偶发，而是经由家庭中的某个或某些成员提议、并与其他成员沟通达成一致意见后，有计划、有组织地进行。例如：新年团拜、生日聚餐、郊游旅行、参加社会活动、打扫居所卫生等。

家庭成员共同的活动除了人多热闹外，还能够增进彼此的合作、信任、认同和感情，并能够给个人以安全感。多人参加的活动，特别是一些相对复杂的活动，还能够通过家

庭成员共同处理活动过程中的问题增进成员彼此间的合作，对一些突发事件的处理也能够加强家庭之间的相互信任和情感认同。心理学研究证明，就人的恐惧感而言，相比个人独处与群体共处，前者具有更大恐惧感。所以，有许多家庭成员参加的活动，能够使成员得到安全感。

3. 家庭成员互相接纳、尊重、欣赏、赞美与鼓励

在一个健康的家庭中，其成员能够认知彼此的个别差异，能够尽力接纳彼此之间的不同习惯。健康家庭最显著的特征之一就是在其成员不断相互的磨合中达到最大限度的对彼此差异的接纳，进而逐渐形成习惯。如一对共同生活二十余年的夫妇，妻子能够从新婚之夜无法忍受丈夫如雷般的“鼾声”，到逐渐适应并在“噪声”中入睡，进而逐渐到后来如无丈夫“夜歌”陪伴便难以入眠。

一个健康的家庭，无论其是否存在血亲关系，因长期生活在一起，其间彼此的关爱使成员之间在情感上会形成一种内在的亲近感，这种亲人的情感是他们彼此之间无条件互相接纳并互相尊重的基础和动力源泉。相互欣赏和鼓励是一个健康家庭成员之间经常出现的事情。这种基于亲情透过口头语言、书面语言或肢体语言的行为方式，增进了成员之间相互的重要性和支持感，彼此欣赏在给成员带来快乐和愉悦的同时，也使他们之间的沟通更加顺畅。许多研究结果表明，“欣赏是婚姻的润滑剂”“欣赏对方的优点就是带给自己的快乐”。

4. 家庭成员之间有良好的沟通方式

在一个健康的家庭中，每个成员都有自由表达的权利，对家庭重大事项的决策都具有话语权。在这样的家庭中，尊重他人的观点、倾听他人的意见和建议是每位成员普遍具有的修养。在“形成方案”的过程中，大家都尽可能做到通过沟通理解对方。那种在非健康的家庭中经常发生的剥夺他人自由表达权利、对他人的批评当作“耳边风”、对他人的意见和建议不屑一顾的现象不存在。当然，在健康的家庭中并非总是一团和气，成员之间也会因观点不一或对立而生争辩，也会存在因情绪化而偶发的冲突和纷争，只是当这些矛盾情形出现后，大家都会本着以理服人的方法加以妥善解决。健康家庭的成员在面对冲突时，重视解决问题的方法，能够在解决问题时相互谦让，以妥协的方式达成相互谅解。许多家庭所采用的解决问题的方法似乎已“约定俗成”，如谁会在争执不下时首先退让，谁会出来“打圆场”，谁会“各打五十大板”进行最终的评判，等等。健康的家庭强调夫妻之间相互平等、礼待的关系，家长重视子女人格的独立性，在讨论家庭问题时，丈夫不会强加于妻子，长者也不会以居高临下的姿态面对子女，更不会出现家长制式的专制。

家庭成员间良好的沟通不仅能够传达准确和全面的信息，而且更容易使信息的接收方对信息加以理解并进行合理反应。口头语言表达是家庭中沟通最常见的沟通方式，但非口头语言表达，特别是肢体语言表达方式在家庭中也十分常见，一个动作、一个眼神、一个微笑，都能够使其他人会意。人有“七情”，所以健康的家庭也不总是欢天喜地，虽然这类家庭更多的是因融洽而带给成员以舒畅和喜乐，但怒、哀也时有发生。重要的是，成

员都能够理解对方的情绪，能够做到“喜他人之喜”“哀他人之哀”，这种情绪和情感上的趋同和内化，对家庭在沟通中能够更多达成统一起着至关重要的作用。在健康的家庭中，家人们能自由地表达他们的意见，而不必担心将被责备、讥笑或阻止，当然，正因为相互理解与心知，所以健康家庭的成员在沟通时也会注意到对谁应该采用何种词汇传递信息才能够更容易被对方理解和接受，即使偶尔对方“用词不当”，也多能够视为“说者无意”而不生猜忌。

心底无私是健康家庭成员对家庭普遍具有的特征，也正因为大家对自己的家庭无私，所以家庭虽小，但成员内心世界却与天地“同宽”。在这样的时空里，自然是大家都能够做到“大肚能容天下难容之事”了。

5. 健康家庭是一个“压力—有效家庭”

在一个健康的家庭中，也会因各种困难、逆境的存在给家庭带来多种压力，每个家庭或其中一些家庭成员也会因此存在各自的困扰，正因为如此，“家家有本难念的经”才会被人时常挂在嘴边。面对压力，健康家庭具有不同于其他家庭的解困和减压的方法，因为这些方法均建立在“有福同享，有难同当”的基础之上，所以，当困难出现给家庭带来压力时，家庭成员都会各尽所能共同分担，1 + 1 大于 2，而 1 - 1 等于 0。共同分担压力，能够使个人承受的压力相对减轻，加之在解困时有人一马当先勇于面对困难，众人启动“支持系统”群策群力，问题便能够得到有效解决。

一个健康的家庭在面对困难时，随时能够接受观念的改新和行为的“再社会化”。在解决问题时，成员的态度倾向于理解和宽容，“同情心”式的关怀使大家能够设身处地地站在对方的角度去认识问题，所以，大家关注的重点都在于解决问题本身而非互相责怪。

从家庭与社会和个人的关系来看，人们如果没有健康的家庭生活，便没有健康的个人与健康的社会，也不会有自由的人和自由王国。

在日常生活中我们常听人说，人是漂泊的船，家是温暖的岸，水上行船，不管走了多久、多远，人们最终都要回到岸上的家中歇息。家，是能够为我们遮风挡雨的地方，是人们下班、放学、散步、游玩后一定要回去的地方，是人们在外扮演完“公共我”的角色后可以轻松地“本我”的地方。2007 年《星光大道》年度亚军张蕊，曾唱过一首名为《我有一个家》的歌曲，歌词道出了许多人对家的认识和感受：“我有一个家，幸福的家，爸爸妈妈还有我，从来不吵架。爸爸去挣钱呀，妈妈管着家，三人相爱一样深，我最最听话……爸爸的主意大，妈妈管着他，我们三人一条心，什么都不怕。”正因为有亲人在家，在家里能够得到亲人的呵护和关爱，所以家从来都是所有人最能够感到温暖的地方。中国台湾歌手潘美辰曾以一曲《我想有个家》而广为人知，歌词表达出人们对家的向往：“我想有个家，一个不需要华丽的地方，在我疲倦的时候，我会想到它；我想有个家，一个不需要多大的地方，在我受惊吓的时候，我才不会害怕……”可见，家也是最能够给人们提供安全感的地方。

2009 年 7 月 16 日，在百度贴吧“魔兽世界”吧中，一位匿名网友发表了一篇标题为《贾君鹏你妈妈喊你回家吃饭》的帖子，内容为空。让人匪夷所思的是，在短短一天时间里,这个平淡无奇的帖子已经被“顶”到了近7000页,有近20万个回复,点击量超过450万,并且回复和点击还在不断增长……

与此同时,这个帖子引发了一系列的连锁反应。无数网友将这个帖子转发到了大量中文BBS论坛,引起中文网络世界的共同关注,网络上出现了各种版本的“你妈妈喊你回家吃饭”的帖子,让人哭笑不得。记者在百度中搜索这句话,发现了36700个结果。

而对于“贾君鹏”突然火起来的原因,连传播领域的专家也表示“匪夷所思”,有猜测认为“这只是网友们躲避寂寞的集体游戏”;而另有网友则认为,“你妈妈喊你回家吃饭”这句话是儿时街边玩耍时才会听到的话,这勾起了大家对童年的美好回忆。

的确,当许多人看到“贾君鹏你妈妈喊你回家吃饭”时,禁不住回想起当年在街边玩得正欢时,忽然听到母亲熟悉的喊叫声:“×××,快回家吃饭……”母亲,家的维护者,许多人在想起她的时候,都禁不住一股暖流涌上心头。人们不能忘却“母亲的拳拳之心”,因为,她给了我们家的温暖和柔情,即使我们离开了老家组成了新家,我们也永远不会忘怀母亲那份浓重的爱。

人作为感情动物,对家的情谊既来自于动物的本能,更来自于不同于动物的独有的意识。

国是家的归属,没有国,就没有家。社会是家的集合体,没有家,社会也不成其为社会。正因为如此,国和家相互依存,紧密相连,互为支撑,成为国家。所以,国富了,家即应富,“国富民穷”“国强民弱”恐不是正常的国与家的关系,更有违于和谐社会建设。如果有人再问:“你幸福吗?”我们可以这样回答:“国富了,我们也富了,我就幸福了。”当然,许多人可能以为个人的幸福多数掌握在自己的手里,但是,如果国家没有倾力给予人民幸福,她的人民能够成为幸福的人民吗?

央视著名节目主持人白岩松曾撰文《家在途中》写道:

对于我来说,家是一个随着年龄而不断变化的概念。

童年时,家是一声呼唤。

那时的我似乎比今日的孩子拥有更多的自由。放学后,不会先在父母前露面,而是与左右相邻的小伙伴聚在一起,天马行空,玩得天昏地暗,直至炊烟散去,听见焦急的父母在四处喊:“回家了,吃饭了!”

这样的声音伴着我的童年,月复一月,迄今仍在我的耳畔回响。

一转眼,童年过去了,当胡须慢慢从嘴角长出,家又成了一个想逃脱的地方。

书,看多了,世界也变得大了,一张床小了,父母的叮咛也显得多余了。什么时候我会拥有自己的天空?

再后来,上了大学,家又成了一张汇款单。

每到月初,是最想家的时候,此时口袋已经空荡荡了,多么盼着,邮箱里会有自己熟悉的笔迹,把那份“物质力量”寄来。

走上工作岗位之后，开始“受伤”，开始在人海中翻腾，开始知道，有些疼痛无法对人说，甚至知心朋友。于是，重新开始想家。当受了“重伤”时，幻想着飞到远方的家中，在推开家门的一瞬，让自己泪流满面。此刻，世界很大，而我所需要的，只是家中熟悉的那种味道，那窗前一成不变的景观……

远离母亲，在外省生存，工作之余便有无数个周末无处打发，手中的电话本很厚，从头翻到尾，却没有一个号码是为你此时准备的。这个时候，家又变成要和另一个人一起建立的那一个新的小家。

从相识、相恋到相拥，一个平凡的日子里，拥有了一个平凡的小家。此时，家的概念又变了，它是深夜回家时那盏为你点起的灯，是傍晚你看看书我看看电视偶尔交谈几句的那种宁静，是一桌胃口不好时也吃得下的饭菜，是得意忘形时可以呼朋唤友可以张口粗话的地方。

半年前，我成了父亲，我和一个新的生命在家中相逢，一种奇妙的感受充斥着我的心，小生命开始让我“玩物丧志”，想挣扎却又那么愿意沉溺其中。这时候，家又是一种力量，一种用幸福来缚住你的力量。

家的概念在不停地变换，生命在这种变换中匆匆地走着。众多的概念中，家有时也意味着一种悲伤。比如，当年父亲的辞世，便让我知道，世界对你的伤害加在一起有时也不如家中的变故给你的大。然而在家中，你也会感受到一种坚强，比如父亲过世后，母亲虽身子柔弱却开始变得坚强，她带着我们哥俩，一步一步地从变故中走出，之后，家又重新“站立”了起来，又变得祥和，变得不再阴云密布。家在这个过程中，又像是一种生命顽强的植物：野火烧不尽，春风吹又生。

生命起步虽久，前路却还遥远。家的概念还会变换，然而我已经知道，家是奔波得来的，而家也终究是奔波的意义，只是这家有时是自己的，有时是芸芸众生的。

无论家是什么，家的概念在人的一生中如何变化，在中国人的传统文化中，过年回家都是头等的大事。在中国，春节是一年中最重要的节日，是一年的开始，无论在外工作的人们离家有多远，回家有多难，一般都要尽量在除夕之前赶回家里与家人团聚、共度新春。正因为如此，在现今的中国，便有了“春运”这一独一无二的现象。春运，即春节运输，是中国在农历春节前后发生的一种大规模的交通运输的现象，通常由每年农历腊月开始，历时40天左右。由于在这期间有20亿左右人次要通过火车、公路客车、飞机、轮船等交通工具流动，创造了多项世界之最，故曾入选世界纪录协会世界上最大的周期性运输高峰。中国的春运从1954年有记录开始，到现在已经有近70年的历史了。在过去的半个多世纪中，中国的交通建设已将取得了巨大的成就。但是，由于现今的春运规模巨大，每每此时都会使国内铁路交通难以承受，因此，许多想要赶在春节前回家的人，在“一票难求”中如果能够如期买到一张回家的火车票，那当是会有太大的欢喜。对想要回家过年的人来说，一张回家的火车票已不再仅仅具有乘车凭证的意义，而是人们对家的期盼，对家人的眷恋，对家乡那一山一水、一草一木的永远不变的爱。

无论家有多么遥远，回家的路途多么艰难，只要家有爹娘、妻儿，人们就一定要回家过年。

3.3 积极进取是一切成功的前提

成功，多指成就功业或事业。《书·禹贡》："禹锡玄圭，告厥成功。"汉桓宽（生卒年不详）在《盐铁论·结和》写道："黄帝以战成功，汤武以伐成孝。"《宣和遗事》后集："汪伯彦、黄潜善力主迁幸东南之议，忌宗泽成功，屡阻挠之。"其中的成功即为成就功业或事业之意。成功也被释解为人们经过努力逐步实现有价值的理想，得到希望得到的结果。所以成功是人行为后的结果而非过程。是否成功来自于人对自我或他人成就的认同，人们通常以在事业上取得成就的大小来衡量人是否成功，所以，成功也是一种通过比较后所产生的内心体验或感觉。一个人一生做事，能否在自己所做的事上成功，与许许多多的因素相关，而成功与态度以及由此而生的具体行为的相关水平应为最高。积极进取是一个人进步、发展的最普通、最一般的态度，在完全具有了这种人生态度的前提下，再经过持续努力并全身心投入实现目标的过程，再加之些许运气或"天意"，才能够获得一般人难以获得的成就，才能够成功。

一个人成功，80% 来自于他的态度，如雄心、决心、信心、恒心、专心以及勤奋、真诚、信念、气魄、果断、勇敢、热情、主动、忍耐、宽容、乐观等；13% 来自于他的技能，如一般能力和特殊能力以及规划、沟通、影响、决策技巧等；7% 来自于其他，如运气、环境、天赋、容貌等。以上等等，均为影响人们获得事业上的成功的因素或条件，而这些因素或条件唯有在人们具有进取心，并将其养成为习惯性态度的前提条件下，才能在人们获得成功的过程中被激活而产生作用。比如，一个具有这种习惯性态度的人，会为一定要得到什么而"下定决心"，为实现什么而生"雄心壮志"，而不是遇到困难便半途而废；一个具有这种习惯性态度的人，会在工作中兢兢业业、孜孜以求，而不是总是浑浑噩噩；一个具有这种习惯性态度的人，才会将姿色加以巧用进而获得为达到目标而需的人力、财力资源，而不是将其作为某些人"酒色财气"（《酒色财气四箴疏》又名《酒色财气疏》，是大理寺左评事雒于仁在万历十七年（1589 年）十二月写的一本奏疏，他针对万历身体状况不佳，"头晕眼黑，心满肋涨，饮食少思，寝不成寐，身体尚软"的情况，上疏批评、劝诫，在他看来，万历皇帝之所以身体不好就是因为酒色财气四个字）中的一味"餐食"。

3.3.1 岁月不居，天道酬勤

有一首名为《把握人生的方向》的老歌，歌词是这样写的：

每一个人都有理想只是理想不一样
理想需要去实现
理想需要去开创
不要心犹豫
不要心彷徨
你的意志要坚强
只要能把握人生的方向
幸福就在你身旁

每一个人都是理想的追求者，虽然大家理想各异，但对幸福的渴望却是同一的。无论我们的理想是什么，我们都希望通过努力去实现它。成功无大小，成就有高低，当每一个希望生活在幸福中的人，在人生的道路上为实现自己的目标而跌跌撞撞地前行的时候，其实，此时你已经是一个实践者了。

“岁月不居”，出自东汉名士、孔子二十世孙“融四岁，能让梨”的孔融（153—208）所写的《论盛孝章书》：“岁月不居，时节如流，五十之年，忽焉已至。”意为时光不能停留，并常与成语“天道酬勤”并用。“天道酬勤”，出自《周易》中的卦辞：“天行健，君子以自强不息；地势坤，君子以厚德载物。”天（即自然）的运动刚强劲健，相应于此，君子应刚毅坚卓，奋发图强；大地的气势厚实和顺，君子应增厚美德，容载万物。古代中国人认为天地最大，它包容万物。对天地的理解是：天在上，地在下；天为阳，地为阴；天为金，地为土；天性刚，地性柔。认为天地合而万物生焉，四时行焉。没有天地便没有一切。天地就是宇宙，宇宙就是天地。这就是古代中国人对宇宙的朴素唯物主义看法，也是中国人的宇宙观。所以八卦中乾卦为首，坤卦次之；乾在上，坤在下；乾在北，坤在南。天高行健，地厚载物。然后从对乾坤两卦物象（即天和地）的解释属性中进一步引申出人生哲理，即人生要像天那样高大刚毅而自强不息，要像地那样厚重广阔而厚德载物。如今“天道酬勤”常被教育者用来教导受教育者或被人用以自勉。一般释解为“天”指“上天”，“道”指“规律”，“天道”指的是“天意”，可引申为客观的规律；“酬”可解释为“实现志愿”，即酬劳、回报，“勤”就是“勤奋”。意即“上天”会青睐那些勤奋努力的人，会按照他们付出的多少给他们相应的回报。所以，人们只要选择好自己人生的正确方向，在过程之中不懈努力、持之以恒地不断充实完善自己，“上天”就会给予他们丰厚的回报。

人与人都是存在差异的，有的人或天资聪慧，有的人或有良好的家庭背景、社会关系，也有的人或总是运气好、或能抓住机会。但是，如果没有勤奋相伴，没有持之以恒的意志力相随，这些优于他人条件或运气、机会都难以被拥有者在其成功的过程中充分利用而发挥应有的作用。对于另一类人来说，他们可能天资并不聪慧机敏，也没有什么可以利用的社会关系，在学识方面也非博古通今，但他们却拥有勤奋、拥有梦想、拥有目标，他们就能够在实现目标的过程中成为智者，就能够以行感人、以行动人，从而建立有利于个人发展的社会关系，并在偶尔“可见”中得到机会。人的目标或大或小，或远或近，实现目标的路径或坎坷或平坦，或复杂或简单，勤奋都能够将这些路径变为捷径。勤奋的实质，就是在一个人的动力系统中注入一种化被动为主动、变弱小为强大的动力，这种动力能够不断地挖掘出人们内在的潜质，激发他们为完成工作任务所需要的内在动机，从而为他们实现最终目标创造动力条件。

作为唯物主义者，我们不信什么“上天有眼”之说，对于每一个希望获得成功的人来说，没有什么“救世主或神仙皇帝”可以依赖，虽然现在社会上“拼爹”的事情并不鲜见，但爹娘总有一天会老去，最终可以依赖的只有一个人，那就是自己。传说郑板桥（1693—1765）曾给儿子写过一首打油诗作为临别赠言：“留自己的汗，吃自己的饭，靠天靠地靠父母，不算是好汉。”他是要告诉他的儿子，要想成为好汉，必须依靠自己，“拼爹”是行不通的。

著名教育家陶行知（1891—1946）先生也写有类似的《自立立人歌》：

滴自己的汗水，吃自己的饭，自己的事情自己干，靠人靠天靠祖宗，不算真好汉！
滴自己的汗水，吃自己的饭，别人的事我帮忙干，不救苦来不救难，可算是好汉？
滴大众的汗，吃大众的饭，大众的事不肯干，架子摆老爷样，可算是好汉？
大众滴了汗，大众得吃饭，大众的事大众干，若想一个人包办，不算是好汉。

先生的这首打油诗，不但告诉我们要自己依靠自己，还告诫我们助人、亲民、自律才能成为好汉。

张衡（78—139）说“人生在勤，不索何获”。的确，勤奋不但能够给我们带来很多裨益，也能够为我们解决问题创造能力条件。

大凡成功者，其所具特点之一是自信，自信者的特点之一是勤奋，而勤奋者追求的结果便是自由。故有哲人道：“因求自由而勤奋，因勤奋而得自由。”

意大利文艺复兴三杰之一达·芬奇（1452—1519）曾说：“勤劳一日，可得一夜安眠；勤劳一生，可得幸福长眠……”正是达·芬奇拿起他勤奋的画笔自由地游刃于画布，随心揉、扫、擦、点后……一幅“超凡脱俗”、面露“神秘的微笑”的蒙娜丽莎才能成为“永恒美女的定格”。有人认为：自由，是艺术的最高境界。的确，自由让艺术的造就者置外物于罔顾，将自己的精神、情感、好恶倾注于艺术作品创作的过程，也正是这一自由的过程，才让“蒙娜丽莎”和她那神秘的微笑成为永恒。可见，勤奋不但是人们走向成功的条件之一，也与人们成为一个自由人成正相关。

身处芸芸众生之中，工作生活缠绕一身，作为一个普通的人，把自己该做的工作做好，获得相应的报酬，是绝大多数人每个月都在循环的过程。也有许多人努力投入工作，希望在一些方面取得更好的成绩，一是为了进一步高升、取得更多的收入或权力，二是希望以此能够让自己和家人生活得更好。但是，我们会发现，支持我们把事情做得更好一些、把生活过得更好一些的许多条件是我们无法控制和把握的。比如我们想做一项工作创新，但由于环境和资源所限而难以顺利开展；又比如我们想得到一个更高的职位，但因学历、能力、机会或人际关系所限而难以如愿；再比如我们想通过本职工作多赚一些钱，但我们却不可能让供职机构发给我们高出做同样工作的同事更多的报酬。当然，我们可以寄希望于国家大政所定的“收入翻番”真正落到实处的那一天，但“这一天”在以后八年中何时出现却不可能由我们说了算……能否收入翻番要看国家经济的发展；能否开车上路一路畅通要看交通治理的好坏；能否在清新的空气中生活和工作要看污染治理的成效。诸如此类，都不是我们自己说了算的，我们都得眼睁睁地看着“人家”怎么办。无论对谁来说，做什么事情都要看着别人的脸色，什么都由人家说了算，其自尊心一定会大受伤害。那么，有没有不看别人的脸色就能够拥有，而一旦拥有便能够使自己由弱变强、由强而变得超强的“工具”呢？有，这就是勤奋。勤奋不需要向别人索取，勤奋不需要看别人的脸色，因为你是不是勤奋，完全由你自己说了算。

勤奋，之所以将其称为“工具”，是因为一旦拥有便收获多多。华罗庚（1910—1985）说：“聪明出于勤奋，天才在于积累。”可见，勤奋能够让人变得聪明；韩愈（768—824）在《进学解》写道：“业精于勤，荒于嬉；行成于思，毁于随。”可见，勤奋能够让学习者“学业精通”。高尔基（1868—1936）说：“天才出于勤奋。”郭沫若（1892—1978）也说：“形成天才的决定因素应该是勤奋。”被誉为“世界发明大王”的美国大发明家、电学家爱迪生（1847—1931）说：“天才就是1%的灵感加上99%的汗水，相应地天才常常是那些做好了所有功课的人。”这位一生大部分时期都患有严重失聪症的“病人”，这位只上了三个月的小学便被迫退学的“低能儿童”，却经过自己的艰辛努力，将1000多项发明创造贡献给人类。“秘诀”何在呢？有人认为原因有三，即：有一颗好奇的心；一种亲自试验的“本能”；有超乎常人的艰苦工作的无穷精力和果敢精神。毋庸赘论，勤奋能够造就天才的确是一条真谛。

勤奋，不是一种难以掌握的“工具”，因为用“认真”“努力”“踏实”“不懈”简简单单八个字便可以概括它的全部。

勤奋，最重要的是它能够让我们生活得更好。

史蒂文·K. 斯科特（Steven K. Scott）写过一本书，书名是《其实你可以过得更好》（广东省出版集团，2011年7月）。书中第一章便是“坚持正确的、恰到好处的勤奋”。

史蒂文在书中这样写道：“我们的努力和追求总会带来不同结果：不可思议、伟大、良好、差劲、糟糕或惨痛。50多年来，所有这些结果我都经历过。而且，通过研究历史上许多声名显赫的大人物，我发现他们在人生中的一个或一些方面，同样尝遍了从极好到极坏的所有结果。但是毫无例外的，他们都在自己最有作为的领域取得了令人难以置信的成就。这源于一种简单而又无比强大的技能，他们之中的每一个人都学会并运用了它。这把神秘的钥匙帮助他们实现了自己遥不可及的梦想。”作者列举了许多这项技能的使用者，包括乔治·华盛顿（George Washington，1732—1799）、托马斯·杰斐逊（Thomas Jefferson，1743—1826）、本杰明·富兰克林（Benjamin Franklin，1706—1790）、托马斯·爱迪生、克拉拉·巴顿（Barton Clara，1821—1912）、约翰·戴维森·洛克菲勒（John Davison

Rockefeller,1839—1937)、亨利·福特(Henry Ford,1863—1947)、山姆·沃尔顿(Sam Walton,1918—1992)、沃尔特·迪斯尼(Walt Elias Disney,1901—1966)、比尔·盖茨、奥普拉·温弗瑞(Oprah Winfrey)、史蒂文·斯皮尔伯格(Steven Allan Spielberg)等。作者认为:"事实上,只要运用好这项技能,你一定会取得不同程度的成功;反之,如果不能好好利用它,那你几乎没有成功的可能。不幸的是,一千个人里未必有一个人能够充分驾驭它。当然,任何事情都有好的一面,那就是这个技能并不难学,而且不论你拥有什么样的社会背景、教育程度或者智商,都可以把它据为己有。我所说的技能正是'勤奋'。"

史蒂文认为:"勤奋却并不属于人类的天性之一。事实上,人类的天性总是驱使我们满足近在眼前的欲望。我们总是期望在最短的时间内凭借最小的努力去获得最多的满足,我们天生都喜欢选择捷径。庆幸的是,尽管我们有这样的天性,但是为了追求某个目标,我们也会选择一条具有更多阻碍的道路,筹谋规划,付出努力,从而变得勤奋。如果你拥有了所罗门所说的那种'勤奋',你就能在人生的重要领域取得卓越的成就。"

按照史蒂文对勤奋的理解,勤奋应该是"持之以恒"、不懈的坚持、"巧干"、"纯净"和"正确"。就"巧干",他举例进行了说明:"假设我要砍倒一棵树,如果用一把斧子来砍,毫无疑问这是'苦干',却绝对不能称之为'勤奋'。只用一把斧子,我可能要花几小时,甚至几天时间才能砍倒一棵树。然而换用链锯的话,锯断同一棵树却只需要几分钟时间。这样我可能干得不那么辛苦,但是却非常巧妙。"他认为,"纯净"意味着做好准备,下定决心投入几分钟、几小时、几天去做一件事,并从中获得"纯净"的回报。他认为"正确"指的是做事恰如其分,这样才能起到事半功倍的效果。换句话说,就是不管做事之前有什么要求或预期,都要按时保质保量地完成。这意味着除努力之外还需要加上创造力、持之以恒,甚至还包括其他人力和外部资源,只有这样才能取得非凡的成就。

当然,勤奋还能够给我们带来快乐和幸福感。与懒惰者相比,勤奋的人更能够得到来自于家人的期许与渴望,这些期望除了能够增强被期待者行为的责任感外,还能够让他们感受到来自亲人的关怀和爱,这种关怀和爱,也总会给他们带来快乐和幸福的体验。虽然勤奋者并非终日忙忙碌碌,但勤奋的人会把绝大部分时间投入到工作和学习之中,并在繁忙的工作和学习中享受充实与成长带来的喜悦。在工作中痛快、淋漓地挥汗,在学习中忘情、忘我地耕耘,累了,躺在床上酣畅无忧地入眠……这分明就是一种享受,何能不乐?辛勤的付出必然会得到一定回报,鲜花与掌声不怕姗姗来迟,但当它们在我们不经意中飘然而至的时候,快乐又怎会不相伴而现?当一个勤奋的人跌跌撞撞走过若干年后,回首辛勤的劳作过程,对认真做过的事情自会无悔无怨,对得到的和失去的也会坦然接受,与友人把酒畅谈浪漫与辛酸或独自反思以往走过的"峥嵘岁月",同样也会享受到勤奋所带来的快乐。

每个人都是生物的人,他们不可能为了成功将自己变成工作的机器。勤奋的过程中如果累了,自然要停下来歇息,但勤奋过程之中的歇息,是为了积攒精力然后以更加充沛的体力和脑力投入到以后的勤奋之中,而不是停下勤奋的脚步不再前行。虽然人们都在

"勤奋"的教诲中成长，虽然我们都懂得勤奋非常重要，但坚持勤奋的确需要我们付出巨大的代价。试想，漫无止境的工作推着我们停不下脚步，累得我们喘不过气；雨雪风霜，朝朝暮暮，站起来倒下去，倒下去再站起来，坚持到底是何等艰难。虽然惰性不是人的天性，但时时会在人们的工作或学习中出现，偶有惰性常见，但千万不可将惰性养成为习惯，否则，必然会成为自己和他人都不愿成为的那些人。拥有勤奋，一定要学会珍惜。珍惜时光，珍惜责任，珍惜自己，珍惜未来。学会珍惜，我们的目光就会永远指向前方，我们的步伐就永远不会停息。谁都愿意向上，不懈追求和不甘人后是每个人的梦想；谁也都拥有惰性，懂得满足和享受更是人之常情。所以，我们需要直视的就是这同时存在于一身的两个不同方面的不断拔河。在每一次选择时，咬牙挺过，久而久之，勤奋就会成为习惯，成为我们的朋友。人有天资，事有机遇，但如果上苍没有把这些恩惠给予我们，我们就只能用汗水与执着去购买天资，交换机遇。抱怨天资，潜在的天资会就会被埋没；感慨机遇，身边的机遇也会与我们远离。与其眉头深锁仰天叹息，不如专注做好自己该做的每一件事情，积土成台、聚石成塔。我们应该将"勤能补拙"这一良训存在我们的大脑中，走得慢就要先走一步，飞得慢一定要先飞一程，这样，我们才能走到别人的前面。

3.3.2 接受自己

《做你自己》(北京:新世界出版社,2011.)是"股神"沃伦·巴菲特的儿子彼得·巴菲特(Peter Buffett)的自传，他在书中与读者分享了自己的人生体验，即唯有"做你自己"，才能永远怀抱热情，才能拥有迈向成功所需要的一切意志、胆识和决心。彼得·巴菲特从父亲那里获益最大的是一套人生哲学:"人生由自己打造。"这让他勇于塑造独立的自己。也正因为如此，身为"股神"之子的他，并没有继承父亲的衣钵成为华尔街的金童，而是选择用音乐谱出人生最美妙的乐章。他在名校史丹佛大学就读三个学期便决定休学，从零开始打造音乐梦，尽管过程历经波折，但他终于依靠自己的力量，走出了属于自己的人生。他曾赢得美国电视界最高荣誉"艾美奖"，全球音乐电视台(MTV 频道)刚开播时令人惊艳的片头配乐出自他的编曲，奥斯卡最佳影片《与狼共舞》精华的一幕"火舞"配乐也出自他的手笔。《做你自己》给我们最珍贵的启示在于:我们需要设定自己的目标，而不是以别人的目标为目标；我们需要自己定义成功的内涵，而不是因别人的成功而沮丧，甚至被压得喘不过气来。无论你是"富二代"还是"穷二代"，都可以将《做你自己》视为人们迈向美好生活的宝典。杰夫·海登在《成功人士有十大信念》一文中的观点与彼得·巴菲特《做你自己》的观点不谋而合，他在《我能选择我自己》一文中写道:曾经你不得不等待:等待被接受、等待被提升、等待被选择……等待以某种形式去"被发现"。你再也不必等待了。通道几乎是无限的；你几乎能够通过社交媒体与任何人联系。你能发表你的作品，传播你自己的音乐，创建你自己的产品，吸引自己的资金。你几乎能做你想做的任何事情——而且你不需要等待某人去发现你的才能。唯一能够阻碍你的事情就是你自己和你自己愿意尝试的意愿。

做你自己，为一个自由的自己规划你的目标，并为达成这一目标付出努力，无论终极结果如何，只要我们在过程中经历了、体验了，享受了其中的酸甜苦辣，即使结果不尽如人意，因为有过程中的收获，我们也能够心平气和地接受自己。当在目标的终点回首一路走过来的生命轨迹的时候，许多人都可能因为有许多本可以做的事情没做，或有一些本可以做好的事没有做好而留有一些遗憾，但看着自己选择并走过来的人生轨迹中收获的点点滴滴都来自于自己的努力，遗憾一定会小于欢喜。繁华世界，红尘滚滚，绝大多数人在欲望面前心性难免飘摇、起伏，也会有许许多多的梦想。如果我们一生平平淡淡，普普通通，回首间，我们或许会发现自己的理想与眼前的现实相差巨大，仔细想想还会发现，一生辛苦劳作最终得到的东西比自己希望得到的要少。其实，对多数人来说这是规律，是不以人的意志为转移的。所以，面对规律，我们怨不得别人，更怨不得自己。做了你自己，即使得到的不多或经常遭遇失败，也不必抱怨，而是应该接受它的存在。当然，如果你成功了，你自然会接受自己，因为在众多的理想者中，你的努力和付出与他人一样得到了应有的回报，你当然会接受自己。对于成功者来说，你得到的回报还不单单是自我肯定这些。据美国马萨诸塞科学协会的一项研究表明，人的大脑以个人脑细胞水平高低对成功有所反应，但是神经细胞几乎对失败没有反应。所以，人们能够从成功中学到更多，而不是失败。成功者会得到来自于他人的褒奖，而这些褒奖能够使他们学到更多的东西。据众多心理学研究可知，即使是家里养的宠物对奖赏也会有更多的反应，而惩罚则得不到这样的结果，孩子也是如此。科学家在用猴子所做的实验研究中发现，因反应正确而得到奖赏的猴子，当下一次它们看到线索时对怎么进行反应学习得更快，而那些反应错误的猴子，对下一次如何去处理看到的同样的事物没有什么长进。如果猴子对刚刚的问题回答正确，一种信号进入它们的大脑说："你做对了。"之后，它们神经细胞传授信息的速度会更灵敏、更有效，同时猴子也更有可能做对接下来的动作。但如果是错误的，以后会没有提高。换句话说，只有经过成功，而不是失败，大脑才能传输，猴子的行为才能改善。由此可见，你如果在做某些事时成功了，你除了能够得到"自我实现"需要的满足外，你还能够从成功中学到很多其他的东西。

细看成功者行走过的成功轨迹人们会发现，绝大多数人都并不是一路在顺境的包围下走到目标点的，逆境总会与他们相伴。就顺境和逆境而言，虽然人们更希望拥有前者，但是，由于每个人的人生道路都不会一帆风顺，都会时常身处逆境、遭遇坎坷，所以压力、不安、痛苦是常见的事情。顺境可贵，但逆境也并非一无是处。虽然逆境会带给人们压力、不安、痛苦，会消耗人们的脑力和体力，会延长人们达到成功目标的时间，但从另一个角度看，逆境也是一种挑战、一种历练、一种考验。古人有"宝剑锋从磨砺出，梅花香自苦寒来"之良训，就是告诉人们，如果他们能够在失败中顶住压力，在痛苦中静心思考，在艰苦的环境中磨炼意志，逆境不但不能封堵他们的道路、摧毁他们的意志、压断他们的脊梁，相反，还能够让他们在其中得到进步和成长。古往今来，东西方有许多成功人士都是在逆境中坚忍奋进而最终获得成功的。如中国最伟大的浪漫主义诗人之一屈原(前340—前278)就是在被流放其间,创作出了一部浪漫主义抒情诗《离骚》。如清代文学家蒲松龄(1640—1715)虽曾四次落榜,却创作出了著名的文言文短篇小说集《聊斋志异》。又如北宋文学家、书画家,“唐宋八大家”之一苏轼(1037—1101)的许多脍炙人口的佳作,如词作《念奴娇·赤壁怀古》,散文《篔筜谷偃竹记》《方山子传》《记承天寺夜游》及前后《赤壁赋》等就是在被贬时写出来的。更值得一提的是,中国古代伟大的史学家、文学家,被后人尊为“史圣”的司马迁(前145或前135—前87),因替投降匈奴的李陵辩护而获罪下狱,遭宫刑、受大辱。出狱后忍辱继续发愤著书,完成了被鲁迅先生誉之为“史家之绝唱,无韵之离骚”的中国第一部纪传体通史——《史记》。在西方,这样的实例也有许多,如被誉为是西班牙文学史上最伟大的作家塞万提斯(Miguel de Cervantes Saavedra,1547—1616),一生多灾多难,他出身于破落的贵族家庭,家境贫寒,从小就跟父亲外出奔波谋生。22岁从军,在海战中身负重伤,失去左臂。后曾被海盗俘获,卖到阿尔及利亚为奴。被赎回后开始文学创作,不久后在海军任职时又遭人诬陷蒙冤入狱。但就是在这样的挫折和困境中,他却写出了《加拉黛亚》《努曼西亚》《堂吉诃德》《惩恶扬善故事集》《巴尔那斯游记》《八个新的喜剧和八个新的幕间闹剧》等一批有影响的作品。其中他的代表作《堂吉诃德》风行于世,被称为不朽之作。再看看曾经以《童年》《在人间》《我的大学》教育和影响了中国一代人的前苏联著名无产阶级作家作家高尔基(1868—1936),英国物理学家、化学家、著名的自学成才的科学家法拉第(Michael Faraday,1791—1867)以及被誉为是20世纪最伟大的心灵导师和成功学大师的卡耐基(Dale Carnegie,1888—1955)等,他们儿时都家境贫苦,饱尝人间的辛酸,但他们面对逆境,不怨天尤人,经过不懈努力,战胜逆境,最终成为成功者。

诚然,我们在上述文字中谈了许多走出或战胜逆境最终获得成功的实例,但这样的成功者并非多数。因为,逆境如果达到使人无法具有工作和生存机会或能力的程度,那便是谁都难以从中走出来的,自然更谈不上能取得什么成就了。不过,对绝大多数人来说,经常处于严酷到连基本的生存需要都难以得到满足状态的人是极少数的,即便如此,如果他们不轻言放弃,咬牙忍痛前行,也还有走出逆境的机会。当然,如果你确实不具备借用某种方式去改变自己行为方式的条件,如果某种生理特质不适于你去模仿他人的有效行为,那你大可不必把他人的行为复制给自己。比如,你是一个在极度疲劳时会瞬间进入深度睡眠状的人,那你千万不要为了能够让自己保持一时的清醒以便继续学习而“头悬梁”;如果你是那种连一点辣味都不敢碰的、对痛觉极度敏感,甚或恐惧的人,那你一定不能“锥刺股”;如果你是一个平时谨小慎微、遵规守矩的人,那你也绝不要为借光读书而“凿壁偷光”。你做你可以做的、你能做的、愿意做的、不影响和不损害他人利益的、做完了以后你觉得开心的事情即可。你就是你,走自己的路可能走得比别人慢,别人又能奈何你什么呢?坚持正确的、恰到好处的勤奋,不要让勤奋在我们身上被“异化”,我们所拥有的才是真正的勤奋。

有一则故事也许能够给我们带来一些思考:一个先天的残疾者,他因没有健全的身体,儿时常因此而被那些身体健全的同伴取笑。当战争到来的时候,他的那些同伴因身体健全应征入伍成为战士,而他却因残疾被排除在外,那时,他的内心充满了悲伤,他无法接受自己。在开赴前线的那天,他用羡慕的目光看着那些儿时取笑过他的同伴们奔赴沙场……几年以后,他还是残疾,但他还活着,而那些健全的同伴,却一个也没有回来。当他看到从远方送来的儿时同伴们阵亡的通知书时,豁然感慨道:哦,我还活着。这时,他终于接受了自己。

接受你自己,你有可能不一定会拥有勤奋,但如果你还活着,你还有可能拥有勤奋。

3.3.3 寻找你的天赋和运气

天赋就是天分,是指人成长之前就已经具备的、不是可以学到的成长特性。针对特别的东西或领域的特殊天生执念而使其可以在同样经验甚至没有经验的情况下以有别于他人的速度成长起来,并具有其独一性和特殊性。成语"天赋异禀"说的就是这个意思。新浪星座栏目上有一则"你有哪些天赋异禀"的"事业测试题",在你回答完十道单选题后,系统会自动给出测试结果。笔者试着按照给出的问题做了两次测试,第一次是按照自己的意愿逐一回答问题,得到的测试结果是"A. 人格魅力":"你的身上带着一种天生的亲和力,不必经过刻意伪装,就可以自然而然地拉近与他人的距离。人们遇到麻烦时喜欢求助于你,在与你倾诉的过程中,会不自觉地收获许多有益的见解与忠告,而且感受到一种心灵的温暖。这是你与生俱来的天赋,只要你懂得善加利用,并且时刻记得以真心和他人交流,那么你一定可以广结善缘,在需要的时候,定会有贵人来相助。"第二次笔者选择了一些与第一次不同的答案,得到的测试结果是"D. 品位、风采":"你的目光只会停留在美丽的事物上,甚至想要拥有世间一切的美丽。你热爱时尚,对流行资讯了若指掌。你的高品位人人称道,同样的东西到了你的手里会幻化出与众不同的色彩。你对美的执着涉及方方面面,在艺术、文学、电影等诸多领域同样有自己独到的审美见解。如果你可以把对美的理解外化成为风格的构成,那么,无论在哪里,你都会是最闪耀的明星。"由上述可见,如果笔者继续进行测试,而每次所选择的答案都有所不同的话,应该会得到 B、C 等不同的测试结果。据此,我们可以得出这样的判断,无论是你、他还是他们,大家只要按照自己的认知去选择自己认可的答案,均能够从这个测试中得到我们自己所具有的"天赋"。进而我们可以得出结论,每个人都是具有天赋的。美国斯坦福大学和加拿大麦基尔大学的研究人员在《神经元》杂志上联名发表文章说,音乐和语言一样,是人类与生俱来的认知能力之一,对音乐一窍不通的人也天生具有"音乐细胞"。两国科学家在他们的研究实验中,选取了 18 世纪英国作曲家威廉·博伊斯(William Boyce,1711—1779)不太为人所知的作品,结果发现,参与实验者每当感觉到音乐中的变化起伏时就会按下按钮。研究显示,对音乐根本不懂的人也具有对节奏和音调的感知能力,能够区分乐曲的开始和结束，将接收到的听觉信息分段并加以理解。研究者发现，我们听到的声音与大脑的情绪中枢脑扁桃体有直接联系，音乐对大脑的影响使我们的情绪与音乐直接联系在一起。研究人员指出，音乐会影响和改变人们的激动和反感的程度，甚至会影响人们集中精力的程度。在 19 世纪，德国神经学家布罗德曼（Korbinian Brodmann）将人的大脑分为 52 个区，其中第 47 区是负责语言和音乐的。美国和加拿大科学家的这项研究指出，当乐曲发生变化时，第 47 区也会随之发生变化，特别是在音乐停顿的间歇，大脑似乎在利用音乐的暂停来破译乐曲的变化。

其实，每个人都具有与生俱来的天赋，音乐天赋只是其中之一而已。爱因斯坦（Albert Einstein，1879—1955）曾说："每个人都身怀天赋，但如果用会不会爬树的能力来评判一条鱼，它会终其一生以为自己愚蠢。"可见，天赋不能强加于自己，也不能把别人身上具有的特质按照个人的喜好生搬硬套在自己身上。通过"他知"或"自知"准确地去发现，进而深度地进行挖掘，才是认知和发展他人或自己天赋的有效方法。

有人认为，人的天赋之中蕴藏着两个鲜明的规律。

一是具有恒长性。即天赋是一种使人能够在心灵上感觉到的神清气爽，在才智上感受到的一柱擎天的巨大力量。人的天赋领域一旦被发现、发掘，他就会从童年、少年、青年、中年、老年至暮年甚至下一代都会研精钩深、匠心独运。我们可以看到，从柏拉图（Plato，约前 427—前 347）的哲学，李白（701—762）的诗，米开朗琪罗（Michelangelo di Lodovico Buonarroti Simoni，1475—1564）的雕塑，关汉卿（约 1220—1300）的戏曲，牛顿（Sir Isaac Newton，1643—1727）的科学研究到莱特兄弟（Orville，1871—1948 年；Wilbur，1867—1912）的"飞机"，从巴赫（Johann Sebastian Bach，1685—1750）家族七代人的音乐，居里夫人（Marie Curie，1867—1934）和大女儿伊蕾娜（Irène Joliot - Curie，1897—1956）的"镭"，老仲马（1762—1806）、大仲马（Alexandre Dumas，1802—1870）、小仲马（Alexandre Dumasfils，1824—1895）三代人的文学，罗特希尔德（Mayer Amschel Rothschild，1744—1812）家族八代人的银行，福特（Henry Ford，1863—1947）家族八代人的汽车，直至洛克菲勒（John Davison Rockefeller，1839—1937）家族十代人的石油，等等，这些人们个个都将其毕生的心血、精力、才智全部奉献给了各自的天赋领域。

有人认为天赋与人的兴趣有关，但天赋不是兴趣，它不属于一时心血来潮或短时间对某项事物的狂热喜爱。因为人对事物的兴趣一旦激情消失，便会随时抛弃。比如，有人喜欢唱歌，两个月后又爱上了跳舞，一段时间后觉得唱歌、跳舞没有意思便开始作文投稿……可见，兴趣随心所欲变化无常，是一种靠不住的东西。

二是具有神奇性。天赋能够使天赋者具有一种神功妙力。印度诗人泰戈尔（Rabindranath Tagore，1861—1941）七岁时，就能在二十分钟内创作出田园牧歌式的诗章。若换个别人，即使是大学文学系的毕业生，给他三天时间，苦思冥想绞尽脑汁，到头来也不一定能写出那样的清词丽句。通常来讲，在音乐、绘画、舞蹈、诗歌、影视和外语等领域，人的天赋在五岁时端倪渐显；在数学、物理、化学、电脑和博物学等领域，人的天赋要在十六岁时才能脱颖而出；而在天文、哲学、美学、历史、法律、医学，心理学、科学和企业经营管理等领域，人的天赋要等到在三十岁时才能妙绝示人。因此，对于一些在少年儿童时期便能够表现出来的天赋，如音乐、绘画、舞蹈、诗歌，以及数学、物理、化学等方面的特质，通过成年人的“他知”是非常重要的。因为，在现今以“智育”优先的家庭教育和以升学为主的学校教育的大环境下，孩子们的这些天赋只有被家长、教师、校外教育机构的辅导者认知并加以挖掘后，才能够得到进一步发展的时间、空间。

天赋人人具有，发现和认知天赋便成为天赋是否能够被“具有”的重要环节。研究者认为，发掘人的天赋素质，通常来自于四方面：一是父母在日常生活中，偶然发现孩子在某方面具有天赋；二是教师在教学过程中，偶然发现某个学生的天赋领域；三是某人的天赋领域被自己偶然发现；四是在一次偶发事件中，某人的天赋领域突然脱颖而出。比如，欧洲最伟大的古典主义音乐作曲家之一莫扎特（Wolfgang Amadeus Mozart，1756—1791）的音乐天赋就是在一次偶然情景中，被时任萨尔茨堡宫廷副指挥兼作曲家的父亲发现的。有一次，他与一位朋友一起回到自己家中，看到 4 岁的莫扎特趴在地板上聚精会神地用鹅毛笔在五线谱上涂写东西。父亲问他在干什么，儿子一本正经地回答：“我在作曲。”孩子的举止使两位大人相觑见笑，面对着纸上歪七扭八的音符，他们以为这不过是小孩的游戏。然而，当细心的父亲将儿子的作品认真地看了几眼之后，忽然兴奋地眼噙泪花对客人喊道：“亲爱的，你快来看！这上面写的是多么正确而有意义的乐曲啊！天才已经开始了他的创造生涯了！”莫扎特创作之轻松与神速使他同时代的人和后辈都把他看作是无师自通、不学而成的天才。其实，虽然他从未得到过正式的教师指导，但他却在孩提时期受到父亲的严格教诲。在莫扎特的作曲天赋被父亲发现后，为使小莫扎特能迅速成长，列奥波德竭尽心血，精心栽培。对儿子的学习与训练是极为严格的，除了复杂的音乐理论与演奏技能外，还有拉丁文、法文、意大利文、英文以及文学和历史等。由此亦可见，发现和认知天赋是天赋是否被“具有”的重要环节，而发现和认知天赋后的挖掘和培养才是天赋最终能够被“具有”的关键。当然，如果一个人很有天赋，勤勉会使他的天赋更加完善。所以，无论在哪个方面，勤奋都是很有意义的。

如果说天赋是先天而有的，那么运气却不是与生俱来的。有人认为，运气指的是人在办事或追求某一目标时是否顺利的一种状态。人们对运气一词给出的定义是：在某种事件发生的概率微小、随机性强、无法计算且不可控制的情况下，事件结果恰好与某人的猜想或个人决定一致，并且在不可思议或完全不可能存在的背景下出现。在中国的民俗中，有人认为人的运气一般有两种：一种是先天带来的即与生俱来的好运气；另一种是因后天行善、积善成德，终得善报而得好运。不过认为后天因造化而走运的人占据多数。在中国的民俗中，在家中摆放风水局，在店堂供上关公，在车上挂上手串、挂件，或者佩戴适当的风水玉石、翡翠手镯，逢年过节在家门口贴上对联等，都是许多人求好运、保平安的常见的行为方式。

吉祥文化是中国文化的重要特征之一。在中国，吉祥符号、图案似乎很不起眼，但却无处不在，无人不用。吉祥对于中国人而言，就像水之于鱼，天之于鸟，空气之于众生一样，已与人们的生活融于一体。虽然似乎没有谁能说得清楚中国的吉祥文化产生于何时，源自何处，但可以肯定的是，当人有了追求幸福、美好、平安的愿望时，它们便被创造出来，并通过各种方法和形式，遍及人们生活的方方面面。人们求吉祥和求好运从来都是密不可分的，其实，求运气本身就是求吉祥的一部分。试想，手上把玩着貔貅翡翠把件的人们，自然祈求的是财运，如果真的有一天财源滚滚而来，他们怎能不觉得吉祥如意呢。

人人都希望有好运，但是，在现实生活和工作中我们会发现，有些人总会比另外一些人幸运。人们对此会有不解，为什么他们的运气总会比自己的运气好呢？自己能不能提供某种方式也能够得到好运呢？

英国心理学家，被称为“英国大众传播心理学第一教授”的“怪咖心理学”(Quirkology)的创始人理查德·怀斯曼(Richard Wiseman)，曾就运气问题进行过数千次的访谈和数百次的实验，他发现：运气并没有人们想象的那么神秘和不可控。怀斯曼出版了关于运气本质研究成果的著作《幸运要素》，大致内容他自己做了介绍：十年以前，我决定对幸运的概念进行更加科学的调查。我觉得最好的方法是，考察为什么有的人持续走运，而另一些人很少走运甚至不走运。简单地说，为什么有些人过着一种令人陶醉、充满幸运和机遇的生活，而另一些人则遭遇一个接一个的灾难。我在国家级的报纸和杂志上做了一些广告，请一些认为他们特别幸运和特别不幸的人与我联系。几年后，400 位“特殊”的男女自愿参加我的研究。最年轻的 18 岁，是个学生；最大的 84 岁，是个退休的会计师。他们来自各行各业——有商人、工厂工人、教师、家庭妇女、医生、秘书和售货员。他们全都非常友善，让我把他们的生活和思想放在“显微镜”下观察。

杰西卡(Jessica)，一位 42 岁的法律科学家，是典型的幸运儿之类。目前，她与一位在晚宴舞会上偶然碰到的男士保持长期的关系。实际上，好运气已经使她获得许多终生的财富。正如她曾经对我说过的：“我有自己梦寐以求的工作，两个优秀的孩子，和自己心爱的男人。真是难以置信，当我回顾我的生活时，我意识到自己几乎在每个方面都很幸运。”

相反，不幸的人却没有这么幸运。帕特丽夏(Patricia)，27 岁，却经历了许多影响终身的坏运气。几年以前，她开始做一家航空公司的机舱乘务员工作，很快就获得了祸根和坏兆头的“美誉”。头一次飞行就导致了飞机的意外延误，原因是一部分乘客喝醉了并骂人闹事。她的第二次飞行碰上了雷电天气，而几星期以后的第三次飞行，却不得不紧急迫降。帕特丽夏同时还被认为，她的坏运气会传染给别的人，所以与她一起的人都没有好运，只要她祝愿别人好运，别人准会倒霉。这已经被证明多次了，有的人因此误了重要的会面和考试。在爱情上她也很不幸，总是从一个破裂到另一个失恋。帕特丽夏似乎从没有过任何幸运的时候，总是在错误的时间处于错误的地点。

多年来怀斯曼不断与这些自愿者面谈，询问他们的日常生活、私人问题，并进行智力测试，邀请他们到自己的实验室进行实验。结果发现，运气不是一种神奇的能力，或者不是一种随机的机遇，也不是人们生来就幸运或不幸。相反，虽然幸运或不幸的人们没有意识到自己为什么幸运或不幸的真正原因,实际上,他们的幸运或不幸隐藏在他们的思想和行为当中。

怀斯曼的研究揭示了幸运的人能够通过四条基本原则产生好的运气。他们善于创造并抓住机遇,通过直觉作出幸运的决策,通过实际的预期实现自己的抱负,采取心情愉快的态度使坏运气转变为好运气。

怀斯曼提出的获得好运气的四个基本原则(抓住幸运四原则. 北京:中国青年出版社,2005.),可以作为希望得到好运气的人们的行为准则或待人处世的参考。简单说来,遵循这四条简单的法则,人们就更有机会得到好运。

机遇:幸运的人通常会保持一种较为轻松的心态,他们更愿意尝试新的事物。

直觉:有时候相信直觉会给你带来好运气。

希望:那些我们认为幸运的人会一直存有实现心愿的希望,并强烈希望好运气能一直相伴。如果一个人每天花几分钟时间想想当天发生的愉快的事情,就会觉得自己一直有好运相伴。

积极的心态:我们有可能通过积极地看待事物将坏运气转为好运气。比如,想象一下等待着你的挑战会有一个好的结果,这种良好的心态会将好运气"吸引"过来。即使最后结果可能不尽如人意,也应将自己视为幸运儿,因为,事情本来有可能会变得更糟。

怀斯曼认为:"幸运不是魔法,也不是上帝赐予的礼物。幸运与否,是由你的思想和行为指向决定的。"他认为概率的因素占了约 10%,其余的 90% 的幸运因素均取决于自身。怀斯曼意味深长地说,"幸运"的人,他们醒觉,他们灵敏,他们不吝啬尝试,他们更欢迎机会和新鲜事物出现和发生。如果幸运就是正确的时间出现在正确的地方,或是在正确的地方做了正确的事情,那么所谓正确——都是取决于思想和行为是否在一个谓之"正确"的领域里。

运气其实与人们努力做事密不可分。运气就像空气一样弥漫在每一个人的周围,你努力在某件事情上花费更多的工夫,你吸收的氧气就一定比工夫用得少的人要多。人人都能够得到好运气,条件是他们必须不懈地努力去做事、去创造好运气。只有这样,在我们完成某项工作的时候,我们才能够将思想和行为置于"正确"的领域里。"毫无疑问的是,一个不参加游戏的人,是不可能赢得幸运大奖的;他们不会输,但也绝对无法赢。"(黛恩. 幸运的人倒霉的人距离 0.05mm[M]. 北京:中华工商联合出版社,2011.)

诚然,把握人生的方向除了与自我的兴趣、爱好、理想相关外,还会与家庭、教育与环境的影响相关。人生的道路上除了自悟外,如遇高人指点,走错方向或走冤枉路的概率一定会降低很多。所以,勤在自己,而把握自己的人生方向便不一定全然依靠自己了。

链接:4 种方法为新机遇开路

《卖力找工作:不需交钱就能建立一份有价值的事业》(该书被纽约邮报评选为 2007

年4本著名的职业指导书之一)的作者劳拉·凡德卡姆(Laura Vanderkam)在《4种方法为新机遇开路》一文中讲了一个对冲基金公司执行董事卡伦·费尔曼(Karen Finerman)的故事。

我没有使用"拥有一切"这个短语,但如果说有人配得上这个形容词的话,那应该就是卡伦·费尔曼(Karen Finerman)了。作为位于纽约的对冲基金公司的执行董事,她不仅仅拥有一个威望极高的全职工作,还能享受抚养四个孩子(两对双胞胎)的快乐!

2007年,有线电视网络CNBC曾打来电话,询问她想不想在《银线追杀令》中担任固定嘉宾演员。她抓住了这个机会并尝试了一把,但是她说:"我很快就因为过度疲劳跑进了死胡同。我的丈夫比我更快发现了这一点。他对我说'你应该做出一些选择'。"

而她的第一反应是什么呢?"我需要一个新的丈夫。"她开玩笑地说。但是正如她在她的新书《费尔曼准则》中所指出的那样,他已经负担起孩子家庭作业的责任了,并且还承担着整个家庭的责任,此外还管理着自己投资经营的公司。她努力看了看她的日程表,想出了让所有人都更轻松一些的方法。下面就是可能对很多人都有用的经验。

1. 重新思考和组织问题。费尔曼的复杂日程安排曾让她感觉自己像是个殉道者,但是"我真的感悟到我是在为自己做这些事情"。她在她的电视节目中这样说。这丰富了她的个人资料,并给她的生活带来了很棒的新的机会。她没有问"我应该放弃什么?"她只是说"我要如何组织我的生活让我做我想做的事情呢?"

2. 不重要的就不值得再保留。为了上电视,费尔曼要放弃看电视的时间。"对我来说回家看一些录好的视频是很放松的事情。"她说,但是"这也是很容易舍弃的"。她还表示她不再看当代艺术,但因为那并不是个常见的爱好,我的建议是还是从放弃看电视的时间开始吧。首先要舍弃,然后再看有哪些能开发的空间。

3. 获得效率。无论你的新机会是什么,要了解都是有学习曲线存在的。最终,"你将会有更快更好完成某件事的能力"。费尔曼说。在进入CNBC的早期,她做了大量的准备,还努力写出了大量的评论和对每种可能的回答。过了一段时间后,她发现"我不再需要那样做了",只需要列出几个点就足够了。她说"这也大大节省了时间"。

4. 寻求帮助。也许你的伴侣想要走出家门,或者你的孩子想要承担更多的任务。你可能会考虑用新工作挣到的一部分钱来请一个家政工人。真正让费尔曼感到压力的是上电视工作的部分。她与商店建立了良好的关系,让他们送来在镜头上看起来合身又漂亮的套装。她不再在早上打理发型和化妆了,她用这段时间来处理事务,也就是说她会在办公室直到市场收盘。"我并没有耍大牌,但事实就是这样。"她说。所以现在"我用我每天的最后一个小时梳妆打扮。现在没有人会注意到我有没有梳妆打扮"。

你有没有为新的机会做好准备?

(选自 http:/blogs. bnet. com. cn/? action-viewspace-itemid-27150,2013年6月18日)

第4章　培养能力

能力是人们完成工作任务所具有的条件。在日常工作和生活中，人们经常会把对他人某些方面能力的评价流露于言语之中，如某人能力很强或某人能力较差，等等。其实，这些评价所指向的是对某人因所具备的完成工作任务的条件的不同而产生的某种不同结果的一般认定。

能力是直接影响人的活动效率，并使其活动顺利完成的个性心理特征。能力与知识、经验和个性特质共同构成人的素质，成为胜任某项任务的条件。人们对能力划分大多有以下几种：

1. 一般能力和特殊能力

（1）一般能力。就是我们所说的智力。它是人的认识活动中的一种具有多维结构的综合性能力。个人认识过程中的各种能力，如包括感知能力、记忆能力、想象能力、思维能力、言语能力等都属于智力的范围。其中抽象概括能力是智力的核心，创造能力是智力的高级表现。

能力就是智力，所以讨论能力，就有必要对智力进行适度了解。

智力是指生物一般性的精神能力。指人认识、理解客观事物并运用知识、经验等解决问题的能力，包括记忆、观察、想象、思考、判断等。这个能力包括以下几点：理解、计划、解决问题、抽象思维、表达意念以及语言和学习的能力。虽然有人认为，智力是一种极其复杂和多样的现象，不可能做定量的先行测量，并不存在一种可以比较正常人智力高低的"普通智力"；即使是这样，很长时间以来，还是有许多人使用"智力量表"来测量自己或家人（儿童）的智力。

20世纪初，便有心理学家对人的"智力年龄"和智商进行了探索性研究，试图通过实验（答题）对人的智力以及智力水平进行量化测评并给予等级评价。智力年龄，简称"智龄"，是相对于实际年龄（生理年龄）而言的，这个术语是法国实验心理学家、智力测验的创始人比奈（Alfred Binet，1857—1911）首先提出并采用的，是指在智力测验量表上与某一智力标准水平相当的年龄。1905年，比奈和医生西蒙（Theodore Simon，1872—1961）一同创造了测量智力的方法，编写出版了第一个"比奈—西蒙量表"（Binet - Simon Scale）。它是一种个别测验式的量表，包括30个测量一般智力的项目，其中既有对较低级的感知方面的测量，也有对较高级的判断、推理、理解等方面的测量，以正确完成题目的数量来确定被试者智力水平的高低。1908年，第二版比奈—西蒙量表发表，它在前一个量表的基础上增加并修改了测验的项目，使测试题目达到 59 个，并将测试题目按年龄水平分组，从 3 岁到 15 岁，每个年龄的儿童中有一半能通过的题目即属于这个年龄组的题目。儿童通过了哪一个年龄组的题目，便说明他具有几岁的智力。此外，在此次修订本中他将测验成绩用“智力年龄”表示，并建立了常模，这是心理测验史上的一个创新。智力测量由于引进了智龄这个数量化的标尺而很快得到推广。1911 年，比奈—西蒙量表被再次修订，这次修订没有重大变化，只是改变了几种年龄水平分组，并将量表延伸到成人阶段。1908 年，量表发表后，吸引了世界各国心理学家的广泛注意，很快被译成多种文字，修订本也相继出现。其中以美国斯坦福大学教授特曼（L. Tenmn）主持修订的斯坦福—比奈智力量表（简称 SB）最负盛名，它的第一个修订本 1916 年问世，史称 1916 年量表。此量表对比奈—西蒙智力量表作了许多修改，增加了近 1/3 的新题，修改了部分原有题目和部分测试题的年龄水平。该量表首次引入了智力商数（Intelligence Quotient，即“IQ”）的概念，第一次将智商（IQ）概念运用到智力测验中，以 IQ 作为比较人聪明程度的相对指标。20 年后，特曼和助手梅里尔（M. Merrill）于 1937 年第一次对斯坦福—比奈量表进行修订，修订后的量表由 L 型和 M 型两个等值量表构成。1960 年，特曼和梅里尔再度合作，将 1937 年量表 L 型和 M 型中的最佳项目合并成单一的量表，称 L—M 型。此次修订除对样本的代表性较 1937 年时更广泛外，重大的改革是采用了韦氏量表（Weehsler Intelligence Scale，美国心理学家韦克斯勒编制）的离差智商替代比率智商，其平均数为 100，标准差为 16。1972 年，特曼和梅里尔对斯坦福—比奈量表又作了一次修订，测验本身无修订，只制定了新的常模。

比奈测验最早于 1916 年传入我国，1924 年陆志韦先生（1894—1970）在南京发表了他所修订的“中国比奈—西蒙智力测验”，这套测验是根据 1916 年的斯坦福—比奈量表修订的，适合于江浙儿童使用。1936 年陆志伟又与吴天敏（1910—1985）进行了第二次修订，使该测验的使用范围扩大到北方。第二次修订本对 6 ~ 14 岁儿童较为可靠；6 岁以下及 14 岁以上儿童虽能测验，但准确性稍差。1979 年，吴天敏教授进行了第三次修订，称作“中国比奈测验”。此次修订作了较大修改，增删了部分项目，测试题按难度顺序排列，测验对象年龄范围扩大为 2 ~ 18 岁，基本上每岁 3 个试题，共计 51 个题目。在评定成绩的方式上，放弃了比率智商，而采用离差智商的计算方法来求 IQ。此外，吴天敏教授考虑到教育、医疗等实际部门对智力测验的需要，又编制了“中国比奈测验简编”（简称“简编”）。吴天敏认为“简编”项目减少，使用省时简便，虽粗略但尚属可靠。

在智力测试的根据中，还应该提到的是 1936 年美国心理学家韦克斯勒（David Wechsler，1896—1981）编制的韦氏智力量表，共有三种：一是适用于 16 岁以上的成人的韦氏成人智力量表（WAIS，1955 年修订）；二是适用于 6.5 岁 ~ 16 岁的儿童的韦氏儿童智力量表（WISC，1949 年编制）；三是适用于 3 岁 10 个月 ~ 6 岁 10 个月的幼儿的韦氏学龄前及幼儿智力量表（WPPSl，1963 年编制）。我国对上述三个量表均进行了修订。1979—1980 年由龚耀先（1923—2009）主持、全国 56 个单位协作修订的 WAIS，称 WAIS—RC，制定了中国常模；1980—1986 年由林传鼎（1913—1996）和张厚粲主持、全国 22 个单位协作修订的 WISC，称 WISC—CR；同年龚耀先和戴晓阳主持、全国 63 个单位协作修订的 WPPSI，称为“中国韦氏幼儿智力量表（C—WYCSI）”。因上述量表修订出版了中文版本，因而在国内应用较广。目前，国内许多专门机构可以采用上述量表测查 6 ~ 16 岁的儿童和 16 岁以上的成人。通过智力测量，人们可了解自己的智力水平、潜在能力，也可以鉴定交通事故导致智力损伤等。

（2）特殊能力。是指人们在某些专业和特殊职业活动中表现出来的一般能力的某些特殊方面的独特发展。例如，数学能力、文学能力、艺术表演能力、管理能力、操作能力等都属于特殊能力。心理学认为，特殊能力是指完成某种专业活动所必须具备的能力。如数学计算、音乐绘画、形象思维、空间想象等能力以及与某种实际操作相联系的动作体系，如飞行驾驶、打字等特殊能力。

一般能力和特殊能力相互联系构成辩证统一的有机整体。一方面，特殊能力的发展以一般能力的发展为前提，某种一般能力在某种活动领域得到特别的发展，就可能成为特殊能力的组成部分；另一方面，在特殊能力得到发展的同时，也发展了一般能力。

对于特殊能力的认识，可谓仁者见仁，智者见智。有人认为某种特殊的职业者，能够根据职业环境和职业工作任务的需要而生的能力就是特殊能力；也有人认为，某种特定的职业活动或情感互动中的特定倾向也是特殊能力；还有人认为成功的企业同样具有特殊能力……

中国成长型企业策略专家卜安洵威仪自呈的能力、引领心智的能力、借人驭人的能力是领袖的特殊能力；通事理而懂裁量的能力、通人情而能协调的能力、通官场而知进退的能力是官员的特殊能力；知识加工能力、思想传授能力、引导成长的能力是师者的特殊能力。

有人认为：国有企业的经营环境异常复杂，面对的突出矛盾和尖锐问题层出不穷，国企领导者处理这些特殊问题的能力就是特殊能力。

约翰·凯（John Kay）在《企业成功之基》一书中写道：纵观那些最好的企业，它们的优势力量来源于企业与员工、消费者、供货商的独特关系架构。认为成功的企业具有三种特殊能力，即：体系（Architecture），一种连接组织内、外的员工、消费者和供应商的关系结构；声誉（Reputation），建立企业声誉；创新（Innovation），创新技术必须能够成功转化为企业竞争的优势。

有人认为，美国的离婚率高达 50%，但是，一见钟情的两个人结婚后，离婚率却只有 20%，也许可以说，一见钟情是人类寻找最佳伴侣的一种特殊能力。

如果上述有关对特殊能力的认识我们还可以接受，下面所谓的特殊能力的表述便值得商榷。

有本《秘书心理学》中有一章写“秘书的特殊能力”，其中包括：秘书的表达能力；秘书的信息处理能力；秘书的活动能力；秘书的应用能力；秘书的创造能力。

有人在博文中写道：成功人士具有的特殊能力是：解决问题时的逆向思维能力；考虑

问题时的换位思考能力；强于他人的总结能力；简洁的文书编写能力；信息资料收集能力；解决问题的方案制订能力；目标调整能力；超强的自我安慰能力；书面沟通能力；企业文化的适应能力；岗位变化的承受能力……

其实，区别一般能力和特殊能力的方法很简单，绝大多数人都有的能力就是一般能力，而只有部分人、少数人才有的能力是特殊能力。比如，无论五音全不全，人人都会唱歌，这就是一般能力；而唱得好的成为歌唱家的却是极少数，这就是特殊能力。

2. 再造能力和创造能力

（1）再造能力。又叫模仿能力，是指一个人在一定的环境和条件下，通过对于某一事物进行反复操作后，而取得的在另一相似的环境和条件下对于类似的事物能够进行同样操作的能力。

（2）创造能力。是指产生新思想，发现和创造新事物的能力。它由知识、智力、能力及优良的个性品质等复杂多因素综合优化构成，是成功地完成某种创造性活动所必需的心理品质。再造能力与创造能力关系密切，前者是后者的前提和基础。

3. 液体能力和晶体能力

美国心理学家雷蒙德·卡特尔的（Raymond Bernard Cattell，1905—1998）在1963年提出了流体智力和晶体智力理论。他根据对智力测验结果的分析，将智力分为两类，即：流体智力和晶体智力。

（1）液体能力（流体智力）。是指在信息加工和解决问题的过程中所表现出来的能力。如对关系的认识，类比、演绎推理能力，形成抽象概念的能力等。它较少地依赖于文化和知识的内容，而决定于个人的天赋。液体能力的发展与年龄有密切关系。一般人在20岁以后，液体能力的发展达到顶峰，30岁以后将随年龄的增长而降低。此外，心理学家们也发现，液体能力属于人类的基本能力，其个别差异受教育文化的影响较少。

（2）晶体能力（晶体智力）。是指获得语言、数学等知识的能力，它决定于后天的学习，与社会文化有密切的关系。晶体智力在人的一生都有发展，只是到25岁以后发展速度日趋平缓。晶体智力受后天的经验影响较大，主要表现为运用已有知识和技能去吸收新知识和解决新问题的能力，这些能力不随年龄的增长而减退，

4. 认知能力、操作能力和社交能力

（1）认知能力。是指人脑加工、存储和提取信息的能力，它是人们成功地完成活动最重要的心理条件。知觉、记忆、注意、思维和想象的能力都被认为是认知能力。美国心理学家罗伯特·加涅（R. M. Gagne，1916—2002）提出，认知能力包括三种能力：言语信息（回答世界是什么的问题的能力）；智慧技能（回答为什么和怎么办的问题的能力）；认知策略（有意识地调节与监控自己的认知加工过程的能力）。

（2）操作能力。是指操纵、制作和运动的能力。劳动能力、艺术表现能力、体育运动能力、实验操作能力都被认为是操作能力。操作能力是在操作技能的基础上发展起来，又成为顺利地掌握操作技能的重要条件。操作能力与认知能力相互作用，互为条件。通

过认知能力积累一定的知识和经验，是操作能力形成和发展的前提。操作能力的发展对人的认知能力能够起到支持和推动作用。

(3)社交能力。是在人们的社会交往活动中表现出来的能力，如组织管理能力、言语感染力、判断决策能力、调解纠纷能力、处理意外事故的能力等。这种能力对组织团体、促进人际交往和信息沟通有重要作用。

4.1　把自己培养成为具有善于经营与各类人群的关系的人

我们在团队中，最为重要的关系就是人际关系。我们可以把自己在团队中的人群分为以下图中几类。

这里的领导，是指领导者，即为一个集体的指挥者。所谓领导者，是指居于某一领导职位，拥有一定领导职权，承担一定领导责任，实施一定领导职能的人。在职权、责任、职能三者之中，职权是履行职责、行使职能的一种手段和条件，履行职责、行使职能是领导者的实质和核心。但是，领导者要想有效地行使领导职能，仅靠制度化的、法定的权力是远远不够的，必须拥有令人信服和遵从的高度权威，才能对下属产生巨大的号召力、磁石般的吸引力和潜移默化的影响力。

下属就是下级、部下。是从属于领导者之下，被领导者所领导的人。

同事是指在一起共事的人，现在多指在同一单位工作的人。也有人解释为“在工作中接触较为频密的人”。

外界其他人是指与自己工作较少接触，甚或从不接触，但对自己生涯发展意义重大的人。

理查德 · N. 哈斯(Haass Richard N)在他的著作《关系制胜——出人头地的 5 种能力(政智学)》(北京：九州出版社，2000.)一书中提出所谓“罗盘战略”：即一个人如果想要出人头地，他必须学会并形成与领导、同事、下属、外界建立良好人际关系的能力，并善于经营好这些关系。

中国近代史学者、中国社会科学院研究员马勇先生认为：“中国社会虽历来讲究人情关系，但当下社会讲关系的风气已登峰造极。”在如此这般的社会环境中，主动也好、被动也罢，个体人唯有顺其而动，才不至于被弃于人群之外成为孤苦的旁观者。

4.1.1 学会经营与领导关系的能力

通常，每一个人都希望与自己周边的人建立良好的人际关系，其中，作为一个职业者，与自己的领导建立良好的人际关系，对其顺利完成本职工作以及个人进步与未来发展都至关重要，因为领导是掌握我们一半命运的人。

那么，我们应该采用什么样的方法才可能与自己的领导建立良好的人际关系呢？对于这个问题，可谓仁者见仁，智者见智。归纳起来主要有以下几方面：

一、了解领导，并让领导了解你

无论对于你的领导还是你来说，一个陌生的人站在你们的面前，都是不可能让你们马上产生信任感的。人与人之间没有信任，又如何能够形成良好的关系呢？

人与人之间的信任是建立在相互认知的基础之上的，而认知生于了解。所以，要想与领导建立良好的关系，首先要做的就是相互了解。有人认为，一个精明强干的领导者欣赏的是能够全面地了解他，并知道他的愿望和情绪的下属。我们经常能够看到，许多到异地任职的领导都愿意带上自己的秘书，他们之所以如此的主要原因，就是他们长期在一起工作，使他们彼此之间已经达到了相当高的认知水平。因为了解，领导对秘书信得过、用得顺；也是因为了解，秘书能够周到、具体、全面地完成领导交办的工作和安排好领导的生活。所以，就下属而言，主动并尽可能全面地了解、认知领导是必须要做的事情。诸如领导的优点、缺点、能力水平、性格特征、工作方法、兴趣爱好、生活习惯等，都是他们必须了解的内容。对领导的全面了解和认知，是他们选择有效方法与之建立关系的前提条件，当他们具备了这一条件，才能选择有针对性的方法作用于自己的领导，才能在处理与领导的关系中恰到好处地扬长避短，才能比较准确地“投其所好”，满足其工作和心理需求，才能借助精确领会避免出现“认识误差”与“行为误差”。由于具有了诸多了解和针对性，他们所采用的方法才会有效。试想，在他们与领导互动的过程中，如果有效结果经常性出现，那么，他们与领导建立良好关系的最基础条件便已经生成了。这样一来，既有利于做好工作，又有利于处理好与领导的关系。例如，有的领导直率爽快，工作作风雷厉风行；有的领导严谨细致，工作作风踏实求真；有的领导喜看书面报告；有的领导喜欢听口头汇报；有的领导习惯早起；有的领导喜欢晚睡；有的领导喜欢工作之余散步；有的则喜欢打球，等等，下属都应做到心中有数。只有这样，下属才能够针对领导的特点，尊重其工作和生活习惯，以求得最好的工作效应。

在日常工作中为实现某一目标、完成某项工作任务而作的设想、计划被称为意图。要想很好地完成领导交办的工作，必须了解领导对做好这项工作的行为动机和基本设想，也就是领会领导的意图。只有这样，才能依据领导的思路卓有成效地开展工作，出色地完成领导交办的工作。如果不了解领导意图，一味按照自己的主观愿望去做工作，不但很难做到准确到位，而且有时甚至会出现“帮倒忙”的现象，进而对工作取得预期的绩效产生不良的影响。在这里,做正确的事比正确做事更重要,也是应该牢牢记住的。

下属采用有针对性的方法作用于领导者的过程,其实就是让领导了解、认知他们的过程。如果他们在与领导的互动中经常能够做到“恰到好处”的话,那么,担心领导对他们是不是产生了不好的印象便一定是多余的了。当然,了解领导对自己的期望也是十分重要的。如果下属还不清楚自己应该尽力完成哪些事情,那么,从事重要的工作并且在领导面前树立良好形象的机会就会变得十分渺茫。工作目标和绩效标准是了解领导对自己期望的最直接方式。绩效标准往往能够从工作描述中判断出来,下属需要把工作目标铭记在心,并且把关键问题弄清楚。所以,他们必须主动与领导沟通,弄清楚他对自己工作的期望是什么,明了了这些,他们才能将领导的希望变成现实。

有人认为,运用四种有效方法能够促使领导了解下属工作的重要性和可行性,理解下属的意图,进而奠定领导“愿意”帮助下属的重要心理基础。

(一)反复强调法

这种方法就是下属就某项工作思路或方法,适时对领导进行多次强调,不断强化,从而加深领导的印象,使领导对其所做的某项工作更加了解、更加重视。反复强调法能够使领导对下属的工作由开始的不知或少知到最后的深知、全知,它是让领导透过对下属工作的了解进而全面了解下属工作能力的重要方法。

领导者与下属相比处于更高层面,“站得高”就“看得远”,所以他们的视角更广,具有宏观和整体的特征,在面对某一问题时,他们考虑得也会比下属更加全面,思路也会更加宽泛。但是,站得高看得远,却不一定看得细,所以,他们对微观工作的了解一般不如某项具体工作的执行者了解得更全面、更具体。虽然随着信息时代的到来,人们获得信息的途径已经发生了翻天覆地的变化,领导坐在办公室里就能够透过各种现代科技手段获得大量自己所需要的信息。但是,由于他们重任在肩,公务繁杂,因而当遇到某项具体工作时,由于工作头绪多,注意力分散以及精力与时间的局限,使他们对某项具体工作的了解通常不见得比下属更清楚。所以,要想让领导对具体的工作获得更多、更详细的认知,不断地在其耳边对某项工作进行必要的强化是很有必要的。

作为下属,如果也要求他们像领导一样“站得高,看得远”,的确有些勉为其难。领导者重宏观,执行者重微观,这是职务的分工,也是工作的需要。但是,这并不是说下属在脚踏实地地去完成微观和局部的具体工作任务时,没有必要像领导一样“站在高处往远看”。在个人与团队管理理论中,提倡每一个个体都应从客体的角度去思考问题,或从主体中“脱胎”出一个客体,并站在客体的位置去观察主体。从客体的角度去思考问题,能够使主体感知和理解客体的所思所想和所作所为的合理性和意义;站在客体的位置去观察主体,能够使主体以客体对其评价为参考而获得更为客观的自我评价。显然,这种思维方法既能够使下属与领导达致统一、认同,又能够最终形成内化。

既然领导者重宏观、执行者重微观是一种无法改变的职业特征,那么,采用有效的方法对其加以合理利用,使之能够促进工作顺利开展才是下属应该认真思考的问题。下属想要使自己的微观工作得到领导的支持,采用"反复强调法"具有合理性和实效性。首先,反复强调即不断强化,能够增强信息的接收者对所接收的信息的记忆,即下属向领导反复强调的内容,能够让领导对其形成较牢固的长期记忆;其次,从领导的角度看,当下属传递给自己的某种信息频繁出现后,能够使他们感知到此信息对下属具有重要意义,从而提高他们对此信息的重视程度;再次,"磨破嘴皮子"和"死缠硬泡"有时让领导"惹得起,躲不起",如果下属提出的建议有理有据,对工作有利无害,领导最终采纳下属的建议便会成为一件很容易解决的事情。

当然,反复"强攻"虽然通常能够取得一定效果,但是如果遇到一个"不爱听你说第二遍"的领导,采用反复强调法去沟通会适得其反。所以,"因人施法""对症下药"是千万切记的。

(二)侧面疏通法

这是一种当下属从正面与领导沟通受阻时,通过他人"转介"沟通,以达到沟通目的的方法。作为被领导的下属,如果他们的重要性不被领导认知或他们的身份和影响力还不足以使领导改变态度,那么,他们的意见或建议即使合理并且可行,有时也会难以得到领导的支持。在采用反复强调法与领导沟通无果的情况下,运用侧面疏通法或许会产生一定的效果。每个人都有自己的人际关系圈,领导者也会"萝卜白菜各有所爱",如果在自己的人际关系圈中或在喜欢自己的领导中有谁能跟自己的顶头上司"说得上话",不妨请他们帮忙代自己去与顶头上司沟通。你的上司的同级领导的话要比你的话有分量,更会引起他的注意。如果你与你顶头上司的上级领导有什么特殊的关系,这位大领导又能为你说话,那么,让领导对你的合理建议给予支持就会变成一件很简单的事情。

(三)实绩启迪法

这是以实际工作绩效作为结果,使领导认知下属的工作成效,进而得到领导支持的方法。

人们对客观事物的认识都需要一个由近及远、由浅入深的过程。领导者对下属工作的认识,也是要经历一个逐步深化的过程的。通常,当某项工作刚起步时,领导对其可行性和重要性的认识和理解总是比较肤浅的。虽然下属的方案切实可行,但没有实际结果,即使描述得再清晰,领导感知到的也只能是一些模糊的抽象概念。实在的工作绩效要比大量的说服有力得多。所以,通过具有实绩的工作结果让领导认识自己建议的重要意义要比你磨破嘴皮子更有说服力。在客观工作绩效面前才能让领导转变态度,才会让他"口服心服"。

向领导展示自己工作"实绩"的方法多种多样。例如:可以在自己可控的范围内,先搞一些小试验,先进行相关工作实践,待取得预期的绩效以后,请领导亲临指导。通常,领导对下属所提出的建议,特别是有关工作创新的方法不予允诺,是怕因失败承担责任。所以,看到试验成功,他们自会给予支持;如果下属所提出的建议已经在其他机构实施并取得绩效,那么,可以安排妥当后请领导去该机构参观,借鉴别人的成功经验能够让下属得到更好的工作绩效,领导肯定是愿意做;如果有关工作方法已经被广泛应用,收集整理相关成功经验呈交领导,这些有效证据能够帮助领导作出下属所希望的决策结果。通过对领导进行“实绩”启迪,有时候往往能够收到事半功倍的效果。

(四)时势施压法

这是通过适度向领导施压,以达到在工作上得到领导支持的一种方法。

虽然这种方法存在可能让领导产生不快的风险,但面对“时间优先级 A”(见第五章)类的事物,对举棋不定、行动迟缓的领导施加一定的压力,使他迅速做出决策,还是很有必要的。一个将工作放在首位的人,的确应该围绕工作思考问题,工作虽非全部,但失去了工作岗位,就等于失去了自己赖以生存和发展的舞台。所以,当“时间优先级 A”类的事物摆在我们面前,如果不及时处理,很有可能会导致重大危险事件出现的时候,我们必须采用“催逼”的方法,让领导果断作出决策。此时“急风暴雨”似的态度和“机关炮”似的表达方式可能会让领导一时很没面子,但当大家齐心协力处置危机、化险为夷后,领导会因你的果断“催逼”把他和大家从危险中“解救出来”而心存感激。

当然,如果事物的优先级别达不到“优先 A 级”,“施压”的方法自然应该缓和一些。下属在采用这一方法时应遵循的基本原则主要有三个。

第一,此方法不到迫不得已时最好不用。

第二,使用“时势施压法”时应讲究方法。即使在处理“优先 A 级”事件时,请求似的“催逼”方式也比命令似的“催逼”方式更能让领导接受。当然,如果你的施压不但没有让领导不快,反而让他乐得受到,即“一个愿打一个愿挨”(通常会出现在男领导和女下属之间),那你实在是“太有才了”。

第三,了解领导的特点对症下药。

总之,运用有效的方式方法,使领导了解你的工作的重要性和可行性,理解你的战略意图,在工作中了解你的人品和能力,通过沟通支持你的工作,是下属为做好本职工作、取得更高工作绩效所必须要做的事情。只有这样,他们才有可能在工作中更多地得到必要的帮助,才有可能把工作做得更好。

最后想要提醒注意的是:

第一,千万不要以为在了解、认知领导的基础上投其所好是什么见不得人的事情。人与人之间无论是工作还是生活,通常都不会总是面对大是大非问题,所以,投其所好或偶尔“克己”而求“他欢”是完全可以接受的。在不违背工作原则和造成自我身心损伤的前提条件下,采用有针对性的方法让领导乐之不怒、舒而不痛、静而不倦、动而不燥,于他于己都是具有积极意义的。

第二,千万不要害怕在领导面前展示你的能力和成绩会招来同行的嫉妒。许多中国人都知道所谓“枪打出头鸟”,该成语出自《增广贤文》:“严父出孝子,慈母多败儿。枪打出头鸟,刀砍地头蛇。风吹鸡蛋壳,财去人安乐。谁言碧山曲,不废青松直;谁言浊水泥,不污明月色……”意即猎人的枪会打露出头的那只鸟——凡好出风头的人会被打压打击。所以,有些人担心在领导面前展示自己会给自己惹麻烦。其实,只要方法得当,便不会出现什么问题。现代管理学认为,下属在领导面前“适度可见”是一种让领导者了解和认识自己的很有效的方法,只要方法适度、频率适度、展示的内容适度,一定会收到良好的效果。

第三,千万不要以为接近领导就是阿谀奉承。我们在工作中经常听到有些下属抱怨领导不重视自己,没有看到自己的工作成绩。其实,抱怨是换不来领导对自己的重视的。遇到这样的问题,下属应该想一想,你是否给领导创造了发现自己工作成绩的机会?如果没有,就要在工作中创造让领导发现自己的机会,就要想方设法接近领导。跟领导距离过远是不可能被领导发现的。

“开会可见法则”是让领导看到自己、了解自己、发现自己的有效方法。

首先,在得到开会通知后,要对会议所讨论的内容进行认真准备。最好将准备好的内容归纳为三点。之所以归纳为三点,是因为“抑制理论”告诉我们:三点内容更容易记忆。

其次,开会要早点去,最好坐在前排中间位置,这个位置是领导一抬眼就能够看到的地方,即使领导环顾左右,你也会在他的余光之中。如果碰巧大家都去得比你早,如果开的是圆桌会议,如果领导旁边的位置空着,你最好不要坐在后排,而是顺势坐在领导旁边,通常许多先到的人都不会选择这个位置,这正好给你带来了机会。开会坐在领导旁边,一来能对他讲的内容听得更清楚;二来他能够看到你认真地做笔记;再就是如果你发言,他能够听得很清楚,如果你事先认真做了文字准备,他也能清楚地看到。经常在会议上被领导看到,让领导“眼熟”,是被发现的基础条件。如果领导对下属一点印象都没有,被发现的机会就会大大降低。

最后,要找机会在会上发言或提问。小会是有很多发言机会的,但也没必要抢着第一个发言,或拖来拖去,犹豫不决落到最后,最好的发言时间应该是在会议中期。在别人发言后稍等一下,你便可以把自己准备好的三点言简意赅地说清楚。如果有人对你所说的内容提出什么不同意见,只要不是原则性问题,可以不做回复。一个经常在小会上有的放矢地说出“三点”意见的人,一定会引起领导的重视,如果有一天领导向其他人全面了解“这个人是谁”时,机会就离自己很近了。在小会上,除了发言外,有时还可以找机会向领导提问。问题自然是围绕领导所讲的内容,所表达的就是你在跟着他的思路走,或已经完全明白了他的意思。

作为上下级关系,下属与领导在工作中面对面的机会并不多,在各种场合抓住这些机会展示一下自己对下属来说是有益的。有些缺乏自信的人,见了领导就像“老鼠见到猫”一样,开会躲到后排,从不开口讲话;特别是在路上远远看到领导走过来,不正面迎上去打招呼,而是绕着领导走。这些行为当然不会让领导产生好感,更别说会被领导发现了。

二、倾听所有人的谈话，对你的领导尤其如此

狭义的倾听是指凭助听觉器官接受言语信息，进而通过思维活动达到认知、理解的全过程；广义的倾听包括文字交流等方式。其主体是听者，而倾诉的主体是诉说者。两者一唱一和有排解矛盾或者宣泄感情等特点。倾听被许多人视为一种有效的沟通方式。倾听者在肢体行为上的表现形式是身体适度前倾，目光专注，注意力集中，以偶尔点头表达理解。倾听时也常伴有语言上的回应，如嗯、哦、对、好的、明白了等。倾听不但能够让听者更容易专注于接受表达者所发出的信息，在听的过程中同时理解、消化所接收到的信息，更重要的是，听者通过自己的肢体语言回馈给表达者的信息是尊重和友善。所以，一个下属总是以倾听的方式面对领导的表达，肯定能够给领导留下好印象。与领导者建立良好的关系，了解是基础，倾听便是在了解的基础上建立良好印象的重要方式，它是下属与领导建立良好关系的重要条件。

有人认为，善于倾听领导讲话的重要特征有下面五点：

第一，边听边思考。要在听的过程中开动脑筋，迅速理解和领会领导讲话的真实含义。“傻听”给领导留下的印象与不听一样差。

第二，表达与领导所述观点的统一。在用心体会所讲内容后，要找机会围绕领导讲话的要点提出一两个问题，或者将他的话扼要复述一遍，表示你的好学及你已经理解了他所讲的内容。因为领导通常都会更加赏识那些不必就某些问题进行反复叮嘱的人。当然，所提问题要注意难易适中。过于简单的问题会让领导觉得你缺乏深度；过于难的问题如果让领导回答不上来，肯定会让领导心存不快。你的表达内容不要过多，不要引经据典，切忌喧宾夺主。

第三，排除杂念。听领导讲话，首先是本着学习、获得新信息的宗旨去的。所以，不必事前“患得患失”。带着这种比较朴素、单纯的想法去听，所表现出的姿态才是真正的倾听。心存杂念去听领导讲话，很容易在肢体语言上表现出做作，这种“伪装真实”很容易给领导留下假模假式的印象。

第四，适度做些笔记。倾听虽然要求直视领导，目光专注，但并非是让听者始终抬着头听。适时低头把自己认为重要的内容在笔记本上记录下来，一来可以加深对领导所讲重要内容的记忆，二来也能反映出你对领导讲话持有更认真的态度。当然，记笔记不是写文章，所以简要记录后应抬起头来继续倾听。长时间把自己的头顶摆在领导眼前，在视觉上会让领导产生不适感，如果许多听讲者同时长时间埋头记笔记，更会让领导感到不安和不快。

第五，精力充沛。如果你在听领导讲话的前一天因某事耗费了大量的体力或脑力，晚上又没能通过休息恢复，那你第二天一定不要面对面听领导讲话。因为先前的透支会在生理上出现一定的反应，通常你是无法掩饰住的。如果萎靡不振、昏昏欲睡的你总是在领导的视线内出现，你的麻烦可想而知。最好的也是最简单的方法就是在听讲前不要喝酒，不要熬夜；如果确实身体不适或生病，按程序请假即可。

三、通过各种方式尊重领导的权威

与下属相比，领导具有更多、更大的权力，下属必须遵从这种权力。面对拥有权力的他们，下属在许多方面应该注意：

1. 勿伤害领导的自尊心

向你领导的上级直接反映问题，常被你的顶头上司们视为“打小报告”，这种被他们视为给自己“穿小鞋”的方式，会伤害领导的自尊，如果你哪怕只做过一次，领导对你的信任也会荡然无存。所以，向领导的上级反映问题，即越级呈请是千万不能做的。另外，与他人谈及领导的私事家事，特别是领导的隐私，很可能给领导带来伤害，如果领导知道对他不利的小道消息来源于你，对你的怨恨可想而知。同时，下属一定要了解领导的基本情况及好恶，避免“当着矬人说短话”，使你的领导难堪，等等。

在日常工作中我们会发现，有些人认为领导做得不对，会与领导“顶牛”，在一些性格刚烈且品性正直的人身上，这种现象更是常见。甚至有些人还会把敢于和领导“顶牛”当成一种美德，但这的确是一种错误的认识。虽然领导可分三六九等，能力、水平参差不齐，有些领导的业务能力确实较差，有些领导道德水平低下，这些都会让那些有能力、有才华的下属觉得憋屈，也会因领导“乱弹琴”而产生不满，甚至对领导的“瞎指挥”感到气愤。正因为这些原因，他们在工作中与领导发生口角上的冲撞才时有发生。这种行为虽可以理解，但不值得提倡。因为与领导因其工作能力、水平导致的顶撞，不但不能得到预想的解决问题的好结果，还会将原本因问题发生的冲突转化为情感上的对立和排斥。试想，为解决问题而采用了某种方法，而使用这种方法得到的最终结果是问题不但没能够解决，当事人双方的感情还受到了伤害，那么这种方法定当确认为无效。所以，以心平气和地讨论的方法取代意气用事“顶牛”的方法，是下属在与领导解决工作问题时所应该采用的方法。事实证明，这种方法不但能够较好地建立下属与领导之间的工作沟通，还能够在有效沟通的基础上增进相互理解。一个领导之所以能够获得某个领导岗位，肯定有其必然的原因，无论他的能力水平多么差，他都具有行使该领导岗位职责范围内所赋予的权力，无论谁对谁错，下属采用与领导“顶牛”的方式解决工作问题，都会被领导视为是对自己权威的挑战，对这样的下属来说，无论其有什么能力、才华，都会因难于“驾驭”而被领导排斥和拒绝。所以，一个既有能力又懂得尊重领导的下属，才能够让领导觉得他是必不可少的，同时又能够让领导意识到他的存在对自己毫无威胁。

不把领导放在眼里的做法是要不得的，一个人能身居高位绝非偶然，纵使真的不学无术，他也会有一套行使权力的方法。有些下属看不出领导有什么能耐，所以看不起他们，以致将领导的一些做法当成他们背后说笑话的材料，以为自己在褊狭的领域里能独擅胜场，且以此自大，这种夜郎自大的笑话，有点智慧的人都是应当予以避免的。一个聪明的下属绝不应该为了把事情做好而与领导冲突，而最终让自己成为一个悲剧式的英雄。另外，尤其应该引起我们注意的一点是，即使自己才华横溢，也千万不可恃才傲物，否则，最终受伤的肯定是自己。在历史和现实中，这样的例子已经够多了。

在任何情境中，都千万不要"让领导靠边站"，否则将会对他造成巨大的伤害。

美国著名的人际关系学大师戴尔·卡耐基以他童年"受伤"的经历归纳出的人生哲理，可以作为我们上述观点的佐证。

1888 年 11 月 24 日，卡耐基诞生于密苏里州玛丽维尔附近的一个小城镇。因家境贫寒，儿时的他常常食不果腹，又因营养不良而长得十分瘦小。但在瘦小的身躯上，却长着一双与头部不很相称的大耳朵。他也因这双又宽又大的耳朵而成为同学们嘲弄的对象。一次，班上一个叫山姆·怀特的大男孩与卡耐基发生了争吵，卡耐基说了几句很刻薄的话将怀特激怒了，他便恐吓卡耐基道："总有一天，我要剪断你那双讨厌的大耳朵。"卡耐基被怀特的话吓坏了，几个晚上都不敢睡觉，他害怕在自己进入梦乡以后会被怀特剪掉耳朵。当卡耐基成名以后，仍然没有忘记他在童年时与山姆·怀特之间发生的事情。他在回忆往事中归纳出了一番人生哲理："要想别人对你友善，要想与同事和睦地相处，处理好上下级关系，那就绝不能去触动别人心灵的伤疤。"

2. 把功劳让给领导

我们在做好领导交办的工作后，要学会把功劳让给领导，这是与领导交往的重要原则。即使这些工作是我们在充分发挥自己能动性的基础上完成的，也不能在成绩面前把自己摆在领导前面。在日常工作中大家都会发现，许多人在讲自己取得的工作成绩前，往往会先说这些工作成绩的取得是某某领导和同志们支持和帮助的结果，这些套话虽然听上去味同嚼蜡，但却被人们认同为是谦虚的表现，听者乐见。相反，在成绩面前一味大谈自己贡献多大、多重要，把领导、同事放在一边，肯定会引发他人的不满和忌恨。另外，即使取得成绩的功劳全部出自于你，如领导在某会议上一字不落地读了你写的讲话稿等，你也要切记，勿在任何场合对任何人说那稿子完全出自你手。对于取得的工作成绩，你一定要明白，之所以能够取得成绩的前提是领导将此项工作任务交办给了你，如果没有这一前提，何来成绩？所以，面对成绩让功于领导，其实是天经地义的事情。当然，自己经过努力取得了成绩自然希望让人们知道，有时觉得不找机会说与人知道就会委屈了自己。其实，一个人做了什么、取得了什么通常都会被大家看在眼里，领导也心知肚明。将功劳让与领导和同事，让他们感知你的大量和宽厚，进而让他们肯定你、称赞你，才更有意义。口碑从来都不是靠自己的嘴说出来的，这一点所有人都应该知道。事实证明，当你把功劳让给领导并让他因此而脸上添光时，领导通常都会找机会还你这笔"人情债"，以给你更好、更多的机会对你进行补偿。这种互惠式的方法许多领导都能驾轻就熟。你把成绩"归功"于他，他给你机会再取得成绩，你再"颂扬"他，他再给你机会，以此循环，大家各取所需、各有所获、各享其果。因此，做好事做到底，既"让"之则安之，想让功就大大方方地让，不要让人觉得你让功是一种虚伪的行为。不与领导争功，在关键时刻把功劳让给领导，不在他人面前张扬你对领导所做的牺牲，不与领导计较个人利益的得失，这些都是下属应该特别注意之处。另外，如果你对即将开会讨论的某项工作的开展有什么好主意，应在开会之前向他汇报，让他在会上谈出来，而不是由你在开会时大声炫耀。

3. 找合适的机会称赞领导

赞扬就其实质而言，是一种特殊的刺激，是针对人们的某些行为和表现，通过口头、书面或肢体语言给予行为者的一种奖赏，是广泛适用于人类个体的二级强化物。当人们面对赞扬时，几乎人人本能地产生愉悦感。虽然在赞扬面前许多人都会表现出谦虚的姿态，但在微笑着推辞或自嘲中内心却会生出一丝得意。下属对领导的行为和能力给予必要的赞扬，对双方来说都是有利无害的事情。对下属来说，对领导的称赞能够表现出他们对领导行为、能力的“有视”，既能体现出他们对领导行为和能力的认同，也表明他们明辨事理。折服于领导的能力，其实就是对领导的尊重。对领导来说，来自下属的称赞是其获得安全感、自尊和自我实现需要的重要条件，往往能够带给他们舒畅和愉悦的内心体验。心理学研究表明，称赞的根本功能在于能够提高受称赞者的行为或反应的概率，即当人们的某种有效行为被认可并得到称赞后，这种有效行为在以后出现的频率会增大。所以，对领导的行为和能力给予赞扬，能够激发他们在以后的工作中更好地发挥领导才能，进而把工作做得更好。由此看来，对领导给予称赞，是利人利己也是有利于工作的事情。

虽然对下属来说称赞领导是一件很容易做到的事情，但无限制的滥用也会产生副作用。对领导的称赞虽然并非“物以稀为贵”，但使用得频繁，也会让领导麻木，从而起不到应有的刺激作用。如果无论大事小事下属都对领导大加赞扬一番，难免被周边同事斥为阿谀奉承、溜须拍马。另外，虽然称赞通常会让领导高兴，但如果领导明明没有把事情做好，或恰恰在某些能力上存在欠缺，而下属却对此大加称赞，这样的称赞给领导的感觉不是讽刺挖苦又能会是什么呢？如果下属“拍马屁”拍错了地方，马自然不会高兴；如果因此心生愤怒，下属很有可能会挨上一脚。

在一个群体中，通常被人们综合评价为最优秀的人所占的比例是3%左右。但是，如果你对一群小学生说：“请认为自己最优秀的同学举手。”你会看到绝大多数学生都会把手高高举起。研究证明，人对自己的评价水平通常都会高于其他人对自己的评价水平，即自己通常会把自己想象得更好。假如领导跟许多人一样也是一个“俗人”，那么他对自己的评价也一样高于大家对他的评价。所以，下属对他们给予1+的评价，才能够与他们的自我评价接近，而1++的评价可能会起到更好的效果。

对领导的赞扬不但表现出对他们正确行为的肯定，也同样表现为对他们存在的认知。一些下属对领导具有接触“恐惧症”，或因害怕被别人扣上“巴结”、“拍马”的帽子，或因害怕不知道如何应对等，故若不是情非得已大都不愿意主动接近领导。这种做法其实是对领导存在的忽视。观察周边，在职场中那些能够得到领导特别宠爱的人，往往在“承上之道”上有其特别的用心，其中重要的方法就是他们在任何时候都不会忘记领导的存在，并且以温馨感人的具体行动表现出对这种存在的认知，其结果不但能够让领导感知到其对自己的敬畏和爱戴，同时也让领导看到了他们的存在。

4. 如果领导能够成为你的导师，那将是你天大的幸运

一个人在职业生涯中如果常有一盏明灯帮你照亮前方的道路，如果能有一位舵手为你把握前进的方向，如果能够有人在你迷茫的时候为你指点迷津，那肯定是天大的幸事。在职业生涯道路上蹒跚前行的人都希望能够得到“贵人”的指引，与其到处寻觅，不如就在自己身边搜寻。你的领导如果认为你是一个人才，如果你的忠诚能够获取他的信任，如果他确是一个拥有雄才大略的领导者，那么，他就是你不二的导师人选。如果真是这样，那你一定要为自己如何成为他的追随者而修炼和改造自己，让自己成为可以在他的指导下迅速成长起来的人。在导师眼里，一个合格的追随者应该是一个忠诚和有能力的人，二者缺一不可，而前者尤为重要。如果一个人有超强的能力但缺少忠诚，那么，他将永远不会被导师纳入追随者之列。所以，学会忠诚，将忠诚养成为一种习惯，并在领导的权威面前将忠诚明确地表现出来，是每一个具有强烈自我实现愿望的人必须要做到的。

四、适时提出意见、建议

批评与赞扬相比，人们都会排斥前者而喜欢后者，除了可能存在批评者缺乏批评的艺术而容易使人反感的原因外，更为客观的是批评和赞扬本身会使人们产生两种相反的心理反应。由于批评会使人感到不快，所以绝大多数人都会有意无意地以种种方式逃避他人对自己的批评或去批评他人。当人们躲之不及与批评狭路相逢时，心理承受能力极强之人也无法掩饰挨批那一刻的尴尬，郁闷之情会在心头缭绕很久，挥之不去。从理性角度看，大家都懂得“人无完人”的道理，大家也知道，对待批评应本着“有则改之、无则加勉”的态度加以接受。平时，我们也经常会听到领导把“欢迎批评”一类的词语挂在嘴边。但实际上，一旦有人真的对他们提出批评时，他们却往往表面接受，实际以拒绝、逃避的态度对待。一位再大度的领导，面对批评也会心生不快甚至愤愤然，对下属的批评尤其如此。所以，下属对领导工作存在的缺陷进行批评，虽然正确，但直接进行批评的方法却不见得有效。不过，如果下属发现领导在某事的处理上明显出现错误，因怕批评难以产生应有的效果或适得其反而抱以“事不关己高高挂起”的态度闭口不言，显然是极不负责任的。既然直接对领导的缺点进行明确的批评不是什么上策，那么，我们能不能找到一种既能够起到批评的效果，又不至于让领导产生反感的方法呢？其实，以提出意见和建议的方式对他们进行批评是一种有效且能够确保自身安全的方法。因为，如果将批评转换为建议，内容不变，却少了直接批评的锋芒，既表达了不同的意见或提出了新的方法、思路，又避免了因直接批评可能产生的刺激而遭领导抵触或拒绝。将批评的内容以提建议的口吻表达出来，既给了领导面子，又能够让他感觉到下属对他工作的支持，这种方式自然能够让领导高兴。如果下属提出的建议被领导采纳后确实对工作绩效的提高起到了积极作用，领导还会因此对你心存谢意，如此，于人于己自然都是有利的。

采用圆通委婉的方式与领导沟通是一种有效的方法。用平和而非激烈的语气对事实加以说明更容易被领导接受。

下属与领导沟通可能存在两个危险点，一是当彼此意见相左时，下属“据理力争”；二

是当领导决策存在偏差或缺失时，下属“犯颜直谏”。虽然古往今来所谓“直臣”气节可嘉，但最终能说服上司的却寥若晨星。采用以上述两种“危险”的方式与领导沟通，从结果上看，除非碰上领导大人有大量“不计小人过”，否则后果难料。

下属在与领导沟通中如果意见不合，可以选择的应对方式有以下三种。

第一，做一个点头人，唯领导马首是瞻。这个方法是为了自保，也能够自保，但是如果领导决策错误，结果便可能是“要活同在，要死同亡”。眼看着领导要死并拉上自己垫背，你难道会心甘情愿吗？

第二，做个“直臣”，当场站出来指出领导的错误。这个方法大公无私，但却也“直播”了领导的偏失和错误，在你成为“直臣”的同时领导便成了“昏君”。这样的结果除了让领导难堪外，你还会被领导永远保存在他意识中的“恶人”区里。

第三，做个“良将”，严守礼节，尊重领导的立场。先让领导明白你已经充分了解了他之所以如此决策的来龙去脉，然后不存半点私心，委婉地说出自己不同的看法，在说明你的观点的过程中你以回避领导的错误的方法对他进行保护。

上述三种应对方式以第三种为适当。

在职场中，职位的高低与话语权成正相关，如果自知自己的职位没有什么话语权，即使发现领导的决策存在错误，也可以不去表达出来。因为定睛其缺陷的人肯定不止自己一个，让与其职位相当或职位更高的人去应对，要比你站出来说话更能起到作用。对职位较低的下属来说，这也算是第一重要的自保的方式。

无论你想提出什么意见或建议，都应尽量以充分的事实和数据来支持你的观点。充实、确凿的论据更加富有说服力。当领导面对翔实的数据时，通常都会给予认可。

要想让你的意见和建议成为理所当然，最佳的方式是通过沟通对领导产生影响，通过说服使领导理解你的意见或建议的重要意义。人的认识过程是由“他知”到“自知”的过程，如果下属能够通过其“他知”最终达到领导“自知”，即下属能够引导领导理解下属的观点，尔后将下属的观点内化为他自己的观点，是最具有信度的。另外，“方案备选”的方法也常被下属运用，这就是由下属提供几个建议方案让领导进行选择，为领导接受他们的意见或建议提供更大的空间，这样更容易达到获得支持的目的。

要准备好回答领导提出的问题。无论领导是否想要拒绝或接纳下属的意见或建议，他们经常会向下属提出一些问题。如果领导想要拒绝，所提的问题一定十分尖锐，下属如果事先对此没有准备而一时语塞，其所提建议便会被立即驳回；如果领导有接纳下属建议的意思，他也会就事论事地提出一些问题，这其实是给下属提供了一个很好的说服领导的机会，回答好这些问题就意味着离你希望得到的预期结果已经不远了。回答领导的提问，一定要稍加思考后再开口，匆忙回答容易忙中出错。如果领导有所主张地对你所提建议进行咨询式的提问，但他所提的问题与你的建议不太一致，你切勿未经思考就立即拒绝，也不能直接否定领导所提出的建议。而是应该用问话的方式来表示你的“反对”，如“我们可不可以这样？”或“您看这样会不会更好一些？”等。当然，如果下属能够用领导所未掌握的资料对自己的意见进行充分的补充,其“反对”意见被接纳的可能性会更大。领导可能会从与下属不同的角度看问题,可能会发现下属所提建议哪些可取、哪些不可取,如果下属对他表达的意见有不同看法,用提问的方式表示自己的异议是最好的方法。

向领导提出批评式的意见和建议时,当然要注意时间、地点、场合、方法。当着众人的面向领导提意见肯定是不适当的。提前与领导约好时间去他的办公室,在安静的环境中以面对面的方式提出你的意见,效果会更好。如果下属与领导约定了谈话时间,应该提前 5 ~ 10 分钟到达领导办公室,千万不要迟到。向领导提出意见、建议,语言表达应简明扼要,突出重点,语速适中,切勿滔滔不绝。

虽然面对面与领导沟通是最好的沟通方式,但如遇领导公务繁忙难于约定时间面谈,下属只能采用书面报告的方式提出自己的意见和建议。虽然以书面报告的方式是无奈之举,但如果运用得当,同样也能收到一定效果。需要注意的是:首先报告不能累赘冗长,最好在 A4 一页纸上把自己想要说的内容写完。美国前总统里根(Ronald Wilson Reagan,1911—2004)在执政时曾要求自己的下属提交“一页纸报告”,他认为:如果下属不能在一页纸中说清楚他们想要说的事情,那么就说明他们对这些事情没有真正认识清楚。当然,如果你对自己提出的意见或建议要进行必要的论证,用一页纸的文字实在无法穷尽你要说明的事物,那你也必须尽可能简明扼要。如果确有必要向领导提交一份篇幅较长的报告,那么,为报告附上一页内容摘要是十分必要的,这样便于领导用较短的时间就能了解你想要说的内容。当然,务必要在自己清晰和全面认识、了解整个问题后再动笔,切勿在论据(特别是数据)上出现错误,至于错别字,那是绝对不能在字里行间出现的。

五、信守承诺

所有领导对言而无信的下属都是不能容忍的。如果你对某项工作提出了意见和建议,如果你在意见和建议中明确表示你能够完成你建议中所谈到的某项工作任务,一旦领导做出决策给予支持,你就必须认真完成。俗话讲“说起来容易做起来难”,就工作提出的一些合理建议,一旦推行你会发现,大都比你想象的要困难得多。这是因为,许多工作的推展都会牵扯到别人,而人际关系复杂多变,新的方法在运行初始又难免会出现各种问题,难以预测的突发事件也会对工作任务的完成造成影响。所以,在遇到以上问题时,一是要积极应对,予以解决,二就是一定要按照承诺克服困难完成工作任务。说出去的话就如同泼出去的水,是收不回来的,下属必须对自己在领导面前的承诺负责,无论在执行中遇到多大困难,只要不是工作或方法本身存在问题,下属就一定要想方设法兑现自己的承诺。

说服领导采纳你的建议,领导决策支持你由此展开工作,说明领导对你已经有了起码的信任。但是,如果下属在推进该项工作的过程中遇到困难就退缩,虎头蛇尾和一鼓作气后不了了之,领导便会对你的可靠性产生怀疑。如果确认原因在你,先前对你所形成的信任便会荡然无存。完成工作任务的过程中的一些突发事件是不可控的,面对其间出现的问题,下属如果力不能及,向领导报告以寻求领导的帮助或指示是很有必要的,虽然求助领导会给他们带来一些麻烦,麻烦多了还会让领导不快,但在他们的帮助下把自己承诺的事情做好才是头等大事。如果面对困难你独自硬挺,最终因身单力薄不能按时完成工作任务,这样的结果给领导带来的不满要比因求助他们而使他们产生的不快严重得多。如果问题出现的原因源于下属自己,而解决这个问题又必须要领导出面,那么,下属应在因烦劳领导后挨批与碍于面子"死撑硬扛"使工作无果而终进而失去领导的信赖两个选择中选择前者。

子曰:"君子讷于言而敏于行。"(《论语·里仁》篇)意为孔夫子说:"君子的修养要尽力使自己做到话语谨慎,做事行动敏捷。"这是孔夫子给所有人的忠言,对所有人来说都应该牢记在心中。

六、要拉近距离,也要保持距离

这样的标题看上去有些相互矛盾,其实不然,这是因为角度不同所致。简而言之,下属拉近与领导的距离,指的是拉近自己与领导的"心理距离";与领导保持距离,则是要保持除"心理距离"以外的其他距离。

"距离"是几何学的基本概念之一,对不同的对象有不同的界定,词典上解释为空间上和时间上的相隔。这里的"距离",人们习惯上确定为自然距离,而很少有人涉及人的内心世界,其实人的心理也存在距离,这种距离表现为各种情感状态。"心理距离说"是由瑞士心理学家、语言学家布洛(Edward Bullongh,1880—1934)提出的。布洛在批判传统美学拘泥于美的客观性的基础上,专注于由对艺术品的观赏而生的心理效应——审美意识或态度,于是他提出了"心理距离说"。他对传统的"距离"概念加以否定,这种概念通常在艺术上指"空间距离"——观赏者与艺术品之间的实际空间距离。而美学距离是一种"心理距离"——即介于我们自身和那些作为我们感动的根源或媒介的对象之间的距离。我们观赏者对于作品所显示的事物在感情上或心理上保持的距离,这种距离由于消除了我们对作品的实用态度而使美感有利于快感,因而使我们对眼前的事物产生崭新的体验。布洛"心理距离说"的实质是指出人的审美活动和人的现实活动的本质区别,强调审美活动中的普遍差异性,为审美活动的独特性和非规律性寻找理论根据,完全排斥对美的本质的追究,强调审美活动中主体方面的美感和艺术修养的重要性。他将西方主观论美学的各派学说加以重新融合,提出了自己的独特见解,有一定借鉴价值。

人际关系是指人们在交往过程中形成的心理关系。人际关系的质量,可以用心理距离来衡量,人际关系的好坏与双方需要的满足与否相联系,如果彼此能够从交往中获得需要的满足,人际关系就发展良好,并有维护的可能性。反之,则产生疏远、回避甚至敌对的心理关系,导致心理距离扩大。如何让我们人类的心灵回归自然,缩小人与人之间的心理距离?其实中国古典哲学"天人合一"的观念给了我们一个很好的回答。这个理念成为2000多年来儒家思想的一个重要观点,认为人和自然在本质上是相通的,故一切人和事均应顺乎自然规律,达到人与自然的和谐。中国人最基本的思维方式,具体表现在人与天的关系上,认为人与自然和谐相处是最重要的原则之一。所以,我们需要回归自然，重建人类与自然之间的和谐关系。

无论在生活或工作中，个人空间都是相对的，它的范围的大小由交往双方的人际关系以及所处情境所决定。简单地说，合适的距离取决于我们和对方的亲疏关系和所处的环境。

美国人类学家爱德华·霍尔(Edward Twitchell Hall Jr,1914—2009)博士就人际关系与距离给出了清楚的解答，它将人际交往划分为四种区域或距离，各种距离都与双方当下的关系相称。

第一，亲密距离。这是人际交往中的最小间隔或几无间隔，即我们常说的“亲密无间”，其近范围在15厘米之内，也就是我们常说的“触手可及”，彼此间可能肌肤相触，耳鬓厮磨，以至于相互能感受到对方的体温、气味和气息；远范围也仅是15厘米到44厘米之间，面对面能够清楚地看见对方的表情和眼神，身体上的接触可能表现为挽臂执手或促膝谈心，仍体现为亲密友好的人际关系。

第二，个人距离。这是人际交往中稍有分寸感的距离，少有直接的身体接触。近范围距离为46~76厘米，相当于两臂的距离，仅能保证相互亲切握手，友好交谈。这是与熟人交往的空间。如果与素昧平生的人保持这种距离，就会构成对别人的侵犯。远范围是76~122厘米。任何人都可以自由地进入这个空间，不过，熟人之间保持的距离更靠近远范围的近距离一端，而陌生人之间谈话则更靠近远范围的远距离一端。

第三，社交距离。这已完全超出了亲密或熟人的人际关系，而是体现出一种社交性或礼节上的较为正式的关系。近范围为1.2~2.1米，相当于一个人竖躺在两人中间的距离，一般在工作环境和社交聚会上，人们都保持这种程度的距离。社交距离的远范围为2.1~3.7米，表现为一种更加正式的交往关系。公司的经理们常用一个大而宽阔的办公桌，并将来访者的座位放在离桌子一段距离的地方，这样与来访者谈话时就能保持一定的距离。如企业或国家领导人之间的谈判，工作招聘时的面谈，教授和大学生的论文答辩等，往往都要间隔一张桌子或保持一定距离，这样就能增添一种庄重的气氛。

第四，公众距离。这是公开演说时演说者与听众所保持的距离。近范围约3.7~7.6米，远范围在10米之外。这是一个几乎能容纳一切人的“门户开放”的空间，人们完全可以对处于空间内的其他人“视而不见”，多用扫视，少有注视，因为相互之间未必发生一定联系。因此，这个空间的交往，大多是当众演讲之类，当演讲者试图与一个特定的听众谈话时，他必须走下讲台，使两个人的距离缩短为个人距离或社交距离，才能够实现有效沟通。

显然，相互交往时空间距离的远近，是交往双方之间是否亲近、是否喜欢、是否友好的重要标志。因此，人们在交往时，选择正确的距离是至关重要的。

当下属了解了人和人之间的距离划分后，便能够通过判断与领导的关系来决定如何控制距离，但是，这种距离并不是一成不变的，下属需要知道如何弹性调节距离，做到不近不远，不亲不疏，这需要一些技巧，在不同的情境中将距离调节到合适的尺度。人际交往的空间距离是可变的，且具有一定的伸缩性。这由具体情境、交谈双方的关系、社会地位、文化背景、性格特征、心境等决定。当情境不同时，因势调节距离能够使下属与领导之间保持和谐的人际关系。

下属在与领导的交往中，还应注意以下几点：

1. 注重文化背景差异

虽然中国人的“大文化”背景相同，但出自于不同地域、不同民族的人都会存有自身与他人不同的文化烙印。特别是在不同“小文化”背景中生长起来的人，如在不同家庭背景或地域环境中生长的人，其生活习性、生活观念都会存在一定差异。这些“小文化”上存在的差异，都会或多或少影响到个人对“自我”和他人的认识、理解。另外，受教育水平存在的差异，不同学科如文、理、工科不同的“学科思维”模式也存在不同，这些同样对人们在认识事物、选取方法解决问题方面产生不同的影响。下属注重与领导在文化背景方面的差异，就能够有意识地在自己与领导所存在的差异中寻找平衡，避免产生冲突。例如，随着高等教育的大众化，社会已经进入“博硕帽子满天飞”的时代，在许多机构中，新入职的员工的学历大都高于领导。如果这些高学历的员工懂得如何与领导相处，他们就会将自己所学的东西与支持领导工作、巩固领导地位结合在一起，这必然会让领导欢喜；相反，如果他们觉得领导是个没有学历或低学历的“老粗”，在领导面前捧着个博士学历得意忘形，那他们早晚会遇到麻烦。试想，一个“老粗”之所以能够成为领导自有其过人之处，这样的人做专业可能不行，但“玩人”或许正是其强项，这样的领导要想拿捏一个不知天高地厚的下属，能力实在是绰绰有余。另外，常言道“秀才遇到兵，有理说不清”，如果下属自以为专业超强，在领导面前张口专业、闭口理论，便有可能在无意中伤害到领导的自尊心，如此，在以后的工作中该人遭到领导冷落甚至被打压的可能性就会大大增加。

对下属来说，对领导的尊重是自己的本分。如果你的确在一些方面比领导强，很想通过展示赢得领导青睐，那你就在工作中尽职尽责，去充分发挥你的创造性，用你的职业素养和工作绩效去“炫耀”你的学识和能力，而不是拿自己的学历与领导比高低。

2. 社会地位差异

一般情况下，社会地位高的人要求有更大的自我空间。领导与下属相比，其具有更高的社会地位，自然需要较大的自我空间。级别越高的领导，其社会地位相对越高，需要的自我空间也就越大。因此，无论下属和领导的关系到了怎样的程度，交情如何深厚，都不应忘记把控好自己的言行，与领导保持必要的时空距离。特别是在众人面前，下属与领导过分亲密的行为，其实就是对领导缺乏尊重的主要表现。

领导与其他人一样，都有自己的隐私。尊重所有人的隐私，是一个人待人处世的基本原则，对领导尤其应该如此。在生活中，即便是最亲密的夫妻关系，也会彼此保留一块心理空间，何况领导或同事。下属在与领导的交往中不要过多涉及彼此的私生活，是下属的明哲保身之道。对领导隐私的尊重表现为不随便打听他不愿意、不主动告诉你的事，不深究他的秘密等。下属在领导面前过度“自我暴露”自己的隐私，把自己像一张白纸一样摆在领导面前，会对领导的自我防御系统产生冲击，让领导产生压迫感和危险感，这种被迫接收下属隐私信息的方法会给领导带来伤害，从而失去应有的人际距离，使原有的人际关系受到影响。

3. 性格差异

性格是指表现在人对现实的态度和相应的行为方式中的比较稳定的、具有核心意义的个性心理特征，是一种与社会相关性最密切的人格特征，在性格中包含有许多社会道德含义。性格表现了人们对现实和周围世界的态度，并表现在他的行为举止中。性格是后天所形成的，比如腼腆的性格、暴躁的性格、果断的性格和优柔寡断的性格等。一般来说，性格开朗的领导相对自我空间较小，较容易让下属靠近，他们也愿意主动去接近下属，这样的领导，下属都会喜欢；而性格内向、孤僻自守的领导，对靠近他的人十分敏感，很难让下属接近，他们更不会主动去接近下属，这样的领导，下属一般都不喜欢。无论领导性格怎样，下属都应以接纳的态度相待。因为，性格只是一个人的个性心理特征，虽然其中包含有许多社会道德含义，但它并非人的道德品质。一个寡言少语或脾气暴虐的领导，完全可能是廉洁自律或充满爱心的人。有些脾气不好的领导，一怒之下可能会骂下属几句，会让下属不快。但中国有句俗话叫“打是亲，骂是爱”，领导之所以敢骂你，是因为他认为你能耐得住，有承受力，如果下属能以平常心态面对领导的责骂，认真改过，反而能让领导增加对你的好感。

古人有“水至清则无鱼，人至察则无徒”（《汉书》卷六十五：班固，32—92，或《大戴礼记・子张问入官篇》），以“清澈见底的水里面不会有鱼，过分挑剔的人也不会有朋友”来告诫人们，待人处世不要太苛刻、过严厉，否则，将无人与之为友。所以，即使下属觉得领导的性格让自己难以适应，也不要纠结于此，而应该在“允许存在”的基础上去挖掘其内在的“美”和“善”的东西，以接纳和宽容的态度对待领导，才可能与领导建立良好的关系。另外，下属在观念上确立与领导平等的意识也是应该注意的。有许多下属觉得领导“架子”大，不好接触，以致不去接触，继而影响到自己与领导建立良好的关系。不可否认，有少数领导喜欢摆架子，但大多数的情况是，领导所谓的“架子”只是下属内心的一种感受，对领导的架子过分敏感的根源，多在于下属自身有自卑感，放弃自卑，这种感觉即会大减。领导也是人，只要下属抱着与领导平等的心态，他们与领导相处也会变得更加容易一些。

对那些喜欢你、你也喜欢的领导，也不要和他们结交为密友。事实证明，密友虽然能够带来许多利益，但同时存在很大风险。领导因犯错误将下属牵扯进去的事件并不鲜见，所以，与领导建立什么样的关系，首先要牢记的是安全第一。

在下属与领导建立良好的人际关系的过程中，还应注意自己分别与不同级别领导之间关系的平衡。通常，下属与自己的部门领导保持更近距离的关系，不会引起其他部门领导的不满。但是，如果下属与其他部门的领导关系紧密，但与自己部门的领导较为疏远，那肯定会引起顶头上司的猜忌，会对自己与上司建立、保持良好关系产生不利影响。不过，人有好恶，下属在工作中可能对有些领导更加喜欢，这是自然现象，无可厚非，只是应在接触中注意，别在大庭广众之下让一些自己不喜欢的领导觉得你“冷落”他们纯属故意，这样，一般便不会有什么问题。

通常,个别同级领导之间会存在矛盾,甚至会因矛盾而对立,更甚者会成为“死敌”。下属如果知道他们之间存有矛盾,在分别与他们相处时就要格外谨慎小心。领导之间的矛盾不一定露于表面,下属有时看不出来,即使能够观察到一些,也不可能了解得很清楚,或者根本不知道矛盾的实质所在。所以,与同级领导相处,在感情和态度上保持“中立”,对领导亲疏有度,实行“等距离外交”是比较安全的。由于身为下级,介入领导之间的矛盾纷争肯定是非常危险的。如果因工作需要必须回答领导的相关问询时,应据实反映自己了解的情况,即使自己对某个领导有看法,也不应带有偏见,更不能感情用事,添枝加叶。无论谁是谁非,“看人下菜碟”,听大领导的不听小领导的,听自己顶头上司的不听其他领导的,这种行为都会被大多数人视为“小人行为”,而在同事、领导眼中的“小人”,是不可能得到机会的。

对下属在工作中与领导之间可能出现的问题,一些学者就“下属遭到领导误会,该如何处理”这一问题给出了一些有益的意见和建议。

亚洲资源公司执行董事王李(http:www.bnet.com.cn/2011/0726/2049038.shtml,2011年7月26日):如果你喜欢现在的工作,问题只是你的老板感到有点威胁的话,在我听来你并不是想超越你的老板或是和其作对,你只是想把工作做得更好,那么你就需要和你的老板做好沟通。让你的老板明白,这是他的决定,你只是执行而已。你也不要对自己的想法太坚持,因为他是老板,决定是他做的,你要让他明白你很清楚这一点,你只是表达一下自己的想法和方案,决定还在他。作为下属,这是你能做到的最好的,你也只能做到这步。但如果这样的情况对你造成困扰,比如你的老板不采纳你的想法,由此影响你的职业成功以及工作能力,那这种情况对你是很不利的。总之,如果你尊重老板的决定,只是你有些更好的想法,那你不妨将你的想法清楚地告知老板,让他决定是否采纳你的建议。问题的关键是,你的老板感到了威胁,所以作为下属,你要让他安心,你并不是想和他作对,只是提供些信息,但决定还在他。

独立策划师Bill Zhao(http://www.bnet.com.cn/2011/0726/2049038.shtml,2011年7月26日):你能真正做到对事不对人吗?对大多数人而言,答案是不可能。

那么,你认可或喜欢你的老板吗?如果你不能站在他的角度在哪怕是最不明智的决策中找出不合情但可理解、不合理但无奈的理由,答案就是否定的。如此,你和你老板之间必然存在深层次的信任问题,任何事务层面的东西,都是表象而已。

作为下属,特别是有能力的下属应该明白,老板在保护权威和提高整体业绩之间,大部分人会选择前者,这和道德无关。

能改变的只有你自己,建议你从基本礼仪做起,逐渐在心态上改变自己来证明你表达忠诚和坚持理性的人格。

至于做事层面,希望在你老板的思路或战略的基础上多做分析、论证、细化工作,少做那种假大空的空谈。

人力资源专家刘颖(http://www.bnet.com.cn/2011/0726/2049039.shtml,2011年7

月 26 日):一般来讲,老板不会不欢迎能力优秀的员工。但当他感觉个人的权威受到挑战以后,会不知不觉有些流露。不妨去和你的老板坦诚地沟通一下。可以以某一项具体的工作作为切入点来谈,和他沟通你的想法和方案,向他做请示。随后,再带出你现在在一些工作上所感受到的压力,说出你的疑虑和担心。敞开心扉,真诚相待,相信你们的误解会很容易消除。毕竟,大家的目标是相同的,都是期望把业务做好。

七、忠诚

忠,《说文解字》解释为:"敬也。从心,中声。"《玉篇》解释为:"直也。"《增韵》解释为:"内尽其心,而不欺也。"《疏》解释为:"中心曰忠。中下从心,谓言出于心,皆有忠实也。"《六书精蕴》解释为:"竭诚也。"《传》解释为:"事上竭诚也。"

"忠"后来成为儒家思想的核心之一,原指为人诚恳厚道、尽心尽力,尽力做好本分的事。有忠诚无私、忠于他人、忠于国家及君主等多种含义。如"志虑忠纯""君使臣以礼,臣事君以忠""尽心于人曰忠,不欺于己曰信"。随着古代中国君主集权的形成和加强,"忠"成为特指臣民服从于君主及国家的行为规范和准则。宋代以后,"忠"在一定程度上发展成为臣民绝对服从于君主的一种片面的道德义务。

现在人们通常将忠诚释解为待人真心诚意、尽心尽力,没有二心,诚信和服从。

作家淘沙(沃野,别署淘沙,本名周邦珍)有一首题为《忠诚》的诗作,这样写道:

想起这个字眼就会让我们深深感动
忠诚,人性中最宝贵的品质
比铂金更加贵重
它是对誓言的坚定守候
即使舍弃生命也决不后悔变通
它是对信念的执着追寻
即使大雪迷途也决不半路折中
它是对理想的不懈求索
即使脚踏荆棘也决不喊苦叫疼
忠诚,只有危难时才会浮现出珍贵的面影
只有逆境中才会展现出光辉的真容
那在安乐窝里培养的所谓感情
那在风月场上产生的所谓爱情
注定需要经过磨砺才能得到验证
注定需要经过风雨才能见到彩虹
人们说缺什么也别缺少财富
而我要说:要想真正得到幸福
就千万不能没有忠诚

忠诚有益,世人皆知。领导希望自己的下属对自己忠诚,是因为他们知道,管理就是让下属为自己做事,也就是说一个领导对下属的管理是否有效,可以从其下属是否积极努力地为自己做事方面予以评判。要让他人替自己做事,要让他人积极努力地替自己做事,就需要他人有为自己做事的理由即动机,因此,动机就成为一切管理的首要条件,解决了这个问题,一切管理才会有效。领导者需要在社会化劳动中的下属忠诚,根本原因就是因为忠诚本身就是劳动与付出的动机之一。有了忠诚,领导才能有效地带领和管理他的团队。由此,领导为什么更加喜欢和重用忠诚自己的下属的问题便很容易找到答案了。

在现实中将忠诚定义在人际关系领域是一种普遍的存在。从人格角度讲,忠诚与否确实是人的一种属性(一种稳定的行为模式和持续的人际关系),拥有稳定健康的人格的人在一般条件下会相对的稳定,如果建立了需要忠诚的上下级关系,自然也会表现出忠诚。忠诚也是社会化劳动效率保障的重要因素,是主观和客观的需要,对于一个组织而言,忠诚应该是这个组织管理活动的一个重要组成成分,是管理的一个重要内容。在一个组织中,忠诚是不是一个长期稳定的普遍存在,反映了该组织管理的效率状况。所以,忠诚是有效管理的结果。

领导首重忠诚,次重才干,一是因为一个忠诚的人能死心塌地地为他做事,让他用得安心;二是能够提高管理效率,为机构创造更多绩效。所以,有了忠诚便可一举两得。但是,忠诚并非表现为丧失自我迎合领导。松下幸之助讲过:“忠诚的表现是坦率和诚恳,而不是一味迎合他人,一个信守忠诚的人必能经常保持自己的作风,不会摇摆不定,所以内心不会有愧疚之感,也才能无忧无虑、正正当当地做自己的事;如果不忠诚,内心会有愧疚,表现的态度也不自然,而使人觉得无法信赖。”

理性的忠诚是一种最佳的忠诚,这种忠诚能够在面临考验时显示出来。例如某部门某日接到上级领导的指令,该指令在工作人员间传阅之后,引起一片反对声。在沟通会上,夹在中间的部门领导坦白承认,他也对上级领导在指令中所提的方案持保留态度,而且已经向上级表示反对。“但是,”他说道,“上面也许看到我们大家都没有看到的事情,我们只有试过之后,才能知道他们的看法是对是错。只有当我们按照他们的办法推动失败之后,才能证明我们的看法是正确的。上面已经把这个方案下达给本公司各个部门,现在是不会撤回的。我已告诉上级说,这个方案如果在别的部门推动得了,我们部门也能办到。现在我们就开始认真执行吧。”这便是一种理性的忠诚,它得到的回应是团队成员的支持,而非迟疑和反对。

4.1.2 学会经营与下级关系的能力

一个强有力的领导的身后,一定有一个强有力的团队,这个团队中的成员,对领导者一定具有较高水平的遵从。团队成员对其领导遵从,不是一天两天便能够形成的,而是需要一个从统一到认同，再由认同到内化的过程。也就是说，该团队的领导者必须具有经营与下属关系的能力，并通过经营与下属建立良好的人际关系，才能够进一步采取有效方法使团队变得有力，并使自己成为有力的领导者。所以，一个领导者，学会经营与下属关系的能力，是建立、带领一个优秀团队的基础。

一个领导者，通过以下方法，方能够与下属建立良好的人际关系。

一、寻找可能的机会称赞下属，并用批评的方式表达友善

每个人都是愿意听到别人的赞扬的。领导喜欢听下属说他很强，下属更喜欢领导说他们很棒。这是因为，人们追求荣誉就如同人们追求美一样，具有普遍性和持衡性。也有人认为，人们追求荣誉是一种“天性”，满足这一“天性”，是每个下属都乐得的事情。领导对下属的称赞，是给予他们荣誉的一种基本形式，即是对他们所追求的“天性”的满足，当然会让下属喜闻乐见。得到领导的肯定或称赞，下属会产生荣誉感，这种荣誉感又能够转化为他们投入工作的主动性和积极性，以此形成循环，使工作得以更好地开展。如果把下属在工作中取得良好绩效视为工作的一种“正能量”的话，那么，领导的称赞，就是对这一正能量的肯定和再激发，能够使其再现绩效的比率大幅度提升。《人类行为学》研究证明：人的某种行为结果如果能够给其带来利益上的回报，这种行为再次出现的可能性就会增加，如果这种行为结果同时得到外界普遍的肯定评价，那么，这种行为再现的概率就会更大。由此可见，领导对下属的工作成绩给予称赞，不单单能够使下属得到心理上的满足，还是激发下属以同样的方式投入工作以继续取得更多工作成绩的过程，其最终结果是领导在下属的“人心”和工作绩效两方面获得“双丰收”，也使领导与下属获得“双赢”。

寻找可能的机会称赞自己的下属，其实是一件简单易行的事情。比如，当你的下属完成了一项工作任务，取得了一些成绩。在工作总结会上你对他说：“你做得很好，我为你所取得的成绩感到高兴。”然后你继续道：“成绩只代表过去，你还要继续努力，争取以后做得更好。”你的两段话既表达了对下属工作的称赞，又表达了对他今后工作的期待，两者放在一起，对下属既有肯定，又有激励，自然让下属高兴。但是，如果你只将“成绩只代表过去，你还要继续努力，争取以后做得更好”的话说给下属，那下属可能就会郁闷了。

赞美之于人心，如阳光之于万物。如果领导时常对下属卓越的工作表现给予有意义的赞赏，就如同阳光经常普照万物，而作为下属的这些“花朵们”，又怎能不将笑脸和果实回馈给领导呢？

虽然称赞有益，但是如果领导对下属的称赞不能持续，量度递减，便会降低称赞对下属所产生的积极作用。如果由先期的称赞转变为贬斥，便会引起下属的反感和不满。

美国社会心理学家艾略特·阿伦森（Elliot Aronson）曾做过一项心理学实验，实验将被试分四组，由四组对某一人给予不同的评价，借以观察某人对哪一组最具好感。第一组始终对之褒扬有加，第二组始终对之贬损否定，第三组先褒后贬，第四组先贬后褒。此实验对数十人进行测试后发现，绝大部分人对第四组最具好感，而对第三组最为反感。

该实验研究后被人命名为“阿伦森效应”。通过实验,阿伦森认为,人们大都喜欢那些对自己表示赞赏的态度或行为不断增加的人或事,而反感上述态度或行为不断减少的人或事。

究其原因,主要是挫折感从中产生了作用。从倍加褒奖到小的赞赏乃至不再赞扬,是一个从多到少、从少到无的递减过程,这种递减会导致当事人产生一定的挫折心理。由于这种递减带给当事人的挫折感较低,所以一般人都能够比较平静地承受。但是,如果继之不予褒奖反遭贬斥,当事人的挫折感便会增大,使一般人难以承受,继而引起人们的反感和不满。

“阿伦森效应”带给领导者的启示是:在日常工作中,如果自己称赞肯定下属的方法不能持续或由经常性称赞转为不断地批评,就会引起下属的不满,就会使下属对自己原有的良好印象向不好的印象方向转移,进而影响与下属之间的关系。所以,适度、合理地对下属进行赞扬和批评,让两种方法在建立领导与下属良好人际关系中发挥积极作用,这一点是领导者应该注意的。

称赞虽然是领导应该常用的肯定下属的一种方式,但如果下属做错了事情,自然是不能用称赞给予肯定的。这时,批评则是领导拒绝下属犯错所通常采用的方法。对错误的事情给予否定评价,是科学的、正确的,也是必需的。但是,对犯了错误的下属采用急风暴雨式的否定或像“寒风扫落叶一样残酷无情”的批评,虽然能够强烈地表达领导者对错误的坚决拒绝,但在情感上却会给下属造成伤害。所以,理性地把握批评的尺度、巧妙地使用口头语言和肢体语言,让自己在对下属批评的过程中表达出一种善意,让被批评者在被批评后内心产生获得“友善帮助”的心理体验,这样的批评手法才是最高明的。做到这一点,有些方法可供参考。

1. 就事论事

虽然错误都是人犯的,但批评时应该就事论事,而不是就事论人。事是死的,人是活的,事比人简单,人比事复杂,所以,把死的事情拿出来说,要比把活的人拿出来说更容易说清楚。当然,就事论事进行批评,自然会涉及做错事的人,也会让当事人产生不快的心理反应,这是完全正常的。试想,假如某人因工作出错挨批,此人被批后不痛反快,那便一定要送其去看心理医生了。就事论事的批评,是探究出现错误的原因,如方法上存在问题,所批的是某人方法使用不当,当事人在被批后,会意识到领导心存善意,是对其“友善帮助”;而就事论人的批评,是将出错的原因指向使用方法的人本身,所批的是某人身心的问题,已经由事“迁怒”到人。试想,如果某下属犯错,领导不去帮其查找方法的非“性质”层面存在的原因,而是对其道德、品格、态度、能力等方面加以否定,其对当事人的伤害程度一定是相当大的。使用这种方法,下属挨批后会对领导心生嫉恨。因此,如果领导经常使用这种让下属产生“恶感”的批评方式否定下属,便有可能将下属变成自己的对立者,日久天长,因批评“树敌”过多导致矛盾激化,领导被下属“革命”的那一天便很快就会到来了。

2. 善意提醒

如果你的下属以前做事一贯认真、负责，偶尔不知什么原因让他忙中出错，面对他所犯的错误，领导进行善意的提醒要比直接对他进行批评效果更好。

例如：当领导看到下属提交的一份报告在文字中有一些错别字时，采用直接批评的方法对报告的撰写者的大意、疏忽进行批评，的确能够对犯错者起到警示作用，这种批评方式虽然无可厚非，但却缺少人情味。一个高情商的领导，更可能采用善意的方法，以"隐含批评"的方法指出下属的错误。如用温和的口气对他说："平时你递交上来的报告好像从来没有出现过错别字，一直让我感到非常满意，但是今天好像跟以前有点不一样，我想你以后还会做得很好。"在上述语言中，我们看不到直接批评中常用的"不好""不对""存在错误"等，但在其中，却清楚地将下属存在的错误表达出来，只是简单几句，下属便能够明白自己的问题所在，问题也就随之得到解决。对下属来说，其得到的不仅仅是领导对其提出的"批评"；更重要的是，他格外收获了领导爱护下属的"拳拳之心"，这对他们形成对领导的遵从一定具有积极的作用。

3. 把"如果我是你"挂在嘴边

让下属知道如何改正错误，是需要他们从学习中得到的。让他们学习到好的工作方法，领导是最直接和最好的老师。既然是老师，通过循循善诱的方法去引导下属认识问题所在，并授之以解决问题的方法，才是最有效的。领导采用设身处地"角色互换"的方法，能够让下属更为真切地理解并掌握新方法，实践证明，该方法能够在诱导下属改正错误中起到积极的作用。"角色互换"的方法通常以"如果我是你"开始，"我会这样做"结束。"如果我是你"是领导站在下属的角度思考问题，从下属"主体我"的角度审视出现的问题，这时，领导将自己视为"犯错者"，其所扮演的角色与真正犯错误的下属同一，这时的领导和下属，已经没有了上下级的关系，而是共同处在平等的层面。"同年龄者群体"理论告诉我们，同年龄的人由于年龄相仿、身心特征相近、环境影响程度相同、社会经验水平相似性较大等因素，其在群体中个体间相互影响的程度较高。相互平等的关系，又使他们认为，"同龄伙伴"的意见或建议更具有可信性。在"如果我是你"中，领导所扮演的角色就是下属的"同龄伙伴"，这时，"同龄伙伴"的诸多相似性能够成为下属愿意与之趋同的基础，从而使领导的"我会这样做"在下属身上产生更高的被接受性。作为"同龄伙伴"的领导的"我会这样做"一旦以较高的信度被下属内化并转化为行为方式，纠正下属错误行为的目的就达到了。其间，又由于领导角色扮演的"同龄伙伴"都是以提出意见和建议的口吻表达对下属错误行为的"批评"，自然能让下属体会到领导"善意帮助"的友善用心，多被下属理解为关怀和爱护，进而常使下属在被批评后还心存感激之情。这样"一举两得"的方法因在批评下属中效度很高，所以，应该为各层级领导在工作中经常使用。

"赞赏于众人前，批评于个别中"应该是每一个领导常用的与下属沟通的技巧，经常使用这一技巧便会养成行为习惯。如果一个领导能够总是在众人面前称赞下属，而从不在众人面前批评下属，那这个领导就一定能够赢得更多下属的心。

二、信任下属，避免过度监督

疑人不用，用人不疑，是许多领导用人的基本态度。如果某领导刚来到一个新的部门任职，首先要做的事情就是全面了解自己的下属。听取他人的评价和通过观察、谈话是了解下属的重要途径和方法。除此以外，通过安排具体工作任务或设置一些考察情境对下属进行能力考核及待人忠诚程度考察也是全面认识下属的重要方法。领导了解、认识下属，一是为了知人善用，即能够在合适的时候用合适的人去完成合适的工作任务；二是可以将可信、可用之人留在自己身边或放在重要的岗位上，让他们为团队做出更多贡献；三是能够通过有效方法挖掘下属潜能，让下属尽快成长起来。当然，对那些经过了解和考验被确定为不可用的人，也可以进行教化，使他们成为可用之人；四是为保护自身和团队安全，远离“可疑之人”或让不可用之人离开团队。

因为人际关系错综复杂，在团队中领导所用的人，并非都是“以自己意志为转移”的想用或可用的人，领导常会被迫使用一些自己不想用的“疑人”，对于这些不得不用之人，采用较多的监督和防备是明智之举。但是，那些经考验被确定为可用之人的下属，应该给予他们充分的信任，给他们更大的自由空间。“契约理论”告诉我们，当管教者给予被管教者更大的自由空间后，被管教者更能够按照“契约”约束自己的行为。所以，对可用的下属给予充分的信任，适度对他们进行监督而不是过度的监督，才是高明的用人之道。

“可疑之人”的存在，会造成团队成员的损伤，特别是那些具有“投射效应”的下属，这种人以己度人，认为自己具有某种特性，他人也一定会有与自己相同的特性，把自己的感情、意志、特性投射到他人身上并强加于他人，因而容易造成团队成员之间的矛盾、纷争，使人际关系出现裂痕，以致对领导与下属建立良好的人际关系产生负面影响。所以，想方设法将此类人剔除出自己带领的团队，也是领导必须想办法做的事情。

三、给下属自由表达的权利

有人认为，在团队中给团队成员自由表达的权利，形成一种团队成员自由表达意见的氛围，是一种优秀的团队文化。其实，其意义远不止如此。一项由美国哈佛大学心理专家乔治·埃尔顿·梅奥(George Elton Mayo,1880—1949)教授为首的研究小组在20世纪20—30年代所做的心理实验证明，让企业员工自由表达自己的意见，让他们将他们的抱怨宣泄出来后，其工作效率会大大提升。这项于1924—1933年，由研究人员在美国西部电气公司霍桑工厂所进行的有关工作条件、社会因素和生产效益关系的实验被称为霍桑效应。

霍桑实验分为四个阶段：阶段一是车间照明实验——“照明实验”；阶段二是继电器装配实验——“福利实验”；阶段三是大规模的访谈计划——“访谈实验”；阶段四是继电器绕线组的工作室实验——“群体实验”。

在第三阶段，大规模的访谈计划——“访谈实验”中，研究者认为，既然实验表明管理方式与职工的士气和劳动生产率有密切的关系，那么就应该了解职工对现有的管理方式有什么意见，为改进管理方式提供依据。于是梅奥等人制订了一个征询职工意见的访谈计划，在 1928 年 9 月到 1930 年 5 月不到两年的时间内，研究人员与工厂中的两万名左右的职工进行了访谈。

在访谈计划的执行过程中，研究人员对工人在交谈中的怨言进行分析，发现引起他们不满的事实与他们所埋怨的事实并不是一回事，工人在表述自己的不满与隐藏在心理深层的不满情绪并不一致。比如，有位工人表现出对计件工资率过低不满意，但深入地了解以后发现，这位工人是在为支付妻子的医药费而担心。

根据这些分析，研究人员认识到，工人由于关心自己的个人问题而会影响到工作的效率。所以管理人员应该了解工人的这些问题，为此，需要对管理人员，特别是要对基层的管理人员进行训练，使他们成为能够倾听并理解工人的访谈者，能够重视人的因素，在与工人相处时更为热情、更为关心他们，这样能够促进人际关系的改善和职工士气的提高。

霍桑试验的研究结果，由梅奥在他 1933 年出版的著作《工业文明中的人的问题》一书中进行了全面阐述，其见解可概括为以下六点。

第一，以前的管理把人假设为“经济人”，认为金钱是刺激积极性的唯一动力；霍桑实验证明人是“社会人”，是复杂的社会关系的成员，因此，要调动工人的生产积极性，还必须从社会、心理方面去努力。

第二，以前的管理认为生产效率主要受工作方法和工作条件的制约，霍桑实验证实了工作效率主要取决于职工的积极性，取决于职工的家庭和社会生活及组织中人与人的关系。

第三，以前的管理只注意组织机构、职权划分、规章制度等，“霍桑实验”发现除了正式组织外还存在着非正式团体，这种无形组织有它的特殊情感和倾向，左右着成员的行为，对生产效率的提高有举足轻重的作用。

第四，以前的管理把物质刺激作为唯一的激励手段，而“霍桑实验”发现工人所要满足的需要中，金钱只是其中的一部分，大部分的需要是感情上的慰藉、安全感、和谐、归属感。因此，新型的领导者应能提高职工的满足感，善于倾听职工的意见，使正式团体的经济需要与非正式团体的社会需要取得平衡。

第五，以前的管理对工人的思想感情漠不关心，管理人员单凭自己个人的复杂性和嗜好进行工作，而“霍桑实验”证明，管理人员，尤其是基层管理人员应像霍桑实验人员那样重视人际关系，设身处地地关心下属，通过积极的意见交流，达到感情的上下沟通。

第六，提出了领导活动中一个值得重视的问题，即非正式组织对领导效能的影响。企业中除了存在着为了实现企业目标而明确规定各成员相互关系和职责范围的正式组织之外，还存在着非正式组织。这种非正式组织的作用在于维护其成员的共同利益，使之免受其内部个别成员的疏忽或外部人员的干涉所造成的损失。为此非正式组织中有自己的核心人物和领袖,有大家共同遵循的观念、价值标准、行为准则和道德规范等。

在自由的环境中,人们的压力就会降低。如果下属在与领导一起讨论问题的过程中,总能够感觉到领导的宽厚和包容,总能够让他们感觉到舒畅和愉快,总能够让他们感觉到领导和蔼可亲。那么,他们怎么会不喜欢这样的领导呢?另外,有人认为,领导与下属沟通的技巧之一是“聆听占80% ,说话占20% ”。看来,在与下属讨论问题时,领导多听他们说,也是赢得下属的好方法。美国南加利福尼亚大学教授沃伦·本尼斯(Warren G. Bennis)把不听下属意见的领导者称为“耳朵疲惫的人”。之所以这样说,可能是考虑到对一个承担着重大决策责任的上司来说,事事垂询,并且尊重和自己处在不同级别上的下属的意见不是一件容易的事,有时必须把自尊心和情感上的障碍都放下来才可能做到这一点。因此,领导要时刻谨记“一个人不可能是万事通”这个普遍真理。

四、关心下属,和下属建立工作感情

人是感情动物,感情是人与人之间建立关系的纽带。有血亲关系的人,他们的感情是“天生的”,所以更容易建立良好的情感关系。领导和下属大都来自五湖四海,他们为了自己的目标走到了一起,在这种没有血亲的人际关系中,相互之间的感情只有通过在工作中有效磨合才可能培养起来。人都是需要他人关心和关爱的,关心下属,和下属建立工作感情,是领导建立与下属良好人际关系的重要内容。

《成功人士99个领导细节》(凡禹.武汉:华中科技大学出版社,2009.)一书中这样写道:没有领导者对下属的真正关心,也就不可能出现下属对公司集体的真正忠诚。现代公司文化要求加强公司全体人员的一体化意识和共存共荣的观念,而这种公司文化的建立在很大程度上依赖领导者和公司员工的情感交流。这种情感交流所形成的牢固纽带,不是金钱财物可以比拟和替代的。

关心下属,下属才会吐露自己的肺腑之言,领导才能听到正确的反馈意见,才能做到耳聪目明、言路畅通,才能集思广益,汲取群体的智慧;关心下属,下属才会将心比心,领导才能在自己需要的时候,有下属心甘情愿为他赴汤蹈火;关心下属,下属才会将感激化作动力,才能以更大的热情投入到工作之中。

(一)关心下属的方法

关心下属的方法多种多样,其中,较为常见的方法就是在下属需要的时候为下属说话。下属在有需要的时候,总是希望领导能够帮他们说话。经常能够在关键时刻为下属说话的领导,往往能够得到下属更多的青睐。所以,关心下属,领导必须知道在哪些方面应该为下属说话。

1.面对伤害下属利益的某些错误决定,一定要站出来为他们说话

旗帜鲜明地反对错误的东西,是一个正常人的正义之举。领导都应该是一个正常的人,但要在面对错误时做出正义之举,有时是需要一些胆量的。因为,他们所反对的虽然是某些错误的事,但难免会涉及做出这些错误事的人。特别是如果这个做错事的人身置高位,反对他所做的错事,肯定会存在一定风险。不反对,有违做人、做领导之道;反对,

又将自己置于风险之中。是不是有一种既反对了错误，又能够减低自己风险系数的方法呢？“群体反对”的方法就是这样一种方法。一个人站出来反对领导的错误，其勇敢和敢于担当的精神的确可嘉，但如果遇到私心重于公心的领导，恐会带给自己“枪打出头鸟”的噩运。而“群体反对”因为反对者众多，能够分散该领导的注意力，进而起到分散风险的作用。中国有句俗话叫“法不责众”，如果大家都起来反对，个人受到责罚的概率就会大大降低。另外，众人拾柴火焰高，如果面对错误，大家都一致反对，这种错误最终得到纠正肯定是必然的。但是，如果领导明知某些错误的决定会给下属造成伤害却熟视无睹，或为不得罪上级领导而闭口不言，那便无异于“为虎作伥”。事实证明，对遇事总是以自保为先的领导来说，最终的受伤害者一定是自己。

2. 在为下属争取应得的利益时，一定要站出来为他们说话

人们常说，任何企业都是追求利益最大化的，作为规律性的客观存在，这一点被人们广泛接纳和认同。但人们也会发现，很少有人说，企业员工也应该追求利益最大化。难道，在企业追求利润最大化的同时，企业员工就不应该追求利益最大化吗？

卢俊卿在《企业追求的不应该是利润最大化，而应该是幸福最大化》（http://blog.sina.com.cn/s/blog-5e877f86010170m9.html，2012 年 8 月 20 日）一文中指出：从传统的经济学意义上讲，企业仅仅是一个以营利为目的的生产经营单位，利润最大化是其关注的首要目标，企业利润最大化是企业生存的初始动力，企业应该尽可能地去实现利润。然而，随着经济和社会的不断发展，企业以利润最大化为首要目标的观念越来越受到质疑。任何一个企业，对于自己的员工、客户、股东以及推进整个社会的有序发展都负有不可推卸的责任。他认为，企业要实现这些责任，应该以追求幸福最大化为目标，而不是利润最大化。

他提出，企业的四大责任是：为员工创造幸福，为客户创造价值，为股东创造回报，为社会创造福祉。这四大责任归根到底是两个字，幸福。幸福是人们追求的起点，同时也是人们追求的终点。员工是为幸福而工作的，企业是因满足员工幸福感而存在的。所以，企业的根本目标应该是追求幸福最大化，而不是利润最大化。利润最大化是幸福最大化的物质基础，幸福最大化是利润最大化的根本保障。两者相辅相成，对立统一。

他认为，企业的幸福最大化有很多内涵，其中最核心的就是要不断满足员工（包括老板）的幸福需要。当员工关于幸福的需要得到满足之时，他们就能在工作中感受到无穷的快乐，并不断寻求自身的成长，同时对未来充满了希望。员工是企业最宝贵的财富，员工获得了幸福最大化带动的将是为客户带来高质量的产品和服务，为股东创造高额的回报，为社会创造最大的福祉。当然，在这个过程中，企业也会很顺利地创造利润，实现幸福最大化与利润最大化的统一。

他认为，要真正实现企业的幸福最大化，并不是一件易事，只是依靠喊口号是断然不行的。企业要真正实现幸福最大化，必须全力着手幸福企业的建设，从企业的愿景、企业经营的哲学、企业的核心价值观等入手，转变企业的核心经营理念和管理理念。当然，最重要的是,企业应该进行建设幸福企业的五项修炼,即快乐工作、共同富裕、共同发展、受人尊敬和健康长寿,全方位地把企业打造成一个员工满意、客户满意、股东满意、社会满意的幸福企业。

从上述观点可以看出,幸福最大化的内涵,首先是"为员工创造幸福","不断满足员工(包括老板)的幸福需要"。而为员工创造幸福、满足员工的幸福需要,则必须满足他们获取应得利益的需要。如果说企业员工追求利益最大化与企业追求利润最大化一样都存在"瑕疵"的话,那么,满足员工获取应得利益的需要则是毫无问题的。所以,领导在为下属争取应得利益时站出来为他们说话,肯定正确的。

以企业追求幸福最大化作为参照,那么,不存在从产品中追求利益的机关和事业单位,追求员工幸福最大化也是理所当然的。所以,这些机构的领导在为下属争取应得利益的时候也应该站出来为他们说话。

3. 在下属的合法权益受到侵害时,一定要站出来为他们说话

在机构内部通过各种方式维护下属的权益不受侵害,是机构领导容易掌控和把握的。在处理来自于内部的侵害时,只要领导本着公平、公正的态度站出来为受到侵害的一方说话,对他们提供保护、为他们主持正义,问题通常都能够得到解决。但是,有时下属的合法权益会受到来自于外部的侵害,由于侵害源在外,在解决问题的过程中机构领导说了不算,所以有些领导会把自己定位为"旁观者",不情愿"有所作为",这种行为方式虽然无可厚非,但却失去了表达自己关心下属的机会。所以,即使侵害方在外,领导也应该为他们维护合法权益提供必要和力所能及的帮助和支持,在这种"己所不能"或"己所难能"的情况下还能够向下属伸出援助之手,表达关怀、关心,往往能够使下属产生超强的"大恩"情感体验,能够让下属铭记在心。虽然领导这样做的本意并非是为了想得到下属的报答,但得"大恩"必"言报"早晚会在下属的行为中体现。

领导在下属需要的时候站出来为下属说话,要以关心为目的,以道德为基础,以法律为依据。要讲良心,讲规则,讲方法。

讲良心就是要从好、向善。

讲规则就是尊规守则。领导关心下属是正确的,但必须以遵规守则为前提,不能做违反规定、规则的事情。关心下属不是为他们护短,更不是对他们溺爱。站出来为下属说话不能不问青红皂白就"护犊子",也不能不辨是非曲直就胳膊肘往里拐。不守规则和不讲原则地为下属说话,不是真正的关心,而是一种对下属和自己的伤害。

讲方法就是方法务求有效。在合适的时间、对合适的人、用合适的方法为下属说话,才能产生预期的效果。时机把控不准,语言或沟通方式不到位,对象选择不当,都会对"说话"的效果产生影响。例如,在为下属说话时以接他人同类话语为切入点平稳切入主题,以理解困难、表扬在先、先入为主的方式切入主题,以提出建议的方式切入主题,都是可以为领导选用的方法。至于对象,自然要选择能够做主、说话算话的人。如果分管领导就能够做主,惊动一把手当然是不必的。

（二）关心下属的误区

领导关心下属，有时也会存在一些误区，主要有以下方面：

1.把施予小恩小惠等同于关心

长江实业集团有限公司董事局主席兼总经理、2013年福布斯全球华人首富李嘉诚先生曾经说过："虽然老板受到的压力较大，但是做老板所赚的钱，已经多过员工很多，所以我时时总不忘提醒自己，要多为员工考虑，让他们得到应得的利益。"的确，做领导的一定要考虑下属应得的利益，这是做领导的本分，是他们的责任和义务。如果领导要想或者真正发自内心地关心下属，那么，他们就应该在下属应该得到的利益之外对优秀的下属给予更多的利益回报。虽然小恩小惠也是利益，下属对领导施予的这些也不会拒绝，但由于其意义水平及价值量很低，所以往往无法让下属产生被关心的情感体验，有时可能适得其反。

2.开空头支票

领导在下属完成工作任务前或达到工作目标后向下属许愿，早晚是要"还愿"的。为表达对下属的关心、关怀，允诺事成之后如何如何，是一些领导常做的事情。如果说到做到，在下属完成工作任务或取得成绩后兑现自己的承诺，自然会皆大欢喜。但是，如果因为各种原因，让领导许下的愿变成空头支票，那给下属造成的便不仅仅是物质利益上的损失，更是精神上的伤害。所以，即使领导自己有关爱下属之心，有额外奖励他们的想法，也要谨慎许愿。通常，口头上的肯定评价是自己能够控制和支配的，而涉及物质或其他方面的精神奖励，有时却不是一个人能说了算的。所以，为以防万一在兑现承诺时出现问题，领导最好不要先开空头支票。在下属为完成工作任务而欢喜的时候，突然一道嘉奖令"从天而降"，那刺激、那激动要比"有令在先"要强烈得多。关心，只有在合适的时间出现在下属面前，才能让他们有更深的体验。

3.有求必应

从多角度、多层面关心下属，是每一个领导应该力图做到的。1943年，美国社会心理学家马斯洛（Abraham Harold Maslow，1908—1970）在他的《人类激励理论》论文中所提出了需求层次理论，将人的需求像阶梯一样从低到高分为五种，即：生理需求，安全需求，社交需求，尊重需求，自我实现需求。由此可见，一个人的需求是多层次的，也是相当广泛的。对一个领导来说，要想满足下属的这些需要，根本就是一件不可能的事情。即使一个充满菩萨心肠的领导，想在方方面面都体现出自己对下属的关心，也不可能做到有求必应。因此，领导对下属的关心，因着重于下属最需要的、自己又力所能及的某个或某几个方面。多了，便会力不能及或无以暇顾。另外，多了还会"惯出"下属有事就找、想要就求的"毛病"。领导不是下属的保姆，也做不了他们的爹娘，虽然领导不能只关心下属的工作而无视其他，虽然领导应该在下属生活上或家庭中有了困难时去"雪中送炭"，虽然领导可以借助自己的社会关系为下属的子女入托、上学乃至工作提供些帮助，但面对下属的需求事无巨细，大包大揽，是万万要不得的。

4. 关心是为博得下属的欢心

得到他人的关心，往往会产生温暖感。下属被领导关心了一下，兴高采烈也好，暗自窃喜也好，如果不能“深入人心”，只停留于情绪体验层面而不能形成情感，这种关心的结果便是“肤浅的”。所以，领导关心下属的结果，不能只停留在让他们“欢心”的层面，而应该深入到他们的意识之中。如果领导对下属的关心能够让他们“铭记在心”而不是“一笑而过”，那么这种关心才是最有意义和价值的。母亲的爱让我们铭记在心，什么时候想起来那一幕幕情景，总会让我们感动不已；初恋时的恋人让许多人铭记在心，虽然“年轻时不懂爱情”，但回忆起来总会让他们心生留恋；老师那充满期待的目光让许多人铭记在心，那一句句严厉的批评和不厌其烦的谆谆教诲让我们难忘。当领导对下属的关心，能够透着一种沉甸甸的爱，深存于下属的意识之中，由“肌肤”深入内心，这种关心才是能够让他们铭记在心的关心，才是更有价值的关心。

5. 批评是不是关心

前文在讨论有关批评的时候曾说过，批评会使人不快，所以人是不愿意被他人批评的，即使自己犯了错误，也会对别人的批评抱有抵触的态度。但是，下属犯错，领导要是不就其所犯错误进行批评，那下属怎么会因此得到警示而不去再犯同样的错误呢？所以，即使领导认为批评会让下属不快，他们为了工作需要，还是会对下属的错误进行必要的批评。也正是因为通过批评让下属产生了不快，而这种不快又恰恰能够成为被批评者同类错误行为再出现的“阻碍力量”，从而达到领导希望的降低下属在工作中出现同类型错误发生率的目的，所以，领导才会经常以批评的方式对待犯错误的下属。由于批评使人不快，关心使人快乐，所以，一些领导认为批评就是批评而不是关心，其实，这种观点是不正确的。因为：其一，人们通常和普遍的认识是关心能够使人快乐，这只是关心的功能之一。关心的另一个功能是它还能够消除人们的不快乐或降低人们的不快乐水平。犯错误带给人们的情绪体验是不快乐，如果通过某种方式能够让人们不犯错误或不再犯曾经犯过的错误，那么不快乐就不会再次发生，也就是减少了当事人的不快乐。批评能够减少错误的再发生，所以批评就等于减少了犯错者的不快乐。就此而言，批评起到的作用与关心相似。其二，前文提到，领导如果能够让自己的批评方式不生硬，不就事论人，能够变批评为提醒以及“角色换位”，那么下属就能够从这样的批评中感知到领导的善意。善意是能够让人产生快乐感的，这样的批评方法通过让下属感知善意而心情舒畅，其作用自然与关心也存在相似性。其三，常言道：“良药苦口利于病，忠言逆耳利于行。”如果下属是一个有起码良知的人，他就应该明白，领导的批评是对他的爱护，是为了他能够把工作做好。下属能够遇到一个爱护自己、对自己好的领导，难道还会不高兴、不快乐吗？

领导在关心下属的过程中避免走入误区，才能使关心起到促进他们与下属建立良好人际关系的作用。

五、在工作中以身作则，为自己的错误承担责任

人无完人，一个人就是一生追求完美，最终他也很难成为一个完美的人。无论领导在工作中多么小心谨慎，无论他们在操作过程中多么认真负责，无论他们在决策前会投入多少精力认真考量、审时度势，他们也时常难以远离错误。虽然做一个高尚的人、一个纯粹的人、一个有道德的人、一个脱离低级趣味的人、一个有利于人民的人应该是领导者追求的做人境界，但他们必须认识到，高尚者和纯粹者并非不做错事，有道德、脱离低级趣味不一定没有缺点，有利于人民、为人民服务不见得就完美无瑕。所以，不管领导是哪种好人，都有可能在工作中犯错误，都会有缺点。列宁曾说，不犯错误的人从来没有。毛泽东同志在他的《不要迷信在社会主义国家里一切都是好的》(1956 年 6 月 28 日，毛泽东文集：第七卷. 北京：人民出版社，1999：70)一文中写道："我们要使错误小一些，这是可能的。但否认我们会有错误，那是不现实的，那就不是世界，不是地球，而是火星了。" 地球人都会犯错，领导自然不能例外，领导敢于承认工作中所犯的错误并加以改正，用自己的教训启迪下属，适时进行自我批评，检点自己思想和行为上存在的问题，是必需的，也是有积极意义的。毛泽东说："有缺点就公开讲出是缺点，有错误就公开讲出是错误，一经纠正之后，缺点就再不是缺点，错误也就变成正确了。"(《在延安大学开学典礼上的讲话》，1944 年 5 月 24 日，毛泽东文集：第三卷. 北京：人民出版社，1996：149)毛泽东认为："批评是批评别人，自我批评是批评自己。批评和自我批评是一个整体，缺一不可，但作为领导者，对自己的批评是主要的。有无认真的自我批评，也是我们和其他政党互相区别的显著标志之一。我们曾经说过，房子是应该经常打扫的，不打扫就会积满了灰尘。脸是应该经常洗的，不洗也会灰尘满面。我们同志的思想，我们党的工作，也会发生灰尘的，也应该打扫与洗涤。"

领导羞于或畏惧自我批评的原因，多在于害怕自揭家丑使自己的威信降低，就此，毛泽东同志在《为转发广东省军管会、湖南省军区关于支左工作报告写的批语》(1967 年 5 月 14 日，建国以来毛泽东文稿：第十二册. 北京：中央文献出版社，1998：347)中给予了辩证的分析，他写道："凡犯了错误的必须坚决改正。如不改正，越陷越深，到头来还得改正，威信损失就太大了。及早改正，威信只会比以前更高。"

邓小平同志也曾就"有没有自我批评的精神，让不让别人批评，听了正确的批评能不能接受和照办"的问题做过经典论述，他认为：有错误，自己讲，而且讲够，又能倾听别人批评的意见，这就有了主动，就可以使大家心情舒畅。这样做绝不会损害自己的威信，只会提高自己的威信。他还认为：如果自己有错误，就要进行认真的自我批评，并且切实改正；谁要是坚持错误不肯改正，就不能担负思想工作的领导责任。

由此可见，领导会犯错误，犯了错误进行自我批评并改正错误，就能够取得大家的谅解，就能够提高自己的威信。而一个在下属中有威信的领导，通常都会得到下属高水平的遵从。

六、送他们去学习、培训，给他们创造提拔的机会

上班族的主要社会活动是工作，一周五天，一天八小时，这些时间都被工作“占用”，虽然忙里偷闲也能找点零碎时间看看书、读读报，但要是坐在办公室捧着一本书看上一上午或一整天，通常是不可能的事情。年轻人大多数为下属，他们比年长的人更愿意学习，都希望通过学习掌握新知识、新方法、新观念以促进自己在工作中取得更多成绩，获得较快进步。当年轻人的生理需要、安全需要得到满足后，他们自然希望通过学习取得成绩，不断成长。所以，给下属创造脱产学习和培训的机会，是满足其学习需要、职业发展需要的重要方法，也是一种期待和激励。让下属在一段时间里把工作放在一边，静下心来认真学习、补充知识、吸收营养，通过“学学词儿、认认人儿、养养神儿”的过程，提高和丰富自己，对下属更好地投入工作和个人进步都是很有意义的。一些领导认为让下属参加脱产学习和培训，一是增加开支，二是影响工作，三是浪费时间，特别是在一些企业，持有这种观点的领导并不少见。那么，这种观点是不是有问题呢？回答是肯定的。这是因为，绝大多数被安排参加脱产学习和培训的员工，都会十分珍惜这种机会。这些在职学习者的最大特点，就是他们往往不会在学习中“将工作抛在脑后”，而是将所学知识与自己在工作中遇到的问题相结合，能够做到将所学理论联系自己的工作实际，去寻找解决工作问题的方法。所以，员工只要带着问题“用心”学习，就能够学到“真东西”，就能够在学成后将所学知识和方法用在工作中。这样，他们就能够在以后的工作中取得更多绩效、为机构创造更多的利润，就能够把因学习而落下的工作加倍补回来，就能够在工作中更好地做好时间管理，提高工作效率。其实，一个优秀的领导者明白，学习培训不单单对下属的个人发展有益，对机构来说，从长期目的看，是其满足战略发展的需要；从职位目的看，是其满足职位技能标准的需要。

培训的积极作用在于以下诸方面：

1. 从员工角度看

(1)培训是调动员工积极性的有效方法。

(2)培训是给员工充电的有效途径。

(3)培训是给员工发放的最大“福利”。

(4)培训能够让员工个人素质得到提升。

(5)培训能够提升员工个人价值。

(6)培训能够为员工个人发展奠定良好基础。

2. 从机构角度看

(1)培训能够提升整体业绩水平。

(2)培训能够提升团队合力和凝聚力。

(3)培训能够提升整体素质。

(4)培训能够提升整体形象。

(5)培训能够提升核心竞争力。

如果说送下属去学习和培训能够为他们的个人发展奠定良好基础的话，那么，把德才兼备的下属提拔起来，则是对好学和肯干的公开肯定。领导既然通过各种方式为自己的下属提供了打下进一步发展机会的基础，就应该继续帮助他们一步步成长起来。对优秀的下属给予职务的提升，对其周边那些也在等待机会的人来说具有参照作用和启示作用。下属能够看到，领导通过提拔的方式想要表达的是，他们会对那些努力工作、本分做人，在工作中取得成绩的人以提拔的方式对其进行回报。由此，一个自知的人因此会被激励，会再接再厉，会以终为始继续前行。对没被提拔的人来说，虽然会让一些人心生妒忌或抱怨、不满，但对大多数人来说，他们会将被提拔者作为自己的参照物，他们会问自己："为什么提拔他?""我跟他相比是不是存在差距?"比较，能够让人更加自知，能够让人看到自己的不足和差距。如果提拔一个能够影响一批、带动一片，让一群人看到希望，那这样的提拔就是一举多得。一个公认的德才兼备的人被提拔和重用，还能够给所有希望获得机会的人带来启示，就是只有踏踏实实做事，老老实实做人，积极努力在工作上取得成绩，自己才有可能成为下一次机会的拥有者。诚然，"朝里有人好做官"在中国已经成为一种近似于"规律"式的用人方式，这是不以人的意志为转移的，如果谁有这种条件，他们自然不会弃之不用。但是，大多数没有这种"外界"关系的人，便只有依靠自己的努力才能获得机会。

无论送下属去学习、培训，还是提拔、重用他们，都能够使他们的不同需要得到满足。领导在下属有需要的时候满足了他们，下属就会在工作中加倍努力去感谢和回报领导，以及在领导有需要的时候去满足领导的需要。在这样一个团队中，领导与下属的关系已经不再仅仅停留于相互喜欢的层面，而是通过相互满足需要构建起一种相互支撑、互利共存的深层的人际关系，这样的人际关系循环模式具有很强的核动力，对促进团队工作全面开展具有很好的作用。

七、培养下属的自觉性

自觉性是指个体自觉自愿地执行或追求整体长远目标任务的程度，其外在表现为热情、兴趣等，内在表现为责任心、职责意识等。个体的自觉性是个体对自己行为能力的评价(行动依据)与个体的利益心理相结合并最终由责权意识所激发而产生的对立统一体，即能、责、权、利的统一。在一个团队中，在具有合适的责任目标的状况下，领导通过规制建设，透过达至下属能、责、权、利的统一的过程，培养和提高下属的自觉性目的便能够达成。

相对于一定的责任目标，当个体自知凭借自己的能力足以达到目标责任并获得相关精神、物质利益时，则会有意、无意地产生马虎大意、满不在乎等骄傲心理；而当个体自知达到目标责任并获得相关精神、物质利益是自己能力所不及时，则会有意无意地产生心理压力、怠倦状态等焦躁心理。所以，领导给下属设定的目标责任首先不应太难，不能让他们"看得见，够不着"；其次，也不能太易，不能让他们"得来全不费工夫"，应以"跳一跳"能够触及，即通过适度努力能够达到最为合理；最后，要尽量使责任目标细致化、具体化、数量化。

能、责、权、利的统一,是培养下属形成自觉性的关键。

第一,对个体能力和责任的衡量和委托,是其是否具有自觉性的首要条件。心理学的研究证明:如果个体的能力低于工作的要求,就会表现出"无法胜任";而个体的能力若高于实际工作的要求,则由于本人不满足于现状,工作效率也不佳。美国心理学家布兰查特(Blanchard)提供了一个典型事例:在1929—1933年经济危机时期,美国某公司建立了一所大型工厂,需要雇用一批保安人员,这批保安人员的主要工作是检查进出工厂大门人员的证件。因为当时劳动力过剩,工厂制定的雇用标准较高:最低学历高中毕业生;三年警察或工厂警卫工作经验。按照这个标准雇用的保安人员走上工作岗位后,普遍感到工作单调、乏味,表示无法容忍,因而对工作漠不关心、不负责任,而且离职率很高。后来工厂改为雇用只受过四五年初等教育的人来担任这项工作,结果,这些人就对工作很满意,责任心强、工作负责,缺勤率和离职率都很低,保卫工作做得很出色。所以要想使下属具有工作自觉性,能、责的统一是十分重要的。

第二,在个体有能力担当某一职责的基础上,个体的责任和权力也应当是统一的。赋予个体多大的责任,就应该使其手中掌握多大的权力,这样才能充分激发其履行责任所必需的自觉性。比如在中国土地革命战争时期,中国工农红军要面对武器装备、人员数量等方面都远远比自己强大的敌人,这样便需要给予红军指战员尽量大的权力来维持其执行任务的自觉性。为此,以政治民主、经济民主和军事民主领导管理军队的方式方法应运而生。也正是因为这种"军队内的民主主义"的管理方式的实施,提高了红军指战员的自觉性,使红军的战斗力大幅度提升。

上文提到,"疑人不用,用人不疑"是一个优秀领导的用人之道。为建立团队成员充分的自觉性,领导将权力下放于下属,不仅是应该的,而且是必需的。例如北京香格里拉大酒店在20世纪末曾进行过一次"将权力下放给员工"的改革,改革要求:服务人员在遇到顾客抱怨时,应自行解决问题,而不应说:"我要去问我的主管。"为使服务人员达成这一责任,改革规定:为使顾客满意,员工都可随意支配价值1000美元以下的财物,如调换菜品等都可由服务人员自行决定。这种责任和权利平衡,使北京香格里拉大酒店得以为顾客提供更加全面、细致、周到的服务,并由此赢得了来自《世界旅游》杂志和旅游机构的诸多奖项。在因亚洲金融危机导致北京地区许多酒店出现财政恶化时,北京香格里拉大酒店则一直保持盈利状态。

第三,充分的利益是充分的责任和权力委托的基础,只有在充分的责、权、利的基础上才可能产生出充分的自觉性。利益与自觉性是否成正相关,有两种不同的认识。一种认识是,当某种事物的利益量巨大时,人们会调动自我的所有系统功能去想方设法获取该利益,当然,自觉性也包含在该系统之中。另外,当某种职务或职位能够给人们带来难以割舍的利益时,人们会自觉地遵守该职位的职责要求甚至超常付出,以确保职位稳定并使利益不会受损。以中国香港某高校教师为例,该校教师不被要求每日"坐班",但无论短期合约或长期合约的教师，许多人每日都挤着地铁早早来到办公室，他们以此想让掌握自己生杀大权的“老板”（系主任）看到，自己是多么踏实、多么勤奋，进而博取好感以期得到下一个聘用合约。他们这种貌似被逼出来的自觉行为在初期或许并非源自自愿，但坚持一段时间以后，便成为一种任劳任怨、自觉自愿的行为。这种自觉性行为的目的并非教学、科研，而是直接指向聘用合约，而得到合约就意味着得到岗位，即获得利益。另一种认识则对利益与自觉性的相关性不以为然，认为两者不存在必然的联系。如国内以往经常以新加坡“高薪养廉”为据，试图证明公务员的廉洁自律是因其获得高薪而被培养出来的。虽然新加坡人以“廉洁是每一个公务员最基本的职业道德要求，不需要用高薪去养”等来反驳所谓“高薪养廉”不一定能够让人信服，但从新加坡于 1994 年就用法律形式规定公务员工资标准参照劳动力市场制定，高官的工资和国民收入挂钩来看，其公务员的高工资与公务员廉政的确没有什么直接关系。其实，“廉洁是每一个公务员最基本的职业道德要求，不需要用高薪去养”是很有道理的。

我们所说的自觉性其实就是意志的自觉性。“数理情感学”（是以“统一价值论”为理论前提，采用数理逻辑方法分析情感现象与情感规律的科学，它作为一门崭新的社会科学，具有十分突出的特点）认为，意志的自觉性是指人有明确的行为目的，有坚定的信仰追求，有鲜明的原则立场，有毫不含糊的是非标准，它反映了意志的行为价值的目的性。所谓意志的行为价值的目的性是指人的行为活动自始至终都有预先设置的、明确的、稳定的目标指向，它通过大脑建立和锁定复杂行为的“兴奋灶”与行为目标的“兴奋灶”之间的神经联系来实现，使人的随意行动具有明确而强大的约束力，使其不至于成为漫无边际的、盲目的、无规律的活动。意志的自觉性或目的性越明确，对人的各种活动的约束力就越强大，人的思想和行为就越有规律、越不含糊，就越有坚定的信仰追求，就越能够坚持原则和遵守道德规范。至此，“廉洁是每一个公务员最基本的职业道德要求，不需要用高薪去养”就很容易被我们认识和理解了。

八、尊重他们

在人的需要层次中，尊重的需要在其诸多需要中位居较高层面，这说明人们对满足这种需要是十分渴望的。领导都希望下属尊重自己，下属同样如此。如果把一个团队的人员职位构成看作是一个“金字塔”的话，那么，在这个“金字塔”中，领导便位于顶层，位于中层或下层的则是下属。从发出的主体看，下属自下而上的尊重是一种群体尊重，每个个体由于被“淹没”在群体中，使某个个体给予领导的尊重通常被领导感知到的程度较低，也就是说，来自下属对领导的尊重通常被领导感知为群体尊重，虽然他知道群体就是大家或所有人，但他并不能清晰地辨别出是哪个个体对他更加尊重。自上而下对下属的尊敬可以是发散的（即领导面对全体），也可以是单一的（即领导面对个人），但无论怎样，下属所得到的尊重都是单一的，即来自于某个领导个体对下属的尊重，无论其指向下属群体还是个体，作为受到尊重的下属，其都是单一的获得者。特别是来自于领导对下属单一指向的尊重，更能够因其具有“独有性”特征而让被尊重者所感受，因此对下属的正向刺激作用也就更加强烈。所以,如果领导就此运用得当,定会使下属心生感激,对提高自己在团队中的威望、形成遵从必将起到促进作用。

发生在日本著名跨国公司“松下电器”创始人松下幸之助(1894—1989)身上的一则真实的故事,或许能够给领导者带来一些启示。

素有“经营之神”之称的松下幸之助有一次在一家餐厅招待客人,一行六个人都点了牛排。等六个人都吃完主餐后,松下让助理去把烹调牛排的主厨请过来,他还特别强调道:“不要找经理,就找主厨。”助理注意到,松下盘子里的牛排只吃掉了一半,心想,一会儿的场面可能会很尴尬。主厨闻听松下有请,有些紧张,因为他知道请自己过去见面的客人来头很大。来到松下面前,看到盘中剩下的半块牛排,主厨忐忑不安地问:“您是不是觉得牛排有什么问题呀?”

“烹调牛排,对你已不成问题。”松下说,“但是我只能吃一半。原因不在于厨艺,牛排真的很好吃,你是位非常出色的厨师,但我已经80岁了,胃口大不如前。”主厨与其他的五位用餐者面面相觑,但大家过了一会儿便明白了松下的意思。松下接着说:“我想当面向你解释,是因为我担心,当你看到只吃了一半的牛排被送回厨房时,心里会难过。”……

试想,如果我们是那位主厨,听到松下先生的如此说明,会有什么感受?是不是觉得备受尊重?而在一旁的客人,也对他体味他人感受的做法十分钦佩。松下简单之举,既赢得了厨师的感激,更赢得了生意伙伴。看来松下之所以能够被人们冠以“经营之神”的称谓,的确有其可以“成神”的独到之处。如果一位领导者能够在做事、待人时处处体味他人的感受,并做得恰到好处,自然会赢得人心。

领导尊重下属的价值观,不但要铭记在意识中,还应该刻在骨子里。这样,在面对下属时,尊重才能够成为一种习惯行为,在需要的时候,不必多想便能够“下意识”地表达出来。

九、下情上达

在团队中,领导的角色是相对的,对下属来说他们是领导,对同级来说他们是同事,对上级来说他们是下属。所以,他们是建立自己下级和自己同事或上级领导之间有效沟通的桥梁,能够起到上传下达和下情上达的作用。通常,领导在上传下达方面,做得都是比较好的,因为传达指示、精神是他们的工作任务,必须完成;另外,传达这些内容,也不会给自己带来什么危险或造成什么伤害。虽然与下属相比,他们在同事和上级领导那里具有更多的话语权,但下情上达,对于一些领导来说却是他们往往不愿意做的事情。因为这些“下情”有可能是其他同事或上级领导不愿意听或不愿意做的事情。如果这些人认为某位领导代下属反映的问题是“找事”或“添乱”的话,问题的传递者有时会成为“众矢之的”,有些对他有意见的同事或领导也有可能会借此对其进行贬斥或“打击”。特别是一些带有批评性的问题,还有可能引起上级领导的不满。所以,下情上达会存在危险,有时会给自己带来麻烦。虽然“事不关己,高高挂起,明知不对,少说为佳”的这类人早已被毛泽东否定过，但“明哲保身”仍然是现今中国官场上流行的一种做人规则。针对这些问题，“问责制”和“岗位绩效考核”制度的推出，让那些“不求有功，但求无过”的领导不敢再像以前一样“饱食终日无所用心”了，他们必须要按照岗位职责要求担负起自己应该承担的责任。所以，无论他们是否情愿，都必须要在需要下情上达的时候说话。当然，如果领导能够报以“发自内心的愿意”和“敢于承当的必须”的态度去下情上达，那肯定是再好不过的事情。因为，全面、准确的下情上达对上级领导全面了解员工情况、正确进行决策，甚至维护安全稳定大局都有积极的作用。

下情上达的主要内容包括以下几方面：

1. 下属的合理需求

人的需求多种多样，一个职业者的需求多数与自己的薪酬、工作环境、劳动保障、医疗福利相关。拿薪酬来说，他是对工作者付出劳动的回报。对绝大多数人而言，工作报酬是其完成工作任务后的第一需要。做完了工作，拿到了报酬，如果报酬合规、合理，需要便得到满足，如果不够合理或不合理，他们便不会得到完全满足或不满足。虽然其他需求与薪酬需求相比其渴望水平会低一些，但也都会存在可否得到满足的问题。所以，领导必须正视下属此类需求的满足，在遵守“大法”的前提下制定机构的“小法”，如果“小法”有违“大法”，或“小法”虽不违“大法”但在某些方面缺乏合理性，而这些不合理的地方又直接影响下属合理需求的满足，那么，领导则有义务将这些问题如实上报以求调整或改变。

其实，许多高层级的领导并非不愿意为员工着想，只是因为他们在某些政策制定的过程中忽视了某些问题，才会导致在满足员工合理需求方面存在缺失。如果“民不举”，领导便会因不知不以为过，而使问题不能得到解决。所以，通过“民举”达至“官究”，是优化规制、形成广泛和谐的有效方法。

2. 下属的投诉、申诉

在下属认为所提问题不能得到解决或认为解决问题的方式、结果不够合理，当事领导或所在机构又不能满足其要求时，他们有权向上级机关或相关机构投诉或申诉。虽然这些投诉、申诉可能涉及当事领导或其所在机构本身，上达这些有可能给自己带来麻烦，即便如此，当事领导也不应将其“封杀”。因为，在当事双方发生纷争无法达成谅解时，找一个更有权威的“公平者”进行评判，对自己和下属来说都是最为合理的。如果当事领导确信造成这些投诉或申诉的原因非自己工作失误或对规则把控不当所致，上传这些，一来可以证明自己在工作中坚持原则；二来又能将可能存在的政策问题借此向上级提出，以引起上级重视。当然，如果当事领导确实认为下属的问题应该得到解决，但解决问题的责权却不在自己职务所及的范围内，此时将这些投诉、申诉上传上级部门则更是理所当然的。不过，个别上级领导习惯于“多一事不如少一事”，他们可能将这些越级反映问题的方式视为给自己找麻烦，甚至将其责任归为当事领导“不作为”或缺乏执行力，这便会给当事领导带来一定的“职务危险”。但危险毕竟是危险，而不是伤害，由存在危险到造成伤害都会经历一个过程。无论上级领导是否乐见,如果他们在“被逼之下”能够合理解决下属的问题,当事领导必将赢得下属的拥护。至于“职务危险”,一个下级领导的生杀大权并非掌握在个别上级领导手中,只要能够使问题得到最终解决,即使个别领导觉得你“多事”,也难以找到贬斥你的借口。当然,将一个“烫手的山芋”原封不动地“掷给”上级领导肯定是危险的,总让上级领导给自己“擦屁股”也是堆积危险的行为。所以,采用合理、科学的下情上达方法,是每一个当事领导必须做到的。

其实,对各级领导来说,真正的危险并非来自下情上达,而是来自于当下情上达后,下属合理的诉求始终得不到解决而使矛盾不断堆积。一旦矛盾堆积到一定数量,因矛盾激化而产生恶性事件或群体事件的情况就会发生,这时,受伤害的恐怕不仅仅是当事领导,上级主管领导也难辞其咎。另外,即使因“不作为”的危险会带给领导职务损伤,也要比因积怨不断加深而导致意外暴力事件造成的伤害要小得多。

3. 各种不稳定因素

领导因其所处的层级不同,自上而下,与普通劳动者的接触面会逐渐增大,处于较低层级的领导,接触普通劳动者的数量会更多。虽然各级领导能够借助于网络迅速、广泛地获得各种各样的信息,但是,要想准确、全面地了解机构员工的实际状况的第一手资料,来自于一线领导所提供的信息相对更具可信度。所以,下级领导要让自己成为上级领导的“千里眼”和“顺风耳”,应该及时、全面地将自己所掌握的各种信息传递给上级。下级领导所需要上达的信息虽然多种多样,但从优先级角度看,刻不容缓、必须立即解决的问题等的信息,是最需要及时上达的。由于信息上达不及时,导致应急工作不到位,进而引发一些恶性群体事件的例子已有许多,这些都给我们敲响了警钟,它时刻提醒各级领导,遇事及时、准确下情上达是十分重要的。

十、保持一定距离

前面曾讨论过下属与领导保持距离的问题。距离产生美和安全感,在领导与下属建立人际关系模式中同样适用。

人们在讨论领导与下属的距离时,常会以“刺猬效应”来说明领导与下属保持一定的距离的重要性。“刺猬效应”是说:在寒冷的冬天,两只冻得瑟瑟发抖的刺猬相依取暖,一开始由于距离太近,它们各自身上的尖刺将对方扎得鲜血淋漓,后来它们调整了姿势,拉开了适当的距离,不但互相之间能够取暖,而且很好地保护了对方。这则来源于西方的寓言,被德国著名哲学家叔本华(Arthur Schopenhauer,1788—1860)写入了他的哲学著作中,以此强调人际交往中的“心理距离效应”。刺猬效应的理论可应用于多种领域,就管理实践而言,其带给领导的启示就是,如果要想搞好工作,应该与下属保持“亲密有间”的上下级关系,即与下属保持一种不远不近的恰当的合作关系。

美国通用电气公司的前总裁斯通可以说是在工作中运用“刺猬效应”的典范,他对与下属保持“适度距离”身体力行,率先示范,始终能够做到“密者疏之,疏者密之”。在工作场合和待遇问题上,斯通从不吝啬对管理者们的关爱。但他自知与公司高层管理人员工作上接触较多,所以,在工余时间,他从不邀请下属到自己家里做客,也从不接受他们的邀请。相反,由于在工作中与一线职工接触很少,所以他对普通工人、出纳员和推销员有意亲近,见到他们时便微笑问候,甚至偶尔"家访"。正是由于建立了这种保持适度距离的上下级关系,使得通用的各项业务稳步发展。领导与下属保持适度的距离,既不会让下属觉得他高高在上,也不会使自己与员工互相混淆身份,这是领导与下属人际关系的一种最佳状态,也是优化管理的重要条件。领导与下属保持距离应该遵从平衡原则,这种原则要求他对下属不论亲疏,一视同仁。在这一原则下处理领导与下属的关系,既可以约束自己,又可以约束员工,对领导科学管理企业和员工能够起到积极的作用。在人际关系中,同样存在"马太效应",即密者密上加亲,疏者疏而愈远。斯通主张的"人际关系应保持适度的距离",也能够对其起到一定抑制作用。

法国在第二次世界大战后的第一任总统戴高乐(Charles de Gaulle,1890—1970)就是一位很会运用"刺猬效应"的人。他有一个座右铭就是:"保持一定的距离。"这句座右铭对他处理与自己的顾问、智囊和参谋们之间的关系产生了深刻的影响。在戴高乐十多年的总统生涯中,他的秘书处、办公厅和私人参谋部等顾问和智囊机构,没有什么人的工作年限能够超过两年以上。他对新上任的办公厅主任总是这样说:"我使用你两年,正如人们不能以参谋部的工作作为自己的职业一样,你也不能以办公厅主任作为自己的职业。"戴高乐之所以在用人方面做这样的规定,其原因有二:一是在他看来,调动是正常的,而固定则是不正常的。这种认识源自军队频繁调动做法的影响,即军队总是流动的,没有始终固定在一个地方的军队。中国有句俗话叫"铁打的营盘流水的兵",二者的确有异曲同工之处;二是他不想让"这些人"变成自己离不开的人。这表明戴高乐是个主要靠自己的思维和决断而生存的领袖,他不允许、也不需要自己身边有永远离不开的人。他认为,只有频繁调动他们,才能与他们保持一定距离,而唯有保持一定的距离,才能保证这些顾问和参谋的思维和决断具有新鲜感和充满朝气,同时也能够杜绝因天长日久、亲密过度,这些顾问和参谋们利用总统和政府的名义徇私舞弊。

2013 年 7 月 17 日,《第一财经日报》刊登了一篇署名张有义的题为《权、钱、色击倒的人生:8 名副部级高官落马样本》的文章,该文谈道:中共十八大召开后的半年时间里,先后有 8 个副部级官员落马,这些官员落马的原因不外乎权欲、钱欲和色欲即"三欲"超出了常规所致。其中 3 人与下属或有权钱勾结,因为在落马之前,亦有原下属因腐败涉案。另有一人落马的原因亦可能牵扯其原下属案发事件。由文章可见,8 名副部级官员落马,有 4 个或与下属涉案相关,这 50% 的相关比例,实在不能不引起我们的深思。

在中国,官员异地任职大约是在隋唐时期与"科举制度"同时出现的。秦朝统一中国,结束"封建贵族"统治的历史,进入了"封建官僚"长期统治的历史时期,"官本位"逐步成为中国封建社会的主要特征之一。从汉代的"察举制"到魏晋南北朝的"九品中正制","选官用官"带来了弄虚作假、任人唯亲、团伙与小圈子等不良现象。为防止"前朝"官员因本地任职出现的各种腐败现象,且随着"科举制"或"考任制"的推行,官员异地任职逐渐成为一种“模式”，尤以明清两朝执行最为严格。社会发展到今天，官员异地任职也成为一项基本的干部管理政策。按照《党政领导干部选拔任用工作条例》规定：“领导干部担任县（市）委书记、县（市）长职务以及县（市）纪检机关、组织部门、人民法院、人民检察院和公安部门主要领导职务的，一般不得在本人成长地任职。”有人认为，领导干部异地任职是一把“多刃剑”，其既能够全面考察、锻炼干部，也能够在遏制腐败、防治地方保护主义、促进区域协调发展、增加干部队伍活力方面发挥重要作用。但客观辩证地说，官员异地任职制度并非医治腐败的灵丹妙药，我们不能将反腐倡廉完全寄托在干部异地任职上，如果领导者主观上不能防微杜渐，不能在工作、生活中处理好上下级之间“亲密无间”的问题，特别是不能处理好钱、权、色的问题，往往最终还是会和他们的“兄弟”一起成为人民的罪人。

国家行政学院公共管理教研部竹立家教授认为：我们比较重视官员的“交流制度”，而干部交流的主要目的，是对干部工作能力的培养，目的并不是为了防止官员腐败。官员要正确行使自己手中的权力，在社会主义政治民主的环境下，根本是靠人民民主，没有人民民主，即宪法所说的“民主选举、民主决策、民主管理、民主监督”，则很难对权力腐败形成有效监督。

另外，在中国还有一个特殊的现象，即领导异地任职多会带上自己原来的秘书，有时还会把自己原来用的顺手的下属调到自己新任职的地区工作。由此，中国便出现了独有的“秘书文化”，即领导想办的事，秘书一定能够办到；领导想办但办不成的事，秘书也能够办到。事实证明，这种“秘书效应”所造成的不良后果是显而易见的，应该引起人们的警惕。的确，长期使用过的人相互之间更加了解，在工作中更容易形成默契，用起来好用，这是不争的事实。问题在于，领导在好用的同时，如何将下属用好、管好。斯通和戴高乐的做法或许能够给我们带来一些启示，这就是应该依据某种规则限制领导与下属的时间、空间距离，这样，才能避免领导与下属长期在一起工作，才能避免领导与下属关系走得过近，避免领导在决策过程中过分地依赖身边的几个人，避免智囊人员干政、摄政，避免他们身边的“亲信”假借领导名义牟取私利。

“刺猬效应”强调的是人际交往中的“心理距离效应”。虽然它告诉我们，领导与下属在交往中要保持一定的距离，但同时它还告诉我们，领导也要与下属保持亲密的关系。只是这种亲密的关系虽然“亲密”但不“亲昵”，保持“有间”而非“无间”，它是上下级之间一种不远不近的、恰到好处的合作关系。这种关系可以归纳为以下三方面：

第一，“亲密有间”的关系。管理心理学家在对“刺猬效应”研究后认为：领导者应该与下属保持密切的关系，但这种关系不是“亲密无间”的关系，而是“亲密有间”的关系。因为，亲密无间的关系是一种不分彼此、称兄道弟的关系，这种关系容易导致领导在工作中以个体战胜团体，以情感战胜规则，以私利战胜公利。事实证明，“亲密无间”的关系常会使领导或下属在工作中将他们个人之间的感情放在首位，待人做事不论是非曲直，只要“兄弟”需要，就敢“两肋插刀”。显然，这种关系常会在工作中让领导蒙羞，丧失工作原则，最终害人、害己。而“亲密有间”的关系则完全不同，这种关系是领导与下属之间亲而不腻、相互包容、平等相处、相互尊重的关系。他们在亲密交往中可以“举头望明月，把酒问青天”；在相互包容中可以畅所欲言、深度沟通；在平等相处中能够开展批评与自我批评；在相互尊重中能够做到给他人留有余地和适度恭敬。所以，这种领导与下属之间“亲密有间”的关系才是一种优质的合作关系。

第二，距离“美”的关系。美学上有句名言叫“距离产生美”。心理学研究证明，个人与个人在面对面交流时，相互之间的最佳距离是 90 厘米。这个距离是个人与个人之间心理上的安全距离，能够给人带来舒适和安全感。如果面对面距离短于 90 厘米，离得越近，给人的压力就越大，被威胁感就越强，就会使人出现“空间侵犯”的心理体验。当然，如果长于 90 厘米，离得越远，交流者所发出的信息受到各种媒介的干扰就越大，就会使信息传递失真。所以，在工作中，领导与下属之间在进行个别沟通时，特别是在与异性下属沟通时，一定要保持安全距离，这样既能做到交流通畅，信息传递准确，又不会给对方带来压迫感。美，金文字形，从羊，从大。古人以羊为主要副食品，肥壮的羊吃起来味很美，所以本义为味美。在后来的释义中，人们又给美增加了一些新的含义，如好的才德或品质，如喜欢、称心、善良等。领导与下属面对面沟通保持 90 厘米的距离，会让下属感到轻松、舒适，交流中的轻松、舒适感自然是下属所喜欢的。但是如果领导离他们太近，他们就会因被“压迫”而感到难受，如果男领导说话时总是往女下属的脸前凑，那肯定会引起对方反感。总是找机会凑到女下属面前说话的男领导，不是品质有问题，就是心理有障碍。这种令人生畏的领导，是无论如何都不会让下属喜欢的。

第三，时间控制的关系。刺猬效应告诉我们，保持适当的距离，才能既互相取暖，又不至于刺伤对方。这里的距离当然也包括时间距离。单位时间完成的工作量被称为效率，而增加了单位时间却完成同样的工作量，便是低效率。所以，考量领导与下属的时间距离，首先应该以效率为标准。领导与下属无论亲疏远近，只要在单位时间里完成了应该完成的工作量，其相互间的时间距离就没有问题。领导也是感情动物，所以他们对下属难免有好、恶，因此也会有疏、密。对自己喜欢的下属，领导爱和他们交流，有时候说起来没完，面对这样的领导，下属有时候也很无奈。每个人都有属于自己的时间，如果领导无端占用下属的时间，影响下属正常工作，也是对他们的一种不尊重。比如，有些领导爱“走群众路线”，会常到下属的办公室看看，但如果去的次数过多或待的时间太长，必然会影响下属的工作，会使下属产生厌烦心理。

在工作中与下属建立良好的合作关系，对机构的管理有着至关重要的意义。所谓合作关系，是指在工作中通过领导与下属间的交往建立起心理上的联系，是一种相互之间的情感距离和相互吸引与排斥的心理状态。友好、积极、默契、适度亲密等是良好合作关系的基本特征，它们都会对工作产生积极作用；相反，对立、消极、分歧、过分亲密则会对工作产生消极影响。社会心理学的调查研究表明，良好的工作关系是一个人心理正常发展，个性保持健康和生活具有幸福感的重要条件之一。古语云：“天时不如地利，地利不如人和。”所以,对于团队的领导者来说,与下属建立良好的合作关系以得到“人和”,对自己和下属的身心健康也是十分重要的。美国著名人际关系专家戴尔·卡耐基经过大量的研究发现:“一个人事业上的成功,只有20%是由于他的专业技术,另外的80%要靠人际关系、处世技巧。”此话也许说得有些绝对,但也从另一侧面说明良好的团队人际关系对个人成就事业的重要性。所以,领导掌握在工作中如何与下属建立良好合作关系的方法和途径,无论是对团队建立起一个良好的工作、学习环境,还是对团队的发展和提升,都是十分必要的。方法主要有以下几个。

第一,正确地认识下属,注重下属个体行为的“表层结构”与“深层结构”[在20世纪50年代,美国心理语言学家乔姆斯基(Noam Chomsky)提出了句子的双重结构理论,即在语言交流过程中,我们实际所听到的句子的形式或说话时所发出的声音是语言的表层结构,而说话者试图表达出的句子的意思则是语言的深层结构。这就是说,语言的表层结构决定了句子的形式,深层结构决定了句子的意义]。主动了解下属的情感深层需要,根据下属的深层需求安排他们做自己喜欢做、热爱做的工作,避其短,扬其长,充分调动工作积极性。在分配下属合作完成工作任务时要考虑合作者的性格特征,把两个性格互补的下属搭配在一起工作,加强双方默契合作的培养,从而使下属在工作合作过程中不断使对方产生愉悦的感受,产生情感与行为的共鸣,进而达到友好、积极、默契、适度亲密的状态,不断碰撞出工作激情与工作创新的火花,享受工作合作过程的愉悦氛围。

第二,明确工作负责人,给予授权并充分信任。每项工作任务都应确定一个具体的负责人,在明确责任的同时,给予负责人足够的权力。在工作任务完成的过程中,领导的角色应该既是一个“旁观者”,即不随意指手画脚;也是一个“指导者”,即在下属需要的时候给予幕后指导。在整个过程中,领导应多听取下属的意见,以下属的意见为主导,如发现负责人在带领团队完成工作任务中偏离了其管理轨道,要适时予以纠正。

第三,进行不定期沟通,提高相互间默契程度。良好、适时的工作沟通能够在工作中建立和谐的人际关系,形成积极向上、健康舒适的工作氛围,以及在统一协调执行者行为、步调一致达到目标等方面产生积极的作用。这种沟通还能够及时化解工作中出现的问题,消除误会,排除干扰因素,让团队成员能够集中精力投入工作,正常发挥工作水平。通过正式或非正式的形式进行相互间的沟通与了解,总结合作期间的处事方式,求同存异,能够使下属获得被尊重感,从而提升下属对机构的认同感、信任感、忠诚度,提升员工的士气与干劲、创造力与求知欲,为有效完成工作任务、达成工作目标起到积极的推动作用。

第四,树立结果导向文化。由于下属是由不同个体构成,不同的个体在思考、行动时难免会产生差异。如何尽可能使不同的分力最终成为推动工作任务完成的合力,这便要依靠树立结果导向文化。即在对下属的管理中导入“不讲借口,只看结果”的要求,并面对要求一视同仁,奖罚分明,以此提高下属的执行力。《靠结果生存》(王笑菲. 深圳:海天出版社,2010.)一书送给我们一个“胜者才能生存的法则”:在市场经济环境下的企业要想生存,必须遵循最基本的商业原则,这个商业原则就是生存依靠的是结果而不是借口。个人不重视结果,就没有工作机会;企业不重视结果,就失去存在的价值;对结果负责的人,就是对自己负责的人。用结果说话,拿结果换取生存的机会,企业才有生命,员工才有饭碗。未来只有一种企业注定成功,那就是执行型企业;未来只有一种人才注定成功,那就是执行型人才。通过有效的执行能力来实现企业的生存(结果即业绩),员工的存在(结果即自身价值)。古人推崇无功不受禄或论功行赏之说,强调的是凭结果来决定奖赏的力度。从某种程度上来说,可以认为结果导向成就企业、成就个人。结果能给我们带来一切,也会带走一切,如果没有结果我们就会失去一切,现在是这样,将来也会如此。

4.1.3 学会经营与同事关系的能力

每一个职业者在工作中都会有同事。这些与我们行事相同、相与共事的人,无论与我们或近或远、或亲或疏,都会对我们完成工作任务产生影响。培养自己获得与同事建立良好关系的能力,建立与诸多同事间良好、和谐的人际关系循环模式,对每一个职业者完成本职工作都有积极意义。

《现代汉语字典》里将"同事"解释为同一单位的人。这是"广义"的同事,照此解释,对自己和他人来说,自己作为他人的"同事"或他人作为自己的"同事",其角色都可能包含多重关系。如你既是儿子的"同事"(上级),又是他的父亲;或某个下属既是妻子,又是"同事"等。笔者在这里所说的同事,是指在相对小的空间中,接触相对频密,同处一个职级层面,多为非直系亲属关系的人,也可理解为"狭义"的同事。所以,如何与这样的同事建立良好的关系,我们自然应从普遍和一般的角度出发去讨论。

一、与同事的关系

要建立与同事之间良好的关系,首先要弄清楚我们与这些同事之间存在什么样的关系。

1. 同行的关系

同事是同行者,不是陌路人。他们并肩工作,一同前行。虽然有些人在过程中因各种原因离开,但在这些人离开的同时,又有新的同行者加入。所以,不论一个人走到哪里、在哪里工作,都会跟他人一样,与新的或老的同事同行。既然是同行者,那么就不会像人们走在大街上一样互不相识,而是无论并肩向前、前后随行还是迎面相遇,共同的工作都会将他们联系在一起。

2. 合作的关系

在工作中,同事总是出现在我们的前后左右,大家总是在为一项工作任务的完成而一起忙碌。各人所做的工作都有分工,这些分工也正好能够说明每个人的工作都是整体工作的一部分。如果将整体工作看成一个"工作链",那么,在这个链上,每个人都是其中的一个环节。因为一个人不可能承担整个工作链上的所有工作,所以,从上一环节接手工作,并做好自己分内的事情,然后将已经做好的,但还没做完的工作交给下一环节上的同事继续完成,这便是所谓的合作。同事之间的关系就是这样一种合作的关系,它要求每个人都要完成自己应该完成的一部分工作,并使自己的工作与前后同事的工作相衔接,在分工合作中达至工作任务的最终完成。

3. 互利的关系

一项整体工作的完成,是所有同事共同努力才能够实现的。假如结果是一种可见的利益的话,在结果出现后,同事们共同分享利益,才能够让大家体会到工作的意义和价值。互利,即互相有利,彼此受益。在一个工作链中,前面的同事把该做的做好然后传给我们,我们才能在此基础上做好该做的工作然后传给后面的同事,而后他们才能把他们该做的工作做好后再继续传递下去……这样,才能最终得到结果,而后共同获利。虽然在工作传递的过程中没有结果,得不到利益,但当工作任务完成、结果出现时,利益便随之出现并得以分享。因此,从分享结果看,每个人完成自己的那份工作,就是分享最终利益的一个条件。所以,同事们为完成某项工作任务而产生的关系,实际上就是一种互利的关系。

互利和共存总是具有相关性的。因为,在整个工作链中,一个人的"合理存在"是其他人得以存在的条件。任何一个不合理的存在,即在工作"连接点"上出现问题,都会导致整个链条"断裂",使最终结果无法实现,让所有人的存在化为乌有并使他们的利益受损。

4. 竞争的关系

竞争是生物学的关系之一,是指为了己方的利益而跟人争胜,是个人或团体为了达到某种目标,努力争取其所需求的物质或非物质的对象而在两者或两者以上发生的一种行为。同事之间关系的实质是利益,利益的核心是权力,所以同事之间的竞争有时也会被称之为"争权夺利"。

同事之间的竞争关系,是围绕对共同的机会目标的追求而形成的,其具有以下几点特征。

第一,是对于一个相同目标的追求。摆在身处同一工作层面同事面前的目标机会,都会成为大家共同迈向的一个终点。由于目标相同,想要得到目标结果便必须使出浑身解数,调动各种资源,以各种条件为支撑,才有可能抢先一步。当自己与其他同事一样去追逐同一个目标机会时,竞争就出现了,进而形成相互间竞争的关系。如果同事间各有不同的目标,便不会形成竞争,竞争的关系也不会存在。

第二,是对较少的和较为难得的目标的追求。由于目标机会数量较少,一旦被其他同事占有,便意味着自己一无所获。身边的同事和我们一样,都知道"物以稀为贵",都懂得将难得的机会把握住并最终归己所有的意义和价值。所以,他们同样会想方设法让自己捷足先登。面对"有他无我,有我无他"的稀缺目标机会,同事必然会进行竞争,相互间的竞争关系便由此而生。如果目标数量很多或轻而易举便能够得到,大家便会各取所需，同事间的竞争便不会存在，也不会形成竞争关系了。

第三，是对竞争目标的获取，而不是对其他竞争者的反对。竞争虽然是人与人之间的一种相互排斥的关系，排斥中也包含相互反对的成分，但反对却是一种间接的而不直接的。因为，竞争虽然在同事间产生，竞争的对象是人，但竞争的结果却是物。在对某一目标的追逐中，同事之间比的是能力、业绩、资历或人脉，虽然只有战胜他人才能成为最终的胜者，但如果靠挖他人的墙脚，给人使绊，打压别人以抬高自己，往往会"搬起石头砸自己的脚"。如果打击面过大，引起诸多同事不满而"同仇敌忾"，肯定会以失败告终。

第四，是按照一定的社会规范而进行的。同事之间的竞争不是混乱无序的，而是在既定的相关规则下进行的。这种规则通常以法律来支持、制度来维持。制定若干竞争规则的目的，就是要让所有参与竞争的人对自己的行为有所限制，对违规竞争的人进行处罚，以防止竞争关系演变成为人们之间直接反对的关系。

二、同事的类型

认识了同事之间存在的各种关系，我们还有必要认识和区分一下我们身边同事的类型。有人将同事的类别划分为以下七种。

1. 自负型

这是一类总是过高地估计自己的人，周边的同事给他们的评价只有两个字，就是"自负"。人的自我意识主要包括三个方面：自我认知、自我意志和自我情感体验。一个人评价自己，要靠自我认知，有的人过高地评价自己，就表现为自负。自负往往以语言、行动等方式表现出来。过于自负的人会产生自恋人格，即"水仙花症"。自负实质是无知，表现为盲从和狂妄。

自负型的人的特征可以归结为三点。

其一是自视过高。认为自己很了不起，总以为自己是金字塔顶端的那部分，习惯把头仰得很高，以俯视的态度看待别人。这种人时时处处都从自己的利益出发，很少关心别人。在有求于人时，他们也会说些恭维或感谢的话，过后便会把别人的帮助忘在脑后。在不求于人时，对人没有丝毫热情，似乎人人都应为他服务。

其二是看不起别人。认为自己比别人强很多，不把别人放在眼里。这种人固执己见，唯我独尊，不承认失败，在他的字典里不存在"失败"二字。他们总是将自己的观点强加于人，即使在明知别人正确时，也不愿意改变自己的态度或接受别人的观点。他们总爱抬高自己贬低别人，也常会把别人看得一无是处。

其三是过度防卫，有明显的嫉妒心。认为自己的竞争对手都是必须提防的人，他们对竞争对手对自己的言行十分敏感，时刻保持戒心。这种人认为自己做不到的事情别人也不应该做到，别人取得的成绩就是对自己的伤害。这种人有很强的自尊心，他们远离挫折与困难，喜欢炫耀自己的"优秀"，当别人取得一些成绩而优秀时，其妒忌心便油然而生。如果看到别人失败，他们往往会幸灾乐祸。如果别人真的在某些方面取得了成功，这种人便常用以"酸葡萄心理"来维持自己的心理平衡。

2. 领导型

这是一类自以为具备领导才能的人,他们不具有自负一类人的所有特征,但自以为是、居高临下也是他们的通病。他们虽是你的同事,但却少有以帮助或建议式的口吻跟你说话,时常以向你提供最不切实际的"良心"建议的方法来表达对你的关心。时常对你的工作指手画脚是这种人的习惯行为,以说三道四的方式对你的工作进行评价他们也十分在行。这种人并非没有爱心或故意给你的工作添乱,也不见得做些让你不高兴的事源自其故意使坏,言谈话语中让你受到伤害也并不一定是他的本意。他们之所以以这样的方式对待同事,都是因为其自以为是领导才能的拥有者,但其能力却远远达不到一个领导者应有的水平。

3. 保守型

这是一类"事不关己,高高挂起;明知不对,少说为佳"的人。他们往往遇事心里明白装糊涂。事情只要与己无关,就会以多一事不如少一事的态度应对。这些人大都是聪明、细心的人,他们能够看清楚事情的来龙去脉,明白孰是孰非。他们具有很强的自我保护系统和防御体系,除非被逼无奈必须张口说话,一般不会对他人的行为进行评判。这种人说话、做事小心翼翼,他们在开口说话前常以"祸从口出"提醒自己。批评他人是他们最不愿意做的事情,无论谁做了错事,只要与自己无关,他们总能"三缄其口"。他们并不是没有正义感的人,也不是看到别人有错存心不管或站在一旁看热闹的人。他们只是害怕说出他人的错误会造成对他们的伤害而引起别人对自己的不满。

4. 大炮型

这是一类谁都敢于得罪、被称之为"OFFICE 终级杀手"的人。他们性格外向,遇到他人不对的地方或觉得领导不公的"火花",心中就会燃起熊熊怒火。如果谁在工作中因某事招惹到了他们,他们就会毫无顾忌、不留情面地开动语言大炮轰之,他们的口头禅是"爱谁谁"。

5. 无能型

这是一类最为拥护团队的人。他们虽然能够依附于团队跟大家一起做些事情,但在单打独斗时总会因为能力不及而成为失败者。这些人总像南郭先生一样混在团队之中滥竽充数。只要团队在,他们就可以"吃嘛嘛香",但离开团队,他们便"干啥啥不成"。由于自身能力很差,所以,他们的表现就是特别倾向于集体,只要能跟在其他团队成员后面一起工作,便会随时听从指挥,让他们做什么他们都会乐意。

6. 跟随型

这是一类对领导忠心耿耿的人,他们能够按照领导的旨意,将自己知道的事情如实地汇报给领导。他们会紧紧跟随领导,按照领导的要求做事,充当领导的耳目,在同事中打探消息然后传递给领导,是他们向领导表达忠心的重要方法。他们在团队的同事中也有朋友,但在将朋友的所言所行汇报给领导的时候,他们的眼里只有领导而没有朋友。有人将这类人称之为领导的"私人御用卧底",如果他们"潜伏"得太深让朋友毫无察觉,有时会对他们的朋友带来伤害。

7. 贴心型

这是一类让同事人见人爱的“纯粹的人”。他们论能力有能力，论热情有热情，论德行有德行。他们从来都会干净、利落地做好自己该做的事情。在同事需要的时候，他们都会有求必应。他们对同事的帮助从来都不含有丝毫杂念，无私、宽厚、周密、温馨使他们成为办公室中有口皆碑的好人。如果能够在自己的同事中碰到这样的“稀有动物”，一定是前世的造化。

三、与同事应建立的三种关系

我们从上述文字中认识了同事之间关系的特点，了解了同事的主要类型。下面，我们首先来讨论一下可以与同事建立什么样的关系。笔者认为，我们可以与同事建立三种关系，即朋友关系、互惠关系、利益关系。

1. 与同事建立朋友关系

假设人的职业生命平均从 20 岁左右开始到 60 岁左右结束，应该有 40 年左右的时间，占到一个人平均寿命 70～80 年的 50% 左右。在如此漫长的职业生命中，有太多事情要做，而其中最为重要的事，就是在工作中结交真心的朋友。同事，是工作中相处时间最长、接触频率最高的人，与他们建立和谐的同事关系对我们的工作大有裨益。所以，在工作之初，我们不妨先将同事看作工作上的伴侣、生活中的朋友，然后在工作中多角度、多方面去观察、了解、认识，并从中选择出哪些人可以为友。

成年人社会化的程度已经达到相当高的水平，在工作中通过碰撞、矛盾、斗争，能够让他们逐渐“去伪存真”，是他们能够与一些同事从相识—分辨到相知—理解，最终相交—确认而成为真正的朋友。当然，选择什么样的人与其交朋友，一定是要认真把握好的。笔者认为，朋友的充分必要条件是有选择的忠诚（对忠诚如果不能分辨对错则另当别论），在此条件下，其他条件可因人而异。如果一定要给出一些标准作为参考，那么，孔老夫子的“益者三友”，即“友直，友谅，友多闻”是值得我们在交友时学习和借鉴的。

孔子曰：“益者三友，损者三友。友直，友谅，友多闻，益矣。友便辟，友善柔，友便佞，损矣。”（《论语·季氏第十六》）。著名语言学家杨伯峻先生（1909—1992）将这段文字译注为：孔子说：“三种朋友是好朋友，三种朋友是坏朋友。同正直的人交友，同诚信的人交友，同见闻广博的人交友，这是有益的。与谄媚奉承的人交朋友，与圆滑虚伪的人交朋友，与夸夸其谈的人交朋友，这是有害的。”（论语译注. 北京：中华书局，2009.）

北京时代光华高级讲师、职业素质训练专家宋振杰先生认为：“一个人的品质可以从他交往的朋友的品质得以显现，一个人的生命质量也可以从他朋友的质量来衡量。孔子为我们提供的交友之道，确实是金玉良言，近朱者赤，近墨者黑，交友不慎有可能祸害终生，很多人为此付出了沉重的代价。”对孔子的“益者三友”，他进行了精辟的释解。

第一，与“友直”的人交朋友。这种人性格直率，比较果断，心里没有弯弯绕，有什么说什么。你的优点与好处，他们会夸奖；你的缺点与不足，他们也会直言不讳地指出来；

当你忘乎所以、得意忘形的时候，他们会给你泼冷水，让你回归自我；当你心灰意冷、失魂落魄的时候，他们会站在你的身后，给你以坚定的支撑与鼓励；当你犹豫不决、瞻前顾后的时候，他们则会给你决断的勇气和力量。与这种人交朋友你的心里没有太大的负担，你甚至有时候感到惧怕他们，视他们为“畏友”，正是你怕他们，所以才不敢造次。所以，当他们毫不留情地批评你的时候，你要多一些宽容、容忍和体谅。

《荀子·修身》中说：“非我而当者，吾师也；是我而当者，吾友也；谄谀我者，吾贼也。故君子隆师而亲友，以致恶其贼。”意思是说，批评我的过失和肯定我的长处都能恰如其分的人，才是真正的良师益友。

第二，与“友谅”的人交朋友。“谅”，《说文解字》解释为“信也”，就是诚实、守信的意思。这种人心底坦荡无私，诚实善良，不做作，不矫饰。他们没有花言巧语，甚至拙嘴笨舌，不善表达。但是，他们会默默地坚守与支持你的一切，甚至在你犯错的时候，他们也会给你以宽容、慰藉与同情。与这种朋友的交往一般是天长地久的，是牢不可破的。无论是在你春风得意、飞黄腾达的时候，还是在你身陷逆境、遭遇坎坷的时候，他们都会一如既往。与这种朋友交往，会不断促使你的自省与自觉，升华你的灵魂。

这种人可能给不了你什么激情，但是却能够给你永恒。“君子之交淡若水，小人之交甘若醴。”淡若水并不是说交情淡而无味，而是说发乎自然，如水之长流不息。难怪有副对联说：“友如画竹终须淡，文似看山不喜平。”写文章贵在曲折起伏，引人入胜，扣人心弦；交朋友则如同画竹，以淡雅为上乘。

淡雅不是无味，而是本色，正所谓：“穷达尽为身外事，升沉不改故人心。”无论是你不得志还是得志，他们都能够故情不改，一以贯之；两心相知，矢志不渝。“温不增华，寒不改叶”，得到这种朋友真乃三生有幸。

第三，与“多闻”的人交朋友。这种人见多识广，可以做你的百科全书，他们博学多才，又善于分享，乐于助人。他们的聪明让你茅塞顿开，他们的睿智让你如虎添翼，他们的创意让你锦上添花。与这种人交朋友可以缩短你的成功时间，使你站在智慧达人的肩膀上越飞越高。他们就是你的捷径，他们就是你的智囊，他们就是你的导师，他们就是你的灯塔。

从上述可见，“直”“谅”“多闻”的朋友具有钻石般的价值，结交这样的朋友对我们实在是甚有裨益。

好朋友的形成和维持是需要条件的。说得具体一点，要成为好朋友，情投意合固然重要，但是还有一点，那就是两个人之间不能存在明显的利益冲突。两个存在明显的利益冲突，存在显性的或是隐性的利益竞争的人，是很难成为好朋友的。即使是已经成为好朋友的两个人，在面临明显的利益冲突和竞争的时候，如遇到晋升、加薪等问题时，其关系就会变得尤为脆弱，也常常会使友情陷入僵局。因为自私自利是人的“本性”之一，谁也逃脱不掉。所以，此时你应该抛开杂念，专心投入工作中，不要手段、不玩技巧，也不要放弃与朋友公平竞争的机会。

2. 与同事建立互惠关系

互惠关系定律告诉我们:行为孕育行为,你对我友善,我对你也友善,如果你对我不友好,我也不可能友好的对待你。

同事之间存在竞争关系,因为每个人都希望自己强于他人,在工作中取得更多的成就。成功是每一个励志者追求的目标,我们一定要懂得,成功虽然需要努力、能力、机遇、健康等,但成功的第一步却是要让自己怀揣一颗感恩之心。作为团队的一员,时常对自己的现状心存感激,时时对其他同事为自己所做的一切怀有敬意和感激之情,及时地回报别人的善意并且不嫉妒他人的成功,不仅能够使自己因"知情""有情"而赢得同事继续给予的支持和帮助,还能够通过对支持、帮助的回报使这些支持、帮助在以后的日子里来得更加频繁和有力。我们怎样对待别人,别人就会怎样对待我们自己,在这样一种同事之间相互支持、帮助的循环过程中,同事之间互惠的关系便逐渐形成了。互惠的人际关系其实就是同事之间互存善意的关系,因为人类这种高级动物在待人处事时,总是持有三分理智,投入七分感情的。也正是因为如此,我们在对待他人时,才会因给予而被给予,才会因爱而被爱。同时,也会因怀疑而被怀疑,剥夺而被剥夺。当然,如果自己种下仇恨的种子,被仇恨也会接踵而来。

你怎样对待别人,别人就会怎样对待你。

帮助别人也是帮助你自己。美国思想家、文学家、诗人爱默生(Ralph Waldo Emerson,1803—1882)说过:人生最美丽的补偿之一,就是人们真诚地帮助别人之后,同时也帮助了自己。伸出你的手去援助别人,而不是伸出你的脚去绊倒他们。一个与人为善、一心做好事的人会多流一些汗水,但得到的会比失去的多。

行为孕育行为,你对我友善,我对你也友善,如果你对我不友好,我也不可能友好的对待你——这就是心理学互惠关系定律。

无数的事实证明:及时回报他人的善意且不嫉妒他人的成功,这不仅会赢得必要而有力的支持,而且还可以避免陷入不必要的麻烦。嫉妒别人不仅难以使自己"见贤思齐、虚心向善",而且也会影响自己的心情和外在形象,更主要的是,这会使自己失去盟友和潜在的机遇,甚至还会树立强敌——因为一般来说,被别人嫉妒的人应该不会是弱者,以"一报还一报"的心理,他也不会对你太客气。

3. 与同事建立利益关系

如果说朋友关系建立在同事之间的感情基础之上,互惠关系建立在同事之间相互帮助、支持的基础之上的话,那么,利益关系则是建立在金钱与物质之上的。在前文中讨论过美国作家泰勒·G. 希克斯在其所著的《职业外创收术》中提出的金钱可以使人们在12个方面生活得更美好。所以,与同事之间建立这种关系,自然无可厚非。虽然我们在与同事建立某种关系时的出发点不能着眼于金钱与物质,但在许多情况下,由金钱和物质而生的利益关系是大家无法避免和拒绝的。

谋利虽然不是人的天性,但当人们社会化到一定程度,它便成为绝大多数人的属性的一部分，并且一生如此。所以，在职业生命40年左右的岁月中，如果我们能够与同事建立朋友关系、互惠关系，或又是朋友关系，也是互惠关系，那么，多一层利益关系，肯定能够为我们的职业生命添些光彩。如果难以与同事建立朋友关系或互惠关系的话，建立利益关系也是完全可以被接纳的。千万不要相信"视金钱如粪土"是一种什么美德，只要获得的金钱来路合法，得到的财富"取之有道"，心安理得地将这些金钱和物质纳入囊中便是理所当然的事情。当然，一个浑身散发着"铜臭味"的人是一定会被人们所唾弃的，为谋取金钱或物质而损害公共利益或他人利益的肯定会被同事视为"坏人"，这样的人自然不可能与同事建立正常的利益关系。

四、与同事建立三种关系的技巧

其实，在与同事的交往中，人们通常不会只停留在建立某一种人际关系的层面，许多人会在与同事建立某种关系的基础上进而形成多种关系，如因朋友关系而生的互惠、利益关系或因利益关系而生的朋友、互惠关系等。由于同事与同事之间的这些关系时常交织在一起，互为支持又相互作用，所以，在某种关系出现问题时，其他关系便会直接受到影响。比如，在朋友—利益关系中，如果在利益上出现纷争难以解决，朋友关系便难以为继；在互惠—朋友关系中，如果没有了互惠，朋友关系便会失去支撑。在一个部门中工作，同事之间的气氛越好，大家的心情自然就越舒畅，工作效率自然就越高，领导自然就越高兴。不过"一样米养百样人"，由于同事之间接触的频度较高，加之多种关系会存于一身，所以，这种关系要比上下级之间的关系更加复杂、多变，也相对更加难以把控，要想让同事之间永远一团和气，不过是奢望而已。所以，与同事之间建立这些关系，是需要一些有效方法和技巧的。

1.必须把自己的工作做好

做好分内的工作，是建立良好同事关系的最基础条件。一个职业者的本分就是把自己该做的工作做好，这样你才能够证明自己有完成工作任务的能力，也不会因自己的工作做得不到位而给同事增添麻烦。在工作中，同事之间最一般的关系是工作关系，这种关系也是个人与同事建立其他关系的基础，如果想得到其他同事对自己工作的基本认同，在工作中干净、利落地做好自己该做的事情，大家才会愿意与你交往。在工作中经常在某一项工作上出错的人会被周围的同事视为愚笨者，而一个愚蠢的人是很难得到同事们的接纳的。必须把自己的工作做好，这句话说起来容易，可真正做起来并不那么简单。因为在工作中，得过且过的想法经常会在我们的大脑中闪过，如"干不完算了，明天再说"、"该做的都做了，差不多就行了"、"就这样吧，反正还有他们哪"，等等。如果一个人在工作中经常被这些想法控制，不管他的工作条件多么好，交付给他的工作多么简单，他也很难全心全意地投入工作，自然也就很难把自己该做的工作做好。在任何一个部门，领导和同事总是青睐那些能够做好自己本职工作的员工，这些人也因此能够得到更多的机会。

一个人无论从事什么工作，要想做好自己的工作，首先必须具备端正的工作态度，要学会热爱自己的工作,同时要体验工作过程给自己带来的快乐。

一是要做到热爱本职工作。工作是每一个人安身立命的基础,是生活中极具意义的一部分。人是群体动物,而工作则正符合了人性里渴望与人交往的需要,他还经常能够给我们提供许多面对挑战的刺激与获得机遇的乐趣。做好它,我们就能占住某个岗位,就能够继续工作,就有钱赚、有饭吃,就能买车、买房子。所以,无论是否喜欢,有无兴趣,当一项工作摆在我们面前的时候,就是缘分,我们就必须顺应"天意",就必须培养自己与它的感情。一项陌生的工作,入手时可能不顺,故难言喜欢,但做多了,了解了,熟悉了,把工作中的难题解决了,我们就自然会喜欢或热爱我们的工作了。例如,在面对困难绞尽脑汁排解难题最终圆满完成工作任务后,我们会感到充实和满足,难得的工作结果会让我们体会到对原有自我的超越,并由此带给我们自尊和自信;作为社会的一分子,当意识到自己的平凡工作也是贡献社会的一部分时,自己内在的自我实现的需要也随之得到满足。心理学研究证明,对工作的热爱不但能够使人们完成工作的质量和效率得到提升,还能使人们的身心得到健康发展。所以,任何人一旦步入社会走上了自己的工作岗位,无论其从事何种职业都应努力做到干一行爱一行,因为热爱自己的工作,就是塑造幸福的自己。

二是要做到恪尽职守。做好本职工作是一个人最基本的职业道德,职业者具有职业道德,是最一般和最基本的条件,这本就应该,并非高尚。尽职尽责做好本职工作是衡量职业者工作的基本标准,达到这一标准,才可称之为合格而并非优秀。所以,在工作中以认真负责的工作态度完成工作任务,也只是达到了一名合格的工作人员的标准而已。就千千万万项工作来说,其中某一项工作算不上"大事",但对某一个职业者的工作来说,任何微小、平凡的工作都是"大事"。在平凡的工作岗位上能够恪尽职守做好每一件小事的人,才能积小成大,最终做成大事。

三是要做到乐于奉献。多数人都是在一个平凡的工作岗位上工作的,在这些岗位上工作,一年半载很难做出什么惊天动地的事情来,多数人一辈子认真工作也通常是平凡而来,默默而去。所以,一个普通的工作者,大多是没有什么一夜成功的非分之念的。但是,即使不求有朝一日享受鲜花和掌声,但在做好自己应该做的事情之余,如还有余力,还心存友善,做一些有益于他人的事情也应该乐得其所。多一些奉献也不是为了某日得到什么超值回报,但是,乐于奉献的结果通常是温暖了他人、幸福了自己,谁又能否认这是一种回报呢?现代社会"积善成德"、"积德成仙"的事例也并非鲜见。许多平凡的职业者几十年如一日默默奉献,最终"感动中国"的事例已经在我们的身边频繁出现。虽然他们从来没有想过哪一天自己的事迹会被传颂开来,但他们不间断的奉献从一开始就预示着会有今天。

2. 亲密有间

要想在一个部门平稳地工作下去,自然不能把与同事的关系搞得一团糟,保持友好关系是必需的,与一些同事建立亲密一些的关系也是完全正确的。但是同事之间毕竟存在竞争,竞争就可能引发利益冲突,所以,同事之间可以亲密,但必须“有间”。只有做到“有间”,他们才不会把你的缺点和错误全部看在眼里,也不会对你的志向和目标了解得十分具体,更不会清楚地掌握你的隐私。这样,就能够防备一旦相互之间因利益出现纷争或为获得某个机会而发生冲突时,他们以此将你击败。心理学家调查研究后发现,事实上只有1%的人能够严守秘密,所以,“打死我也不说”对大多数人来说是一件很难做到的事情。但同事之间“没有永远的敌人,也没有永远的朋友”,在没有利益冲突时大家往往可以称兄道弟、举杯共饮;如果在利益方面产生矛盾,就可能反目成仇。所以,想方设法将自己的秘密藏在心里,以“有间”的方式与同事相处,才能够在关键时刻很好地保护自己。亲密的同事并非整日形影不离,亲密重在心而不在行,所以,表面平淡但内心亲密才是一种健康的状态。每个人都可以与同事成为亲密的战友,但当这些战友抱怨工作太多,待遇太差,或“同仇敌忾”开口大骂领导时,你千万不要随声附和。办公室是工作的地方,不是互诉心事的场所。但我们身边总有一些人,喜欢向自己的同事倾吐苦水,如失恋了、跟老公吵架了、被领导误解而不满了、对领导或其他同事有意见了,等等。虽然向别人吐露衷肠,能够很快拉近人与人之间的距离,得到信任,但却可能因此给自己埋下“危险”。所以,同事间交流,大可以“上下五千年,左右三千里”,但却要尽量避免谈论涉及个人隐私方面的问题。

“有间”不是独来独往,不是少与同事交际,更不是筑起心墙将自己与同事隔离。如果我们因害怕与同事交往会伤害别人或让自己受伤而一概排斥同事间应有的工作关系,那便会给我们与同事之间的关系蒙上阴影,并使自己成为孤寂的游离者。

“有间”的同事关系对避免同事纷争有益。同事是同行者,这种平行走向的关系表示他们各有各的一片天地,各自的“一亩三分地”是大家各自的安全空间,互不侵占便会相安无事。虽然个人的空间是相对的,但是,如果一个普通关系的同事不经他人允许越界到别人的地里耕作,彼此关系很可能由和平转入战争。绝大多数人都是爱好和平的,但是同事中也偶尔会出现个别总爱插手别人的工作、随时越界与其他同事宣战的人,这种无视“有间”关系的“刺猬”式的人物,通常会被大家畏之为鬼神而远弃。中国人常说“不在其位,不谋其政”,这是尊重他人工作权利的一种方式,也是尊重他人安全空间的一种规则,亦代表和平共存和承认主权。“有间”就是对这一主权的尊重,同事之间相互遵从这一点,大家才能和平相处。当然,在工作中给同事以必要的帮助是建立良好同事关系的有效方法,不过,这种方法应该以被帮助者有所需要为前提,因为,同事间的人际关系十分微妙,有时自己基于善意的相安相受,可能因为彼此处于职位竞争状态,而被对方解读为“恶意侵占”。所以,牢记“有间”才可能让自己与同事保持在相安无事的状态中,才能天下太平。

3. 精诚合作,以诚相待

现代社会,强调分工,更注重合作。马克思说,分工协作不仅提高了个人生产力,而且创造了一种生产力。协作是以分工为前提的。没有专业化的分工,也就无所谓协作。

现代管理学提出分工与协作原则，就是要求组织内部既要分工明确，又要互相沟通、协作，就是要求在合理分工的基础上建立严密的协作关系以达成共同的目标。只有这样，才能提高工作效率，达至工作目标。

一个机构中，同事们来自五湖四海，个性和志趣不同，工作风格相异，但大家都是为着同样的目标走到一起来的，即做一份工作，赚一份钱；通过努力，改变自己。只要动机的基本需求趋同，即使性格存在差异，工作方法不同，表达方式不一，在为了能够很好地完成工作任务的前提下，求同存异、互相包容，共同完成工作任务便不是一件困难的事情。如果在做好工作的基础上，能够拿出些诚意来互相沟通、了解，增加相互的认同感，私人感情也逐渐建立，同事也可以成为朋友。职场上，所有职业者都明白多一个朋友多一条路的道理。所以，在工作中与他人精诚合作，为同事搭架、补台，在工作之余与他人一起休闲、共享快乐，都是应该做的事情。工作中有时会碰到个别人看上去难以相处，这种人恐难与之建立友谊，但只要我们在与其合作时拿出诚意，真诚沟通，适度迁就，也能共同把该做的工作做好。

如果你发觉与大部分同事都无法很好地沟通、合作或同事们都对你敬而远之，那你自身一定是存在问题。你必须认真地“照照镜子”，发现问题后要尽快“洗洗澡”、“正衣冠”。如果找了半天没找到问题，这便恰恰就是问题，如果此时还不能醒悟，那被扫地出门的时候就快要到了。

在工作中互帮互助、团结协作、真诚待人，不仅会对你的工作有所帮助，让你与同事保持良好的合作关系，也是你通往优秀的基础条件，更是你迈向事业成功的坚实基础。真诚是打开别人心灵的金钥匙，因为真诚的人会使人产生安全感，减少自我防卫。真诚待人，重在自我要求，做事问心无愧。我们常说，“路遥知马力，日久见人心”，一个真诚待人的人，早晚都会赢得人心并因此得到回报。

当然，合作的过程也是认识和选择人的过程，通过合作去选择那些人缘比较好的人做工作伙伴，与这样的人建立良好的工作关系。如果我们的工作关系网络全部由“好人缘”的人组成，那么，这个关系网络的力量将是无穷的，而身在其中的我们也会因此受益匪浅。

4. 拿工作业绩说话

高绩效是一个优秀员工的显著标志，你的出类拔萃从来都是靠你的工作成绩来证明的。对所有机构中的员工而言，一切必须以业绩为导向。没有绩效，再聪明的员工也不可能在竞争中得到机会。踩在其他同事的肩膀上谋求业绩一定会摔得很惨，所以，每个人都必须通过自己的努力去获得绩效。当然，要想吃樱桃先要栽树，要想收获先要付出。要想获得出色的工作业绩，需要人们在每一个工作阶段都能够找到正确的途径，需要人们在每一个工作层面都能够找到有效的方法。

有人认为，在以下三个层面采用有效方法，能够在工作中取得更高的绩效。

工作的第一层面：主动改进。

一个优秀的员工不会盲目地服从领导的命令,他们从不认为领导的指令“神圣不可侵犯”。当他们接到一项明确的任务后,如果在领导的指令之外,有另外一条更好的途径可走,他们会主动请示老板,积极改进。运用他们的推理和说服力,晓之以理、动之以情,让老板相信:另一种方法能够更好地完成工作任务。

不过,如果你的领导总是刚愎自用,那你必须三思而后行。

工作的第二层面:主动请愿。

一个优秀的员工会在领导被工作缠得焦头烂额的时候像江湖豪杰一样主动站出来为领导分忧。特别是在领导工作“触礁”,迫切需要帮助的时候,他们会挺身而出、施以援手。

帮助领导一下其实算不上你的工作业绩,但这么做会让领导感动。在他们肯定你的工作成绩时,这些都会被纳入其中。

在工作中彰显自己的道德风采挺身帮扶领导,原本无可厚非,但在施以援手时应小心不要损害到他人的权益。比如,领导目睹员工经常加班到深夜,良心发现决定征询大家意见讨论加班费发放标准,开会时偏偏有“公忠体国”的人“主动请愿”:大家自动自发加班是基于对公司的热爱,并不介意有无报酬,何况当前销售不佳,不减薪已难能可贵,故再奢求其他……会后,此“鼠”定会遭遇“人人喊打”。

工作的第三层面:主动进取。

一个优秀的员工不会满足于此时此地,他们不会一味“低头拉车”,而是在“拉车”的同时不断“抬头看路”。在一个以绩效论英雄的社会中,唯有不断自我鞭策、自我栽培、自我锤炼,唯有登高望远,与公司制定的长期目标保持步调一致,才能把自己的绩效平台推向更高层面。

工作业绩是一个人被领导和同事视为有用的最重要条件,一段时间中总能保有良好的工作业绩,会被领导视为有用之才。一个人一旦在领导眼中从有用变成有用之才的时候,天上掉下的馅饼就会砸到他的头上了。但是,“八十分理论”告诉我们,做事都要留有余地。在职场中力求表现好虽是上班族的金科玉律,可是若不论时机、不看情况,盲目地使出全身解数追求工作绩效,有时也会带给自己压力和痛苦,甚至因光彩外烁,引起同事的妒忌。所以,拿出八成表现,留下二成余地,即可让自己往上有二十分冲刺的空间,又可往下有二十分的回旋,不致跌破六十。这样,领导可常见你向上冲刺,少见你向下滑落,便觉得你从未退步;同事也不会因为你跨越太大让他们因总落在你的身后而产生不满。在主动进取中,凡事适可而止,让自己的口袋中永远装着“两把刷子”,不要轻易触及最高点,是一种“主动”的方法;而“进取”的技巧则是以退为进给自己留有一些缓冲空间。

5. 以和为贵

同在屋檐下,哪能不吵架。一天工作八个小时,同事之间难免会遇到利益或其他方面的冲突,有了矛盾,用温柔的方法难以解决,吵上一架,把想说的都说出来,说不定矛盾就此能够得以化解。但是,就大多数问题的解决而言,吵架不是好方法,因为在激动的时候大脑思维会出现混乱，嘴巴会不听使唤，说了过头的话必定伤人，而伤人就是害己，因为你所伤的人在日后在工作中会给你带来麻烦。所以，用求和的方式解决同事之间的矛盾，实为上策。

中庸之道在中国的处世哲学中被奉为经典之道，其核心就是以和为贵。而以和为贵在我们处理与同事之间的关系中，的确能够起到积极的作用。在工作中，每一位同事都是我们的工作伙伴，大家之间出现的问题也多因工作而生，从就事论事的角度看，如果矛盾是因工作中存在的问题而发，那我们大可不必与某个人计较。当然，可能有人会说，工作都是人做的，工作出现问题自然是某人所为，说事便不可能不涉及人，所以通常很难做到论事不论人。其实，我们在此强调的是出发点的问题，就事论事的出发点是事情本身，而不是做事情的人是谁，因为我们解决问题是要解决出现问题的事，而不是要解决做这件事的人。如此一来，因事而跟人较劲便显得没有必要了。不过，有时论事，当事人会不悦，也可能会在论着事的时候与当事人产生矛盾、冲突，这时候以和为贵就显得十分重要了。我们可将某人做事出错视为其“身处逆境”，在此情境之中，多数人都会情绪低落、心情苦闷。如果此时多点人情味，对其出错表示理解，对他的处境表示同情，在安慰、关心中对他解决存在的问题伸出援助之手等，那么，我们的这些善意和真诚定能化解对方的不快，同时还有可能赢得对方的信任。

有话好好说，也是求和的重要方法。在办公室里与同事沟通多以口头语言的方式完成，不同语言所产生的结果大相径庭，所以才有“一句话能让人笑，一句话也能让人跳”的说法。同样的目的或意思，表达方式不同，造成的后果大不一样。所以，切忌把与同事讨论某些问题当成辩论比赛，对于一些非原则性问题，没有必要争得你死我活。即使是有了一定的级别，也不能用命令的口吻说话。在讨论某些问题时，有时会发生争执，这时，不管你是职高一等的老手还是新近入行的新手，都应绝对摒弃不平等的关系，心存自大或心存自卑都是同事间相处的大忌。如果意见不统一，保留自己的意见也没什么问题。经常好辩逞强的人，会让同事们敬而远之。求和的最好方法是与人为善，即相处要友善，说话要和气、要有分寸、要得体、要分场合。如果交流中能够以优雅的肢体语言、活泼俏皮的幽默相伴，再加上拥有一份自信更为重要，那你一定会成为一个受众多同事欢迎的人。上文提到，在办公室跟同事说话不能人云亦云，而是要发出自己的声音，敢于说出自己的想法。同事都喜欢有头脑和主见的人，如果你经常附和别人，你就很容易被忽视，话语权和地位都会受到影响。不过，即使你的专业能力很强，在某些方面有突出成绩深得领导赏识，也不要当众炫耀自己。因为来自于他人发自内心的称赞才是最有意义的。

幽默既是求和的妙方，也是建立同事之间良好关系的绝佳方法。人人都乐意与能让自己经常开口大笑的人相处，“当他在的时候，总能带给我们快乐”的人，是最受大家欢迎的人。幽默的功能不仅仅如此，有时幽默“四两拨千斤”，能够在打破僵局、自我解危中产生奇效。在沮丧、烦躁之际若能自嘲一番，也能解除不少压力。但值得注意的是千万别以揭人疮疤为说笑题材，不然笑话不但不可笑，反而易于伤人，破坏人际间的和谐关系。

在职场中,各种关系盘根错节、错综复杂,工作中涉及的工作关系越多,遇到的鸡毛蒜皮的小事也会越多,发生纠葛的可能性就越大。如果与他人发生矛盾或被人误解、非议时,只要不涉及原则问题或大是大非,怀有大度的心态,退一步海阔天空,我们大可不必与之计较、耿耿于怀。对于这样的人或事,以忍耐、宽容和"君子坦荡荡"的姿态一笑置之,方显英雄本色。

拥有海纳百川的胸怀是一个职业者的境界,这个境界非先天而来,而源于后天造就。磨炼得多了,也就自然形成了。

6. 尊重他人

尊重他人,是待人的基本准则,也是一种品质。研究表明,每个人都有强烈的友爱和被尊敬的需要。所以,尊重和被尊重,也是满足自己和他人需要的基本条件。互惠关系定律告诉我们,在人际交往中,自己对待他人的态度往往决定了别人对待自己的态度,因此,我们如果想要获取他人的好感和尊重,必须首先尊重他人。想要尊重他人,首先要形成他人存在的价值意识,要发自内心地认识并接受他人存在的意义,说得直白点就是要看得起别人,摒弃傲慢与偏见。缺乏认同他人存在价值的尊重是一种刻意的尊重,这种尊重行为只能在某些情境中表现出来,一旦情境有变,这种"无本之木"的尊重便不复存在。所以,要想做到真正的尊重,必须构建自我内在的尊重他人的基础,即建立他人存在意义的价值观念。

直接经验和间接经验告诉我们,在适度紧张的状态中,人们在言行上会较为谨慎、注重小节。但在自由、放松的状态下,便会在意识中降低对自我言行的把控,而表现出的对他人不尊重的言行,也多是在这种状态中出现的。在一个部门工作一段时间后,同事之间便比较熟悉,开个玩笑、逗逗乐会在工作中经常出现。此时,适度紧张的状态已被自由放松的状态取代,不经意间伤人的言行便可能随时发生。所以,尊重他人,应注重把控自己在日常同事交往中言行上的细枝末节,将说笑适度养成习惯。这种习惯性的行为一旦形成,便能够保证自己在日常工作中言行上不会失控。对于同事中要好的朋友,多数人在交往中会失去警惕性,在完全放松的状态下开起玩笑经常口无遮拦,而对同事的伤害恰恰较多地发生在这种情景之中。其实,所有人都应该知道,无论多铁的朋友,他们都是人,他们都有和常人一样的自尊心,不管不尊重他们的言行来自于何人,都会对他们产生伤害。对于来自于朋友的不尊重,如果觉得源于不经意,他们通常会宽容待之,即使觉得话很难听,也不会轻易怒发冲冠或以其他激烈的方式表达出来。但是,嘴上不说并不意味着不往心里去,他们一样会对不尊重产生反感,反感多了自然会影响感情。

在同事中,有些人因在一些方面不如他人而有自卑感,这些人因自卑反而有超出一般人的对自尊的渴望和需要。与这类同事相处,在言行上更是要加倍小心。中国有句俗话叫"打人不打脸,骂人不揭短",自卑的人与自信的人相比肯定多有短处,对他们来说,揭短如同打脸,会给他们的心理造成严重的创伤。所以,无论在什么场合与他们交流,都不能在言行中把他们的短处揭出来。此外,保守秘密也是尊重同事的一项行为准则。无论同事的秘密出自何方,面对秘密,我们都必须要求自己做一个守密者。小道而来的所谓秘密真假难辨,不予传播是我们做人的本分;保守当事人亲口说给我们的秘密,则是我们的义务和责任。所以,守密者的角色应该是一个职业者的终生角色。

同事之间因公因私都少不了应酬,应酬中少不了喝酒,觥筹交错,推杯换盏中有时会喝高,喝高了有时难免酒浇块垒。研究证明,当人血液中的乙醇浓度达到 0.05% ~0.1% 时,人便会开始有朦胧感;当人血液中的乙醇浓度达到 0.1% ~0.2% 时,大脑神经会呈麻痹状态、抑制功能减弱,记忆力、注意力、辨别力、理解力会明显下降。此时人会有解放感,行动丧失自制,不再有往常的文明和礼貌,变得更爱说话,常表现为喋喋不休,夸夸其谈。在这种状态中,人在潜意识中存留的对同事的点滴不满,都会被全然发泄出来,平时温文尔雅的人,也会变得粗野、狂躁。虽然科学证明在醉酒状态下人的确无法自制,但被你骂的人却肯定认为你是在"酒后吐真言",即使转日酒醒后真诚道歉,也难以消除对同事的伤害。所以,聚会饮酒必须适度,这样才能避免因撒酒疯而伤害他人。

7. 遵循 18 条原则

与同事建立良好的人际关系,既有方法可用,也有原则可依,笔者综合了与同事相处应遵循的 18 条原则,可供大家在工作中参考。

(1)环境适应原则。自己应主动适应环境,因为环境永远不会来适应你。即使改变自己适应环境是一个非常痛苦的过程,也必须去做。新到一个部门工作的人,都希望尽早建立良好的人际关系,但等待一段时间让某个圈子自动接纳你要比你盲目融入某个圈子安全许多。

(2)同理关怀原则。同事合作做事,在工作上出现问题时,首先要站在对方的角度去感受和体验。因为站在客体的角度去看问题,能够使我们更加清醒,也更容易找到问题产生的原因。谁都喜欢问寒问暖,不喜欢横眉冷对。如果没弄明白怎么回事便被别人劈头盖脸说一顿,肯定心里难受。所以,知道别人喜欢什么做什么,知道别人不喜欢什么就不要对别人做,是一定应该记住的。另外,每一个人都不应将公事以外的个人不良情绪带到工作中,因为别人和我们一样每天都在忙碌着、烦恼着,大家都想寻求轻松和快乐,而不良情绪不但不能给同事带来快乐,相反会给他们增加烦恼。所以,一旦进入工作角色,就应该把工作以外的所有不良情绪抛在脑后。从踏入办公室的第一步开始,我们的表情只有一种,就是微笑。人常说理解他人等于帮助自己,如果大家都明白微笑会带给别人快乐,那么,我们在办公室中所看到的不就是一张张笑脸吗?

(3)以礼相待原则。俗话说:"礼多人不怪。"端茶、倒水、让座……你好、谢谢、再见,等等,你经常"门好进,脸好看,话好听",以后有事找别人就会"事好办"。

(4)助人为乐原则。互相帮忙是同事间的常情,将帮助别人当成一种乐趣,不为回报,而是享受那一刻"给予"所带来的快乐和满足的体验。当然,助人一定是人有需要,如果某人为保自尊而不需要,你便不必上赶着去看人家的白眼。助人图的是自乐,因此不求回报,有时好心也不一定得到好报,但以怨报德肯定是很少发生的。

(5)宽以待人原则。为人要宽容,能给人以余地,自己也得安乐。在沟通时应和颜悦色,不必带有情绪。如果别人带着情绪说理,语气过硬,可以礼让三分,小不忍则乱大谋,我们以软应对也不会有多大损失。与同事争执时,有理不在声高,不与争锋者论高低,得容人时且容人,最好用事实来证明自己。如果以硬碰硬,难免互伤留下怨恨。面对问题就事论事,与人相处要看到他人存在的价值。不要忘了我们待人处事的座右铭是“以和为贵”。

(6)甜言蜜语原则。客气点、嘴甜点,会让人感到舒适。夸奖、称赞、叫好会让人产生愉悦。常说这些话,你得到的要比付出的多得多。从经济学角度看,一句赞美的成本是相当低微的;但从心理学上说,赞美可以创造出无限的价值。如果你对一位穿着新买的裙子上班的女同事说,你从来没有见过这么好看的裙子,她很可能因此会觉得这个世界上只有你才是知音。

(7)慷慨大方原则。无论你差不差钱,在该大方的时候都应该大方一点。虽说钱不是万能的,但用在该用的地方肯定能起到意想不到的作用。

(8)知恩回报原则。一定要把别人对自己的好记在心上。感恩的最好方法就是一旦有机会就要给对你好过的人以回报。

(9)实事求是原则。应在合适的时间,用合适的方法,对合适的人说出你知道的事实。面对原则性的问题,你绝不能含糊其词;面对他人的陷害,永远不要放弃自己的尊严。如果说实话的结果带给自己的是伤害,那是因为你在时间、方法、人选方面出现了差错。如果你的领导不明真相,可以与其他同事多多沟通,用舆论的力量来击倒对手。

(10)谨慎小心原则。时刻应保持警惕,害人之心不可有,防人之心不可无。特别是那些防不胜防的小人。如果你觉得最近一段时间工作很是顺利,那你就更应该倍加小心。言不及义的话不要说,也许你一句不负责任的话,会给同事带来麻烦。

(11)多听少说原则。耳朵比嘴巴更招人喜欢,多听别人的谈话,学会倾听他人的意见,从中能够学到很多东西。从他人的对错中反思自己的行为,是提高自我认知的方法之一。言多必失,祸从口出,少说话能够让“失”与“祸”的出现的机会大幅度降低。在讨论问题时,绝不能自己唱独角戏,要多给同事发言的机会。

(12)处事低调原则。做事低调一点,不要显山露水。在高调的人相互争斗而两败俱伤后,你就会成为机会的获得者。在适当的时间,适当的地点,勇于自我表现可以提升同事对你的好感度。反之,则会给自己增添一些不必要的麻烦。

(13)量力而行原则。做只能做的事情,而不是做自己喜欢的但做不到的事情。手有金刚钻,可揽瓷器活。工作中切忌好高骛远、眼高手低。

(14)说到做到原则。承诺的事情一定要给出结果。虽然答应的事情可能因为各种原因没能办好,但态度端正能力有限或许能够得到谅解。若把承诺瞬间就忘在脑后,定会因失信让众人远离。

(15)责任担当原则。谁也不是完人,谁都可能出错。如果出错的原因来自自己,那就要承担必要的责任,并绝不“二过”。如果与合作的同事沟通出错,代人受过对自己来说肯定是多了一份损失,但有时候因此而得到的补偿要比损失大得多。

(16)严于律己原则。己所不欲,勿施于人。希望别人做到的自己首先应该做到。自己能够做到的不一定要求别人一定做到。

(17)洁身自好原则。办公室是“第三者”滋生的温床,同事间保持亲密有间的关系,男女同事之间建立“铁轨关系”(两条铁轨并行向前,但永远不会连在一起),是避免“红杏出墙”的好方法。

(18)廉洁奉公原则。绝不能把公家的财务装在自己的囊中,绝不能借助自己的权利让亲朋好友谋取利益。

8. 注意十大禁忌

与同事交往,有许多事情是可做的,但也有一些事情是不可做的。特别是一些看上去不起眼的“小事”,如果不在意,也会影响到同事之间的关系。所以,把一些“禁忌”(《同事相处之道的 9 大禁忌》,http://xl.99.com.cn/tswl/2935370_all.htm,2012 年 10 月 27 日)常挂在心头是十分必要的。

(1)从办公室离开不跟同事打招呼。你有事要外出一会儿,或者请假不上班,虽然批准请假的是领导,但你最好要同办公室里的同事说一声。即使你临时出去半个小时,也要与同事打个招呼。这样,倘若领导或熟人来找,也可以让同事有个交代。如果你跟谁都不说便外出办事,其间恰巧有人来找,同事便不知如何应对。告知同事自己外出,也是对同事的尊重与信任。这么做的好处是在领导找你找不到的时候有人出来给你打圆场。

(2)不跟同事交流工作以外的事。与同事除了工作上的交流外,有些不需要保密的隐私以外的事情可以成为与同事谈论的内容。比如孩子升学、爱人工作、兴趣爱好、外出旅游等,在工作之余都可以跟同事聊聊。由于这些话题具有共性,所以一起聊聊既可以增进了解,也能够加深感情。有些不该说的事情当然不能在大庭广众之下都说出来,但可以说的事情别人对你说了你却不做同样的回应,便会给人家留下不被信任或有心计的感觉,这样会疏远自己与同事之间的距离。

(3)有事不肯向同事求助。什么事都求人会让人厌烦,轻易不求人也是对的。但有时求助别人反而能表明你对别人的信赖,特别是工作以外的事情,如所求之事人家帮你解决了,你表达一下谢意,还能融洽关系、加深感情。比如你的孩子要想升入某所学校,你想了解升学事宜,你同事的家人正好与这所学校有关系,你直接求问便可了解一二。但如果你不开口求助,反而会让同事觉得你不信任人家。虽然求人会给别人添麻烦,但同事之间相互帮忙是很平常的事情,如果你有事从不找别人帮忙,别人有事也不好意思求你。良好的人际关系是以互相帮助为前提的,如果在工作的事情上能够相互帮助,而在工作以外的事情上从不求人帮助也从不帮助别人,那么相互帮助的关系便会大打折扣。当然,求助他人要讲究分寸,让人为难或很难办到的事情,还是不要张口为好。

(4)不做顺口、顺手可做的事。提前知道了什么能让大家高兴的事情不马上向同事通报；发给每人一份的东西本可以一起领回来发给大家，但你却悄悄地只把自己的那份领回来却不帮人代领。这种行为说得好听点是不合群、缺乏共同意识和协作精神，说得不好听就是自私。这样的人肯定会遭到大家的排斥。

(5)对明知的事情言称不知。你知道同事出差或请假办事，即使人家走的时候没跟你打招呼，在有人来找时，你应该把真实情况告诉人家。如果你确实不知，问问别人然后回复对方，也是很好的助人方式。如果你明明知道却声称不知，一旦让当事人知晓，定会对你产生不好的印象。对此类的事情如果明知却常言不知，是冷淡或对他人漠不关心的表现；如果有人存心如此，那便有贼、毒之嫌。

(6)热衷打探他人的秘密。每个人都有自己不愿意让别人知道的秘密。在同事交流中，对人家愿意说的你就听听，对人家不愿意说的，不要揣着好奇心去打探。有时，同事不留意把心中的秘密说漏了嘴，你应该以不该听的“不听”的方式进行处理，千万别接着话茬刨根问底。

(7)嘴巴上占人家便宜。在同事相处中，有些人总想在嘴巴上占便宜。有些人喜欢说别人的笑话，讨人家的便宜，虽是玩笑，也绝不肯以自己吃亏而告终；有些人喜欢争辩，有理要争理，得理不饶人，疾言厉色咄咄相逼，没理也要争三分；有些人不论国家大事，还是日常生活小事，一见对方有破绽，就死死抓住不放，非要让对方败下阵来不可；有些人对本来就争不清的问题，也想要争个水落石出；有些人常常主动出击，人家不说他，他总是先说人家。这种以强者姿态“攻击”他人的人，常常因为大多数人都会同情“弱者”而被同事不齿。

(8)拒绝同事的小吃。同事带点水果、瓜子、糖之类的零食到办公室，休息时分吃，能够增进大家的感情，你就不要推，该吃就吃。有时，同事中有人拿了奖金或评上了职称什么的，他高兴买点东西请客，大家做个吃客也很正常。如果大家在一旁热闹，你却坐在办公桌前一声不吭、视而不见，便显得有些不近人情。如果人家热情分送，你却板着脸一口回绝，会让同事觉得你清高和傲慢，不屑于与大家共处。所以，如果你不是牙口或身体原因，对此便不应拒绝。

(9)常和某人“咬耳朵”。如果几个同事在同一个办公室里办公，你应该尽量与每一个人保持平衡的关系。如果你与其中的某个人是好友或“闺密”，也不应在表面上表现得过于亲密。在平时，不要总和你的好友说悄悄话，也不要进进出出总在一起。如果你们两个人经常在一起叽叽咕咕“咬耳朵”，别人一走近便立即分开，那么难免会让他人对你们产生疑心。

人生的黄金阶段近 1/3 的时间是在工作中度过的。在这一时段中，职业者用心最多、投入最大、收获最丰厚的就是工作，也正是有了它，我们才能慢慢地积攒经验、逐渐获得新知、一步步地成长起来；在这一时段中，领导、同事、下级是我们除家人以外互动最为频密、相处时间最长的人，也正是有了他们，我们才学会了合作，学会了竞争，学会了做人做事。一群来自于四面八方的人，为了做事走到一起，相处之中让我们看到“七色”，品到

"五味"。当许多经验者在为职业工作画上句号后反思自己的职业过程时，他们最大的感受就是：在职业过程中能够建立良好人际关系的人，才能成为赢家。

(10)稀里糊涂与小人为友。小人名称由来已久，古语有多种含义。早在西周时期，统治者对被统治者就有此称谓。春秋时将统治阶级称为"君子"，将被统治者的劳动生产者称为"小人"。春秋末年以后，君子、小人逐渐成为有德者与无德者的专用称谓。现代社会生活中专指喜欢做些搬弄是非、挑拨离间、隔岸观火、落井下石之类的人，亦即人格卑下、心口皆非的人。明末清初最伟大的思想家王夫之(1619—1692)在《读通鉴论》中将"小人"解为："小人之心，智者弗能测也，刚者弗能制也，料其必不能，而或能之矣；料其必不欲，而或欲之也。"意思是说，对于小人的心思，聪明的人难以预测，刚强的人也无法制服，你估计他必定不能做的事，然而他却做了；你估计他应该不会想要做什么，可是他却一心要做。如某副局长为当上局长，雇凶杀害局长就是"料其必不能，而或能之矣；料其必不欲，而或欲之矣"的现实例证。所以，同事中最危险、最可怕的就是小人。这样的人有时候隐藏的很深，让人无法预测，难于防御，在他们一番甜言蜜语、一通糖衣炮弹之下你一不留神便可能与其为友，而后便会深受其害。古人云："与善人居，如入芝兰之室，久而不闻其香；与不善人居，如入鲍鱼之肆，久而不闻其臭。"即所谓近朱者赤，近墨者黑，近贤者明，近良者德，近愚者暗，近偷者贼，近小人久而久之亦会成为小人。古人对小人十分警惕，有"宁可终岁不读书，不可一日近小人"之说，可见古人与我们一样对小人深恶痛绝。所以，每个人在工作中都必须对小人加倍提防。识别小人没有什么诀窍，一是闻其言、观其行；二是从别人做事的过程和结果中反思自己。一旦确认某某是小人后必远离之。小人人格卑下，与其结仇常会被其暗箭所伤，所以"小人故当远，然亦不可显为仇敌"。

世间有君子便一定会有小人，我们虽然强调对同事要以诚相待，但为避免自己被小人利用、被小人所伤，对于自己并不十分了解的同事，我们千万不能将自己的真诚毫无保留地和盘交予对方。特别是对自己私生活的一些事情，更要有所保留。

4.1.4 学会经营与外界各种关系的能力

外界，可解释为某个物体以外的空间或某个集体以外的社会。由于空间与社会太大，想说清楚实在太难。所以，本文所说的"外界"，从广义上是指与我们不在同一个机构工作，接触频密度较低，但与我们的工作又存在一定联系的人；狭义上讲，是指与我们素不相识，但因某种偶然机会而谋面的人。即这种"外界"，就是指除与我们在一个机构工作的领导、下级、同事以外的与我们在工作上存在一定关系的人。这两类"外界"与我们的领导、下级、同事相比虽然距离较远或很远，但却与个人获得知识、经验、能力以及机会具有很高的相关性。所以，培养自己学会经营与这类人的关系的能力，对个人成长和发展具有积极意义。

许多职业者的工作，并不是只局限于本单位一个相对狭小的空间中的，因为他们的工作,总会因各种需要或要求,与外界相关工作部门中的人产生联系。比如,其他单位的职能部门将你的工作内容作为其数据汇总的内容,你必须按要求定期向其报送数据,那么,你便与该单位某个部门的相关人员产生了工作关系;又如,上级部门按规定检查你的工作,在此过程中你便与检查人员一起因工作产生关系;再如,某个首长来单位视察工作要听取相关工作的汇报,你的汇报即使只有短短10分钟时间,你也与这个"外界"产生了一定的关系。

处理好与外界的关系,自然必须具备一定的条件,这些条件与我们建立与领导、下级、同事良好人际关系所应该具备的条件基本相同,故诸多方法可参见上文,这里,仅就上文未谈及的一些方面做些讨论。

一、必须具备较强的工作能力

与外界的关系既然是因工作而产生的工作关系,所以,是不是能够很好地完成工作,便成为是否能够使这种关系处于良好状态的最重要因素。而高质量地完成工作任务,具备较好的工作能力,特别是具备某些专业技术工作所需的专业工作能力,则是高质量地完成工作任务必须具备的条件。所以,较高水平的工作能力,是建立与外界良好关系的基础,也是首需的重要条件。在一个部门工作,虽然也需要有较好的工作能力,但如果存在不足,还有可能以同事间的人情关系进行弥补。但外界不是同事,也不是领导和下级,所以其中人情水平相对较低,即使接触多了有些人情,也不能与同事之间的人情相比。因此,这种良好关系的建立,所需的较高水平的工作能力是"干货",如果存在问题,很难以其他条件进行弥补。

人力资源管理学认为,工作能力是指对一个人担任某一职位的一组标准化的要求,用以判断其是否称职。它包括知识、技能及行为是否能够支持其完成工作任务。简单来说,工作能力就是一个人是否具有适合其承担某个职业岗位的条件。员工的工作能力与工作业绩成正相关关系。业绩是外在的,能力是内在的。具有较高工作业绩的员工,在一般情况下,其工作能力也一定较高;而工作能力较强的员工在工作业绩表现上也一定很不错。因此,想要提升工作业绩,就必须具备并提升自己的工作能力。

由于人们从事不同的岗位工作,对其工作能力的要求也有所不同。

(一)管理者应具备的工作能力

例如,对一个管理者来说,其工作能力就应该包括:业务管理能力、组织管理能力、综合管理能力、工作创新能力、团队建设能力等。

1. 业务管理能力

(1)具有胜任本职工作的专业知识和工作技能。

(2)具有胜任本职工作的专业经验和分析判断能力。

(3)熟悉岗位所需的有关国家政策法规和公司工作要求。

2. 组织管理能力

(1)合理安排使用人才,处事公正,不搞亲亲疏疏。

(2)善于调动下属积极性、创造性,严格管理和考核,奖罚分明。

(3)有效指导下属工作,提高工作质量和效率。

3. 综合管理能力

(1)具有胜任本职工作的计划和协调能力。

(2)具有胜任本职工作的文字和口头表达能力。

(3)具有处理实际问题的判断和应变能力。

4. 工作创新能力

(1)善于发现工作中的薄弱环节和不断改进自己和下属的工作;

(2)善于解决困难,打开工作新局面,开展工作创新;

(3)善于把握工作方向,积极制定工作目标和改进措施及提出合理化建议。

5. 团队建设能力

(1)积极培养下级,给下级以锻炼发展的机会,提高下级能力;

(2)善于营造团队工作氛围,发挥团队整体业绩;

(3)善于激励下级,使下级对工作的投入程度、敬业精神高涨。

(二)专业技术工作者应具备的工作能力

对于一个专业技术工作者来说,其工作能力就应该包括完成专业工作、解决专业问题的各种必备能力。

例如,对一个高级统计师来说,其专业技术工作能力应包括:

第一,根据统计报表制度和统计用户要求,依法组织开展统计调查工作。

第二,对统计数据和统计工作过程进行质量检查。

第三,对其他统计人员、统计对象和统计用户进行工作指导,保证统计调查的预期目标能够实现。

第四,熟悉统计数据库系统,能够提供可存储、可访问的计算机程序数据。

第五,能够撰写统计分析报告等能力。

由此可见,想胜任某一工作,或与外界建立良好的工作关系,必须具备相关工作能力,无论你是管理者还是技术人员乃至普通工人,这一点都是不可少的。

(三)如何提高自己的工作能力

对于提高工作能力,心理学上有两种解释:一是个人现在所能为者,二是个人将来可能为者。个人行为所表现出来的实际能力,心理学称之为“成就”,而通过学习和训练或在行为中表现出来的能力,心理学则称之为“潜能”。所以,在现有工作能力的基础上不断挖掘潜能,提高自己的工作能力,对自己适应不断变化的工作和自我提升都是十分必要的。那么,如何提高自己的工作能力呢? 我将多家观点综合概括如下。

1. 精学、博学、勤思

在专业上务必求精,除掌握必备的专业理论、知识外,还要了解专业发展和前沿问题并注重基本操作方法和技巧。

涉猎大量的哲学、史学、文学等多方面的书籍，这样，能够让自己用战略眼光观察问题、分析问题，以提高个人解决问题、驾驭态势的能力；能够让自己从历史人物与历史事件中总结经验教训，取其精华，去其糟粕，少走弯路；能够让自己了解社会、认识社会问题。知识像烛光，能照亮每一个人。人只有在一生中不断地加强学习，汲取知识，才能够丰富自己的知识面，才能见多识广。同时，通过自己的认真思考，并加以分析，就会使其所学知识得到升华。学习知识犹如在自己的记忆仓库储存大量有用的东西，当你需要时，就能信手拈来。一个人的能力水平如何，来源于其所掌握知识的多寡。培根说："阅读使人充实，会谈使人敏捷，写作与笔记使人精确。……史鉴使人明智，诗歌使人巧慧，数学使人精细，博物使人深沉，伦理之学使人庄重，逻辑与修辞使人善辩。"所以，只有广览群书，才能不断增加知识，拓宽自己的视野，才能博采众长，才可能成为社会所需要的复合型人才。

勤思是领悟真谛的有效方法。爱因斯坦（Albert Einstein，1879—1955）成为科学家的秘诀就在于思考，再思考。中国南宋思想家朱子（1130—1200）言："为学譬如熬肉，先须用猛火煮，然后用慢火温。予生平工夫，全未用猛火煮过，虽有见识，乃是从悟境得来，偶用工亦不过优游玩索已耳，如未沸之汤，遽用慢火温之，将愈煮愈不熟也。以是急思般进城内，以是急思搬进城内，摈除一切，从事于克己之学。"说明了学习中的"看"与"读"有如猛火煮肉，还需慢火温之。这就是要不断地温习功课，通过"勤写、勤问、勤思"的过程，才能领悟书中的精髓和真谛。

学无止境，所以持续不断学习即"终身学习"是必须要做的事情。

2. 具有执行力

工作能力应包含三大部分："专业知识"；执行、处理事务的方法与经验，即"执行能力"；学习、反省检讨的能力，即"学习能力"。这三个部分共同构成了一个人是否有能力做好工作，并且不断提升精进的基本条件。

想出一个好的策略固然重要，但是光有策略还不够，更重要的是通过对策略加以执行取得成效。"执行能力"牵涉的层面相当广泛且细腻。先要能够明确分辨不同事务的轻重缓急，要懂得工作阶段性实施和循序渐进推展工作的道理。要按照工作的优先级将策略中有限 A 级的事物马上付诸执行，不能有半点延迟和拖沓。在执行的过程中，还要不断追踪确认，如果发现偏离目标或某些环节上存在问题，应尽快调整修正执行方法或内容；执行某项工作时，必然会产生与其他人沟通协调的需要，因此，沟通技巧与方法不可或缺；事物的推展不可能仅靠一个人就能完成，所以，还必须具备倡导和引领的技巧与方法，并且知道如何把一群人组织起来，分工合作将一项工作做好；由于执行事物必然涉及"人"，所以，对于人的行为模式与心理特质的认知也十分重要，等等。诸如上述这些，都属于"执行能力"的范畴。

至于"学习能力"，则是专业知识、执行能力两方面能否精进的关键所在，可谓个人能力的基础源头。因为学习能力就是学习的方法与技巧（并非是学到什么东西），有了这样的方法与技巧,学习到知识后,就具有专业知识;学习到如何执行的方法与技巧后,就形成执行能力。学习能力除了包含态度上是否有心要学,以及是否懂得正确学习的方法之外,持续地自我反省检讨也是个人学习能力不可或缺的一环,如果不能时时自我反省检讨,学习的成效便会大打折扣。在学习中,持续地自我反省检讨很容易被大家忽略,所以,在此特别提醒大家注意。

个人能力的成长,必须在上述三个方面均衡发展,不可偏废。有些人专业知识非常丰富专精,谈起专业问题头头是道,但到了实际执行时,得到的结果却与说的存在较大差距。事实上,只有专业知识而缺乏执行能力,并不足以成事,所有谈论的事物即使再理想,只会说不能做,口若悬河后无法通过执行落实得到最后结果,其高谈阔论便没有丝毫价值可言。

反过来说,如果执行能力很强,但是缺乏专业知识的话,则会因为无法正确地分辨、判断事物,而很容易导致把事物执行到错误的方向上去。虽然最后还是把事情做出来了,但是却没有把事情做“对”,正确做事但没有做正确的事,这种情况同样无法产生好的结果。

专业知识、执行能力、学习能力是工作能力的三大部分,一个人必须兼具三者才能够称得上是“有能力”。学习能力是个人工作能力的基础;具有专业知识才能做出正确的判断与选择,避免走错方向;而执行能力强,才能让事物产生结果与价值。一个人也唯有三者同时注重、均衡发展,其工作能力才能够真正得到提升。

3. 具有逻辑性的思考能力

该工作能力由以下四方面构成。

一是确认恰当目标,为达成此目标设定课题。恰当的目标是以现有能力和条件为前提而设定的,该目标对能力和条件的要求以通过努力能够达到目标为标准。其恰当体现在即不能让目标过高而难以达到,也不能让目标过低轻而易举便能达成。至于必须经过努力才能够达到,则需要对实现目标过程中的各个环节做必要的课题研究,事先进行必要的策略与方法的准备。

二是正确分析各种事故的原因。如果在目标达成中出现问题,通过逻辑分析找到导致问题出现的原因,才可能通过改变原因解决问题。

三是选择最合理的对策方案。在解决问题或完成工作任务中,多种方案备选方法是符合逻辑的操作方法。因为,在目标达成的过程中,诸如人力资源、财力支持、外部环境等许多因素都存在变化性,有些变化可控而有些变化不可控。所以,为防止不可控因素对目标达成产生影响,以多种方案备选加以应对,在出现某些不可控因素影响目标达成时对正在实施的方案进行调整或调换,才有可能保证目标达成不受影响,或将所受影响降到较低水平。

四是按照完成日期,配合日程安排完成工作任务。这实际上就是按部就班地按照工作程序要求完成工作任务。上面提到,将策略落实为具体工作,是一个人具备工作执行力的特征。按照时间规定完成工作任务,自然是执行力的体现,也是逻辑思维物化为具体行为方式的体现。

4. 具有积极心态

积极心态是一个人成功、健康、幸福、财富的法宝。

决不能低估消极心态的排斥力量,它能阻止人生的幸运,不让你受益。对于那些有积极心态的人来说,每一种逆境都含有等量或更大利益的种子。有时,那些似乎是逆境的东西,其实是隐藏的良机。具有积极心态的人并不否认消极因素的存在,他只是学会了不让自己沉溺其中。

被誉为曾经影响美国两任总统及千百万读者的成功学大师拿破仑·希尔(Napoleon Hill,1883—1969)在遍访世界知名企业家、政治领袖、艺术家等成功人士后,完成了著名的著作《积极心态的力量》(北京:新世界出版社,2011.),该书自问世以来,帮助无数男女从痛苦、挫折、困顿的生活中解脱出来,走向成功、幸福。希尔认为,人与人之间只有很小的差别,但这种很小的差别却往往造成巨大的差异,很小的差别就是所具备的心态是积极的还是消极的,巨大的差异就是成功与失败。也就是说,心态是命运的控制塔,心态决定我们人生的成败。我们生存的外部环境,也许不能选择,但另一个环境,即心理的、感情的、精神的内在环境,是可以由自己去改造的。成功的不一定都是企业家、领袖人物。成功,是指方方面面取得的成功,其标志在于人的心态,即积极、乐观地面对人生的各种挑战。一个人如果在一生中都不具有积极的心态,就可能深陷泥淖,不能自觉,不能醒悟,不能自拔,当你发现身处困境时,机会已经失去。这种败局,不仅限于事业的失败,还包括人生中为人处世的失败、心理情绪的失败、婚恋家庭的失败、人的感受的失败等。总之,凡人生感受不如意、不幸福,都可视为你人生的失败,这些失败多半源于我们与生俱来的弱者的消极心态。如果我们能够调整心态,改变处事方法,就可以避免或扭转败局,甚至可以成为推动事业成功的伟人和把握幸福人生的智者。人成功不是指拥有什么(权力、财富),而是做了什么。如果能每天在一点一滴的努力中去实现自己的目标,就可以帮助和影响他人。成功等于每天进步一点点。积极的心态包括诚恳、忠诚、正直、乐观、勇敢、奋发、创造、机智、亲切、友善、积极、向善、向上、进取、努力、愉快、自信、自勉和有安全感等。

除上述外,独立承担、宽厚包容、认真负责、善于沟通、组织引领等,也都是我们应该具有的。

一个人的工作能力如何,是可以通过考评来进行判断的。与能力测评不同,考核工作能力,是考核员工在工作中发挥出来的能力,考核员工在工作过程中显示出来的能力。是根据标准或要求,对其能力发挥得如何,对应于所担任的工作、职务、能力是大是小,是强还是弱等作出评定。同时,考核能力不是考核能力的绝对值,根本点在于考核能力的提高速度和幅度的相对值。从有备无患的角度出发,我们不妨在工作中采用一些量表对自己的工作能力进行自我测评,这样,可以提早从中发现问题,及时弥补。

二、必须具备较强的公关能力

虽然每个职业者并非都应该成为公关者,但如果他们的工作与外界存在联系,那么,他们就应该成为一个具有较强公关能力的人。公关能力是与外界建立良好关系的基础能力之一,因为,如果不能与外界建立良好的关系,纵使工作能力强、专业水平高,也会因心理距离远、情感基础差而使正常开展工作受到影响。

公关能力是指有目的、有计划地为改善或维持某种公共关系状态而进行实践活动的能力。公关能力表现为一个人在社交场合的介入能力、适应能力、控制能力以及协调性等。良好的公关能力是现代社会生活中人的重要素质之一。该素质主要包括以下方面。

1. 高尚的思想品德和良好的性格

高尚的思想品德是在开展工作时展现出来的正确的价值观和优良的道德品质。具有高尚思想品德的人所散发出来的人格魅力,在开展工作时能够取得事半功倍的效果。每一个职业者都应该讲诚信,在沟通时都应该实事求是、真实准确,在向外传递信息时不弄虚作假。他们应该以诚相待、宽容并善解人意,在处理矛盾时应求大同存小异。这样,才能取得外界的好感,才能在工作上得到他们的支持与合作,同时也能够为所在机构建立良好的外部环境。

2. 坚强的意志和良好的心理素质

人们与外界在工作交往中可能会遇到许多困难,这就要求工作者具有较强的心理承受力和控制力,善于自我协调。他们应该能够以包容、乐观的心态面对困难,以坚强的意志力战胜挫折,以顽强的斗志跨越工作障碍,以适度的表达控制和宣泄情绪。与外界交往必须自信,要有敢为人先的工作方法和工作态度。此外,练就外向的性格也会给与外界建立良好关系带来一定帮助。

3. 丰富、广博的知识

与外界交往,不仅需要掌握本职所需的工作专业理论知识和专业实务技能,还应该具备与公关相关的学科知识,如社会学、心理学、行为学等学科的知识。扎实的专业知识和技能,加之广博的相关学科的知识,能够使职业者的思维空间更加开阔,处理与外界的关系也更加得心应手。

从能力角度看,公关能力可分解为一些具体能力。如计划、实施、平衡能力,社会交往能力,语言文字能力,宣传推广能力,应变能力,创新能力等。

与外界沟通,要有良好的礼仪素质。即在与外界的交往过程中,应当遵循礼貌、礼节、仪表等方面的规范和准则。具备必要的礼仪素质,能够提升自身的形象效益。善于利用公关礼仪能够获得外界的好感,进而得到认同、了解和支持。所以,职业者与外界交往,一定要注重自己的言行仪表,注重外在服饰与内在素质的结合与统一,遵循社会规范、适应时代要求,以自我富有魅力的礼仪形象赢得外界的尊重。

三、必须具备较强的职业能力

职业能力是人们从事某种职业的多种能力的综合。通常,人们将职业理解为长期的、自己想做的事业,是一个相对于工作更加长期的过程,而工作则是职业中的每个阶段。职业需要计划和规划,是指运用自身技能、知识参与社会财富创造的过程;工作就是做事情，是指在这个过程中自己所从事的具体劳动。工作是用来谋生的，职业不仅可以解决谋生的问题，还可以解决未来发展的问题。

一个人从学校教育中获得一定学历后，首先要解决的是生存、安全等基本需要。所以人们最初涉足社会都是从找工作开始的，这符合马斯洛的需求层次理论。工作可以在任何一个出卖自己的劳动力并能获得报酬的地方去寻找。在这一过程中，求职者更多地会关心：工作能够得到的报酬是多少；工作的难度、强度有多大；工作地点离自己的居住地距离远近，即"三点期望"等。其出发点更重于能够"养家糊口"，一般没有明确的人生目标或中、长期职业规划，也少有定期的自我反省等。

工作一段时间后，基本的生存问题和安全问题便得到解决，此后，许多人开始考虑自己未来发展的问题。此时，人们对工作或职业更注重的是，工作对自己未来发展或是否能够为未来发展提供更多的条件，需要解决的问题是如何满足人自身更高层次的需求，如情感的需要、尊重的需要以及自我实现的需要。在这一过程中，工作者会考虑现有的职业是否符合自己的兴趣爱好、能力提升、专业发展以及价值观是否趋同等。此时如果辞去原来的工作去寻找新的工作，他们会更多地考虑工作与自己未来职业发展的问题，而将新入职时所注重的"三点期望"等放到次要的位置上考虑。这并不是说这些人可以饿着肚子跑断腿去寻求未来的发展，而是说这些人是在解决了最基本的需要后去寻求更高水平的精神需要的满足。

一个职业者，要想使自己在职业工作中得到更快的发展、取得更大的成功，就必须具备全面的职业能力。下面，我们就对职业能力做些必要的讨论。

职业能力主要包含三方面基本要素：

一是为了胜任一种具体职业而必须具备的能力，表现为任职资格。

二是完成职业工作必须具备的职业素质。

三是职业过程中必须具备的对自己职业生涯管理的能力。

由于职业能力是多种能力的综合，因此，我们可以把职业能力分为一般职业能力、专业能力和综合能力三种。

1. 一般职业能力

一般职业能力主要是指一般的学习能力、文字和语言运用能力、数学运用能力、空间判断能力、形体知觉能力、颜色分辨能力、手的灵巧度、手眼协调能力等。此外，任何职业岗位的工作都需要与人打交道。因此，人际交往能力、团队协作能力、对环境的适应能力，以及面对挫折良好的心理承受能力，都是我们在职业活动中不可缺少的能力。

2. 专业能力

专业能力主要是指从事某一职业的专业技术能力。在求职过程中，招聘方最关注的就是求职者是否具备胜任岗位工作的专业技术能力。例如，胜任会计、网络工程师、建筑设计师等许多职业岗位，都需要具备相关职业所需要的专业能力。

3. 职业综合能力

就职业综合能力而言，国际上普遍注重的"关键能力"主要包括四个方面。

(1)跨职业的专业能力。通常从职业者是否具备以下三方面的能力可以判断出一个人是否具备跨职业的专业能力:一是运用数学和测量方法的能力;二是应用计算机的能力;三是运用外语解决技术问题和进行交流的能力。

(2)方法能力。一是信息收集和筛选能力;二是掌握制订工作计划、独立决策和实施的能力;三是具备准确的自我评价能力和接受他人评价的承受力,并能够从成败经历中有效地吸取经验教训。

(3)社会能力。社会能力主要是指一个人的团队协作能力、人际交往和善于沟通的能力。在工作中能够协同他人共同完成工作,对他人公正、宽容,具有准确裁定事物的判断力和自律能力等,这是岗位胜任和在工作中开拓进取的重要条件。

(4)个人能力。随着中国经济体制改革的深入、法制的不断健全和完善,人的社会责任心和诚信将越来越被重视,假冒伪劣将越来越无藏身之地,一个具有良好职业道德的人会越来越受到全社会的尊重和赞赏。爱岗敬业、工作负责、注重细节的职业人格会得到全社会的肯定和推崇。

职业综合能力包容量大,涉及面广,培养自己掌握这些能力的难度也大。但是,这种能力却对一个人选择职业或职业发展意义重大。

第一,较强的职业综合能力是职业者胜任多种职业岗位的必要条件。任何一个职业岗位都对职业者的职业能力有相应的要求,具备这些职业能力,是胜任这些职业岗位的必要条件。具有职业综合能力的人与具有一般职业能力的人相比,虽然看上去他们仅仅比后者多了“综合”二字,但这二字的差异却能够使他们选择职业的宽广度大大提高,这样,自然为他们选择更适合自己职业发展的岗位创造了必要条件。

第二,职业综合能力是个人发展和创造的基础。前面谈到,能力是成功地完成某项工作任务或胜任工作的必不可少的基本因素,没有能力或能力低下,就难以达到工作岗位的要求,不能胜任。个体的职业能力越强,各种能力越是综合发展,就越能促进人在职业活动中的创造和发展,就越能取得较好的工作绩效和业绩,越能给个人带来职业成就感。

第三,职业综合能力能够全面展现职业者素质,是他们获得特殊机会的决定性因素。具有较高职业综合能力的人,能够在职业中显现出“千里马”的特征。虽然“千里马常有而伯乐不常有”,但是,这些“千里马”一旦遇到“伯乐”,他们便会得到机会。

职业发展的潜能能够通过职业综合能力的展现和表达被人们认知。虽然他们的潜能在偶然“可见”中被发现的事例并不多见,但确也能给我们带来一定启示。

楚天网 2009 年 10 月 7 日刊载黄正夏(时任二汽党委第一书记、厂长)的题为《我和王兆国接待邓小平》(http://www.10yan.com/html/News/xwtxwz/wssyws/2009-10/7/171725189.html)回忆文章,作者在文章中写道:“王兆国同志这次陪我一起做接待工作,主要是负责领导同志视察本单位时的统一安排工作、协调和组织联络工作,当然也有让青年干部学习中央高级领导人的工作方法和作风的意图。”

"小平同志在参观途中的汽车上,看到兆国同志这么年轻就担任了企业领导人,就把兆国同志叫到身边坐下,并向兆国同志询问了一些情况。我介绍说,他是二汽的一位副厂长。小平同志问,是总厂的副厂长,还是分厂的副厂长?我说是总厂的副厂长,协助管生产的,今年38岁。小平同志感到很兴奋,一直端详着兆国同志。我说,这个同志一直表现得很好,可不是'坐直升机'提拔上来的,是小步快跑。……小平同志仔细地听着……兆国同志对小平同志询问的问题也一一作了回答,小平同志听了很高兴。"

在参观完二汽回武汉的路途上,邓小平兴致勃勃地对陈丕显说:"二汽领导中青年干部不少,有个叫王兆国的副厂长38岁,有多年领导经验,而且有文化、有专业知识,表现也不错。这可以看到我们中国共产党有人才有干部。"邓小平对湖北之行发现王兆国感到很高兴。后来在他的提拔下,王兆国很快以二汽副厂长的身份挂名十堰市委常委,并于1982年11月调任团中央第一书记……

4.2 在团队中我们应刻意培养自己哪些能力

在团队中,一个人究竟需要什么能力?必须具备什么能力?对于这些问题,人们的观点存在一定差异。在上文中,我们在许多地方都讨论过有关能力方面的问题,那些能力,许多都是在团队中应该具备的能力,因此,在这里不再占用篇幅赘述。在这里,我们将着重对搜集信息的能力、重要性排序能力、形成方案的能力进行讨论。

创新工场董事长兼首席执行官李开复先生较早前在微软中国任职时,曾在接受媒体就"团队合作能力"采访时,给出过一道据说是微软在中国招募员工题库中的测试题,题目是:"马路上的井盖为什么是圆的?"面对这个问题,人们给出了许多答案,如,圆的井盖与方的相比不容易破损、更加坚固;圆的因为没角,不会扎到人,所以安全性更高;圆的可以滚,方便搬运;圆的比方的好看;方便安装;井是圆的,所以井盖才是圆的……

拿一道或者类似看上去十分简单的问题来对应聘者进行测试,肯定不是拍拍脑袋的事,一定有其希望达到的测试目的。那么,这样的测试题,到底想要考评应聘者什么呢?李开复说,这道题以及与其类似的题目,是要着重考察应聘者的团队合作能力或潜能。就"马路上的井盖为什么是圆的?"的问题,考察的是应聘者是否具备在团队中十分重要的三种能力,即搜集信息的能力、重要性排序能力和形成方案的能力。

4.2.1 搜集信息的能力

众所周知,我们现在所处的时代是一个信息大爆炸的时代。信息作为客观事物存在、联系、作用和发展变化的反映,是人们的灵感之源,得到它,对人们掌握主动权,在激烈的竞争中立于不败之地具有重要的意义和价值。

梁权在《信息在现代企业管理中的作用》(《现代企业》,2005 年 03 期)一文中提出,信息在现代企业管理中具有六个方面的作用。

第一,信息是企业管理者认识客体的中介。

第二,信息是企业管理者思维的材料。

第三,信息是企业管理者科学决策的依据。

第四,信息是企业管理者有效控制的灵魂。

第五,信息是企业管理系统有秩序的保证。

第六,信息是企业得以发展的资源。

由此可见,一个合格的现代企业管理者必须是信息的全面占有者。所以,对于精益推动者而言,收集信息的能力是其最基本的能力,高效地搜集有价值的信息对于帮助精益推动者把握全局、开展工作至关重要。对于一个成功的领导者来说,具备善于搜集信息的能力也是其基本的特征之一。

李小圣在他编著的《如何提高领导力》(北京:北京大学出版社,2006.)一书中指出:高效的信息收集是作为一个领导者所必备的众多开阔视野的工具之一。有效的高质量的信息往往是一个领导者开展工作的基础,而领导者也必须依托收集的各种信息进行各种决策的筛选与制定。

他认为高效的领导者应经常收集两类信息:背景类数据信息和任务类信息。

领导者收集背景数据信息以便能够建立其对所处环境的感观态度或价值观感。这种类型的信息由领导者每天所接触的或自我观察所获得的无数的事实、趋势以及观点所构成。背景信息质量越高,领导者基于此所做优化的效率也越好;领导者基于所处环境的判断越准确,那么他们的判断与常识也必然会更好;与收集背景信息的稳定性与缓慢性相反,任务信息是基于具体的目标所收集的。可能你正在准备一份五年的商业计划并期待获得一份可靠的你所处国家中央银行的经济运行预测数据;或者你期望获得一份特定的有关某一具体客户群体收入与收入分配的信息;抑或你可能需要了解你所依赖的某一特定技能拥有者(劳工)市场供应的预测信息。

如此等等,都需要领导者具备搜集信息的能力才能得以完成。

著名企业家,万科公司的老总王石的第一桶金就是通过主动搜集信息之后所挖掘出来的:当年深圳有两种进口商品很赚钱,一是日本的味精,二是中国台湾的折叠伞,商人们都趋之若鹜。但王石断定这两种产品火爆的日子已经不长了,于是他转而寻找新的机会。在广泛搜集信息后,他发现当时深圳两大饲料厂年产 20 万吨以上的饲料,原料主要是玉米,其中很大一部分是从北方的大连、天津、青岛出口后经中国香港转内销而来。为什么会出现这种“不正常”的现象呢?经过更深入的调查,王石终于找到了原因。原来,国内玉米因不能直销深圳而转道香港,其原因在于从这些地方将玉米运到深圳的运输存在问题。王石当即找到广东省海运局,了解能否组织货船从大连往深圳运送玉米。当时广东省海运局正在研究开辟北方航线，苦于没有货源。而大连却发愁香港货物运输能力不足，玉米都堆在农民家中卖不出去。王石的机会来了。于是，王石做起了饲料中介商，1983 年 4 月到 12 月短短 8 个月，王石从中赚了 300 多万元。“这就是我下海挖的第一桶金，干干净净。”王石提起此事颇为自豪。

王石的“第一桶金”告诉我们，信息搜集得越充分，作出正确选择的把握就越大。

综上所述，一个企业管理者具备搜集信息的能力对企业和个人发展都具有十分重要的作用和意义。

搜集是人类活动的重要组成部分，但有时人们将其与收集相混淆。“搜集”与“收集”都有聚集的意思，但却存在区别。“搜集”虽表示聚集，却又有找、查的含义。而“收集”侧重在聚集、获得，不强调寻找，更无搜查的含义。“搜集”就是到处寻找（事物）并聚集在一起。这一过程不是简单的集中，而是需要下功夫和花力气；而“收集”事物是不需要花费多大功夫的。比如对别人送来的东西，你所需要做的只是接纳、整理而已。所以，搜集的主动性和难度要远远大于收集。

虽然搜集信息费时费力，但搜集到的信息却对解决问题大有裨益。通常，当一个问题摆在我们面前需要解决时，都应该有多个而不是一个切入点，如果我们在问题出现之前已经获取、掌握了诸多切入问题的经验或方法，我们便能够从中筛选出有针对性的方法对问题进行更加全面和有效的处理。具备搜集信息能力的领导者，在日常工作中由于已经主动地获得了大量的真实、有效信息，基于这种“见多识广”而借镜观形，在处理问题时他们便会更加得心应手、措置裕如。除了领导者或管理者需要具备搜集信息的能力外，作为团队中的普通成员，这种能力也是不可或缺的。因为，团队在共同迈向目标之前，成员必须通过充分沟通，以对过程中的诸多策略和方法达成共识。具有搜集信息能力的成员，由于此前已经掌握了较为丰富的信息，使他们在面对策略和方法的讨论时思维会更加广泛，能够通过多种路径寻求方法或以所获信息为基础开放地接纳别人的意见或建议。但是，如果成员对信息的占有量很少，就会使他们解决问题的思路变得狭窄，就有可能让他们紧紧抓住某个信息点不放而钻牛角尖。也正是因为如此，具有搜集信息能力的成员在团队中会更加容易与其他成员合作而不会将自己在“一棵树上吊死”。如对“马路上的井盖为什是圆的”之类的问题，如果回答者具有搜集信息能力，他们在前期的经验中获得的信息量就会大，回答问题给出的“接入点”就会多，与他人达成共识的概率就会增大，钻牛角尖的可能性自然就会降低。

4.2.2 重要性排序的能力

科学、合理的饮食才能够使人健康，做事把握住轻重缓急才能够把工作做好。如果我们在工作中把应该马上完成的工作放在一边而去做一些过几天做也可以的事情，临到该交差的时候才想起应该按时完成的工作没有做，必会手忙脚乱。许多职业者从周一到周五每天都在工作,今天做今天应该做的工作,如果做完了该做的还有时间,可以把明天该做的工作做一些……以此类推,我们就能够把应该较早完成的工作按时完成,就会让我们的工作有条不紊地平稳运行。

将诸多工作按紧迫性、重要性进行甄别,然后从完成时间上由近到远排出先后,这就是重要性排序,这种能力就是重要性排序的能力。

在一个团队中,一个具有重要性排序能力的团队成员,知道自己在该做什么的时候做什么;知道将要求自己马上完成的工作马上完成;知道在遇到突发事件的时候应该放下自己手中的其他工作立即加以应对。如此等等,既是工作的需要,也是保证整个"工作链"正常运转的必须。因为在团队中,每个成员都是整个工作过程中的一个环节,只有每一个人按照紧迫性和重要性的顺序按时完成自己的工作,才会使整体工作得以正常循环,再不会让下一个工作环节上的人"等米下锅"。所以,重要性排序的能力看上去似乎与每个团队成员个体的工作有关,但实际上它却是一个团队成员是否具备团队合作能力的重要条件。在一个团队中,每个成员的工作都不是独立存在的,他们的工作互为依托,这种互为依托的关系实际上就是一种合作的关系。如果一个人的工作不到位,其依托于此人的其他人的工作也难以到位,这样,相互间合作的关系便不能形成,如此,自然不能称其具有团队合作的能力。为此,每一个团队都需要其成员在工作中具备重要性排序的能力,这样,大家便会在合适的时间、合适的地点、做合适的事情,便能够使整个工作流程在每一成员那里都开启"绿灯",进而高效率地完成每项工作。

一个具备重要性排序的能力的人,总是会把自己认为最重要的事情放在首要的位置加以认知和表达。比如,家中老小一共四代,如果向人介绍自己的家庭成员,他们一定会从爷爷、奶奶开始,然后是父母,再后是儿女,最后是儿女的下一代。这样的顺序既体现出重要性,也体现出尊敬,同样也符合常理。这种常理在应聘者回答"马路上的井盖为什是圆的"之类的问题时也同样存在。如果一个应聘者在遇到"马路上的井盖为什是圆的"这个问题时,大脑中所储存的诸多信息中唯有"圆的因为没角,不会扎到人,所以安全性更高"这一"切入点"异常兴奋并强烈地"迸发"出来,这便说明,这一信息在其意识中更加具有重要性;同样,认为"圆的比方的好看",也认为"方便安装",还认为"方便搬运",但却将"圆的比方的好看"最先表达出来,我们也能够由此得出"圆的比方的好看"对该应聘者来说是更加重要的判断。

在现代企业人力资源管理和开发工作中,重视希望将在某一方面有能力的人放在其有兴趣的岗位上工作,这既因材施用,也能够使工作者因兴趣与工作一致而生愉悦,进而激发其投入动力和激情。从一个人对事物的重要性排序中分析、确认其对重要事物的认知,既能够知晓其对哪些事物更加重视,同时也能够确认其兴趣所在,这样,如果能够恰好将其安排在他认为"重要"且"有兴趣"的岗位上,对其个人和企业来说,都将是一件幸事。

一个自己认为重要且有兴趣的工作岗位被自己占为己有时,庆幸之余定会对给予自己岗位的人投以感激之情。当愉悦沁人心脾,透过工作回报知遇之恩自当是必须要做的事情。可见,如果管理者能够透过重要性排序能力测评,在分析确认的基础上将合适的人安排在合适的位置上,一定会对提高工作效率,取得更大工作绩效产生积极作用。

具有重要性排序能力是具有团队合作能力的条件之一,具有重要性排序能力的人如果被安排在一个自己认为重要且有兴趣的工作岗位上,那么,他一定是一个优秀的团队工作合作者。

4.2.3 形成方案的能力

这里所说的形成方案的能力,不能从字面理解为是指完成什么工作方案。而是指在团队形成方案的过程中,团队成员透过说服、沟通,使决策者理解何为优选方案,并对其最终决策施加影响的过程。

在团队中,每一项工作的决策,都需要经历共同商讨、去粗取精、去伪存真、由此及彼、由表及里的过程。这一过程的引领人是决策者,而有价值的参与者是团队成员中的智者。虽然对于如何决策,普通团队成员也有自由表达和提出意见的权利和义务,但其中的智者由于具有形成方案的能力,所以他们能够在协助决策者最终正确决策的过程中起到更加重要的作用。

上文曾经讨论过,在团队按照所定方案达到目标的过程中,可能因各种内在、外在因素的变化使目标达成受阻,这时,如果一味地按照既定方案硬性推进,很可能造成目标无法达成的结果。所以,根据对目标达成过程中可能出现的问题的预测和判断,准备若干备选方案,能够在某个方案实施过程中出现不可逆转的问题时,用备选方案加以替代,进而减少或消除对目标达成的阻力。这种制订备选方案的方法是符合规律的,也是有效的。假如我们将首先要实施的方案称为主选方案,那么,放在一旁贮备待用的方案就是次选方案了。假设,主选方案和备选方案共有三个:A 为主选方案;B、C 为次选方案,那么,我们如何能够透过运用形成方案的能力协助决策者最终进行正确的决策呢?

在讨论团队成员如何透过形成方案的能力协助决策者最终进行正确的决策以前,我们先来看一个"失败的案例"。

有一个 IT 业的高管因工作压力过大积劳成疾,当探访者问其在工作中最不能让他容忍的事情是什么时,高管答道:当你和你的团队辛辛苦苦做出了三个方案提供给你的老总进行选择,你告诉他,在三个方案中,A 是最优方案;B 次之;C 最差。你的老总经过斟酌后最终选择的是 C,你怎么能不被气死……探访者再问:他为什么要选 C,C 不是最差的吗? 高管说出了其中缘由:他们家原来是养猪大户,后来觉得卖猪不如卖猪肉赚钱多,就又开了屠宰场,将自己养的猪宰杀后卖出;后来又发现猪皮晒干后卖的价钱更高,便以很低的价格买了猪场前的一大片荒地晾晒猪皮。没多久猪场和晒猪皮的地被政府征用,得到一大笔钱。觉得建个 IT 公司用不了多大地方,雇上几个懂行的人,便能够赚到钱,所以就开了这家公司……这样的人，在你听过的方案中选择最差的 C，也就没什么奇怪的了。看到这里，大家可能以为养猪出身的老总肯定长了一个“猪脑子”，否则，他怎么会弃 A、B 而选 C 呢？

针对这个案例，如果我们从另一个角度分析这一结果，恐怕不会得出这样的结论。

首先，我们要问，如果这个老总明明清楚地知道 A 是最优的方案，实施这个方案能够给自己的公司带来更多的利润，却要选择获得利润最小的 C，这不是在砸自己的饭碗吗？即使这个老总确实长着一个“猪脑子”，只要他的智力没有问题（多年经营猪场应该不是弱智），他怎么会不去选 A，却偏偏要去选择最差的 C 呢？其实，这个老总之所以将 A、B 丢在一边去选择 C，问题并不是出在他的身上。大家知道，一个决策者之所以会做出错误的决策，除了与其个人的知识、能力、行为方式存在问题有关，还与其“参谋团队”是否能够真正起到参谋作用有关，更确切地说，是与向其提供参谋服务的团队成员是否真正具有形成方案的能力有关。

团队成员如何透过形成方案的能力协助决策者最终进行正确的决策呢？

1. 说服

决策的过程其实就是通过说服，使决策者最终能够做出正确决策的过程。说即口头语言，是最一般、最直接、最能够穷尽地表达自己想要表达的观点的方法，面对面的语言交流，即使有时所说的内容先后次序有些问题，或逻辑性不够强，也不会影响到全面地表达所要表达的内容。一个不具备形成方案的能力的团队成员，在说服他人时会在语言表达上出现逻辑混乱，这种前言不搭后语的表达方式不仅不能让听者明白其所要表达的真实意图，还会对听者产生误导，导致对方理解和判断出现偏差。但是，一个具有形成方案能力的团队成员，却不会因自己的表达导致听者出现这些问题。因为，他们具有良好的口头表达能力，能够逻辑性地将自己想要说的内容清晰地表达出来。在他们认为需要的时候，他们能够对决策者直言不讳地表达自己的观点、阐明利害，能够采用语言技巧以及肢体语言说服决策者做出正确决策。

2. 沟通

决策的过程其实就是决策者与参谋者相互交流、互通信息、相互确认对方信息有效水平的过程。在决策之前，决策者通常都会将自己为什么要决策，要怎样决策以及什么条件支持这种决策等拿出来与参谋者进行交流。而参谋者也会对支持这种决策的条件以及做出怎样的决策提出自己的意见和建议。具有形成方案能力的团队成员，会将这种沟通视为平等和真诚的交流，他们不会因自己提出的质疑在得到决策者的回复后而不再进行进一步的“挑战”。形成方案的能力使他们在这种沟通中不惧权威，对自己认为难以接受的所谓“有效信息”进行毫不留情的对质。所以，这种沟通通常你来我往交手数个回合，唯有最终辨出真谛，否则他们不会罢休。正是这种使出浑身解数的“较量”，才能将打造出的真理交予决策者，让决策者最终做出正确决策。

3. 理解

决策的过程其实就是决策者与参谋者通过说理,设身处地地理解对方为何支持或反对做出某种决策的过程。决策者之所以要做出某种决策,一定是有其理由的。他们处于机构的高层,具有总揽全局和获得更多有效信息的条件,所以,通常站得高看得远。然而,每一个特定的岗位也都存在该职务工作不可避免的局限性。站得高虽然看得更远,但"高处不胜寒",考虑问题过多、计较得失、唯恐决策有误也是身居高位者的职业心理特点。正因为如此,他们在进行决策的过程中有时会缩手缩脚、故步自封、画地为牢。具有形成方案能力的团队成员,理解决策者的顾虑所在,他们在设身处地为决策者出谋划策的过程中,能够以所掌握的来自于基本群众的意见为条件,从基层可否执行、是否认同或欢迎某个决策的角度去审视决策者即将作出的决策。团队成员身在基层,他们所掌握的来自基层群众的第一手资料更具有可靠性,所以,基于这些信息对决策者所提出的意见和建议,会被决策者理解为具有较高的可信度,将这些信息融入工作方案,会增加决策者正确决策的信心。一个基于理解而形成的工作方案,具有广泛的包容性和群众基础,这种方案向上能够满足更高一层领导者的希望,即不辜负领导;向下又能够满足广大基层团队成员的需要,即对得起群众。对这样的方案拍板决策,风险水平极低,而得到的认可度却能够达到很高的水平。

4. 影响

决策的过程其实就是决策者与参谋者透过沟通、说理、理解,对对方施加影响的过程。一个有影响力的领导者,一定会吸引一大批追随者为他工作。个人的基于知识、能力、情商、价值观、表达方式、相貌乃至服饰等综合魅力,是形成个人影响力的基础与条件。此外,形成方案的能力也是提高个人影响力的重要指标之一。一个通过说服让别人接受自己观点的人,一个通过沟通让对方在平等的对质中明辨是非的人,一个通过理解将支持的信息传递给对方,使决策结果最大限度地满足各层面人群需要的人,一定是一个具有影响力的人。这种影响能够帮助决策者形成更加清晰的决策思路,增强自信,对决策者来说得到的是做出正确决策的正能量;这种影响也能够帮助参谋者更加明晰决策者的决策思路,建立信任,对参谋者来说得到的是"使能者"角色的满足。

4.3 培养创新能力——开发我们的右脑

《伊索寓言》里的一个小故事给了我们一个形象的解释。

一个暴风雨的日子,有一个穷人到富人家讨饭。

"滚开!"仆人说,"不要来打搅我们。"

穷人说:“只要让我进去,在你们的火炉上烤干衣服就行了。”仆人以为这不需要花费什么,就让他进去了。

这个可怜人,这时请厨娘给他一个小锅,以便他“煮点石头汤喝”。

“石头汤?”厨娘说,“我想看看你怎样能用石头做成汤。”于是她就答应了。穷人于是到路上拣了块石头洗净后放在锅里煮。

“可是,你总得放点盐吧。”厨娘说,她给他一些盐,后来又给了豌豆、薄荷、香菜。最后,又把能够收拾到的碎肉末都放在汤里。

当然,您也许能猜到,这个可怜人后来把石头捞出来扔回路上,美美地喝了一锅肉汤。

如果这穷人对仆人说:“行行好吧!请给我一锅肉汤。”会得到什么结果呢?结果是十分明显的,这就是创新思维的力量!因此,伊索在故事的结尾处总结道:“坚持下去,方法正确,你就能成功。”

1912年美国哈佛大学教授经济学家约瑟夫·熊彼特(Joseph Alois Schumpeter,1883—1950)在他的德文著作《经济发展理论》中,首次提出了创新的概念。熊彼特认为,“创新”就是把生产要素和生产条件的新组合引入生产体系,即“建立一种新的生产函数”,其目的是为了获取潜在的利润。熊彼特的理论一开始并没有引起足够的重视,直到1934年他的作品用英文出版后,才引起了学界的广泛关注。

20世纪90年代,我国把“创新”一词引入了科技界,形成了“知识创新”“科技创新”等各种提法,进而发展到社会生活的各个领域,使创新的说法几乎无处不在。

清华大学科学与社会研究所教授李正风认为,“创新”一词在我国存在着两种理解:一是从经济学角度来理解创新;二是根据日常含义来理解创新。目前,人们经常谈及的创新,简单说来就是“创造和发现新东西”。这里使用的实际上是“创新”的日常概念。从这个广义的概念上看,人类社会的每一次进步都离不开创新。

创新是指人类为了满足自身的需要,不断拓展对客观世界、自身认知与行为过程和结果的活动。即人为了一定的目的,遵循事物发展的规律,对事物的整体或其中某些部分进行变革,从而使其得以更新与发展的活动。而创新能力指人在顺利完成以原有知识经验为基础的创建新事物活动中表现出来的潜在心理品质。创新能力具有综合独特性,和结构优化性等特征。遗传素质是形成人类创新能力生理基础和必要的物质前提,它潜在决定着个体创新能力未来发展的类型,速度和水平;环境是人的创新能力和提高的重要条件,环境优劣影响着个体创新能力发展的速度和水平;实践是人创新能力形成的唯一途径。实践也是检验创新能力水平和创新活动成果的尺度标准。

创新的本质是进取,是推动人类文明进步的激情;创新就要淘汰旧观念、旧技术、旧体制,培育新观念、新技术、新体制;创新的本质是不做复制者。

陈伟在《什么是创新?》(《财富》,2007年4月)一文中写道:时下中国几乎人人都在说创新,但绝大多数人并不真正知道什么是创新,付诸切实、有效行动的人更少。原因是人们对创新的认识过于偏颇,误导了社会实践。简单比较就能发现,中国社会所认知的创新与创新经济的实际情况相去甚远。但是,错误意识已经渗透到许多高管和政策制定者的头脑之中,形成思维定式,时刻影响着企业战略和社会资源配置。只有极少数人能够正确处理创新管理实践问题。

其实,“怎样认识创新”是一个国际性议题。2003 年,欧盟提出要重新认识创新概念。2004 年,美国国家创新行动计划中反复强调创新的变化特征。“怎样认识创新”还是创新经济的基本问题,因为创新对资源配置也具有基础性作用。就是说,创新与价格是市场经济两只不同的手——“有形的手”和“无形的手”。彼得·德鲁克(Peter F. Drucker,1909—2005)指出,21 世纪,企业唯一重要的事情就是创新。因此,这个议题对企业更重要。

那么,到底什么是创新?经济学家认为,创新是企业家首次以商业目的向经济中引入的能给社会或消费者带来价值追加的新事物。这个观点得到广泛认可,具有普遍意义。但是,它过于抽象,不具备可操作性,只能用作衡量“什么是创新”的准则,而企业需要的是从管理的角度分析和说明创新。

为此,我们首先要解决创新的价值衡量问题。不少人只强调创新的技术领先性,而忽视创新的商业性和应用性。因此,他们的“创新”注定要失败。创新的价值在于创造价值和独特性。所以,衡量创新价值的尺度应该是看它创造了多少消费者价值和社会价值,创造了多少可以转化为商业优势的独特性,而不是看投入了多少研发费用、技术有多先进、有没有知识产权和专利。这样看待创新,定然有利于企业形成正确的创新机制。

从本质上讲,创新是一个多元性的概念,具有内在动态性,而且内涵和性质一直在演变。这些特性逐步为人们所认识。

创新的多元性,首先表现为创新来源的多样化。相当多的人认为,研发是创新的唯一来源。但现实中,创新绝不仅仅来自研发,而是源自很多方面——意外发现、人类对清洁能源的需要、可持续发展、市场、用户、设计、经济结构、管制变化……甚至某个失败的项目都可能产生创新机遇。青霉素就是弗莱明的意外发现。作为创新之源,这些渠道的重要性不低于研发。

创新多元性的第二个方面,是其内涵非常丰富。创新远远不只是技术创新和产品创新,还包括业务流程创新、商业模式创新、管理创新、制度创新、服务创新以及创造全新的市场以满足尚未开发的顾客需要,甚至新的营销和分销方法等。星巴克、eBay、维基百科都是极其出色的商业模式创新。品牌管理、事业部制则是价值卓越的管理创新。这些都表明,创新经济决不仅限于高技术部门。

创新在程度上的巨大差别,是创新多元性的第三个重要方面。既有微处理器这种革命性创新,也有外观设计变化这类渐进性创新,还有结构式创新、跳跃式创新以及随身听(索尼)这种创造空缺市场的创新等。深受社会关注的行业标准,一般都是由结构式创新所形成的主导设计转化而来,施乐 914 复印机、IBM – PC 以及福特早年推出的 T 型车都是这样。

随着互联网和全球化大大扩展创新构思来源和协作范围,创新的多元性还意味着正确寻找和选择创新构思、有效组织实施创新,并在适当的时间限度内把创新带向市场,也就是企业创新方式的创新。2006 年,IBM 召集数十万精英在互联网上展开创新风暴,出资十亿美元以求最佳创新理念。宝洁则提出,到 2010 年必须有一半的创新来自外部。

参与者的多样化,也是创新多元性的一种体现。创新不是某个部门或少数几个人的任务,而是遍布整个企业的思维方式。现代的创新甚至不能局限于一个企业的内部,而是呈现出网络化协作的特征,研发和设计部门、合作企业、用户、供应商、大学、政府,甚至竞争对手,都可能参与其中。

现代创新还有一个显著特征:仅靠单纯的技术创新一般说来无法取得商业成功。一方面,创新包含的知识产权和技术越来越多,单个技术创新不能保证整个创新成功;另一方面,企业要想从某个技术创新中取得实在的商业利益,常常需要其他多种创新的配合。苹果电脑公司推出 iPod 产品时用了 7 种创新,其中包括音乐下载平台 iTunes 这一商业模式创新。

创新的动态性和变化性特点表明,任何关于创新概念的解释都不能算是最终的定义。20 世纪 90 年代,创新的主要议题是技术、质量控制和降低成本。今天,创新的含义大大扩展了——企业以效率为中心而组织,以创新和成长为中心而再造,以及把设计当作创新和差异化之源等。

也许根本就没有必要严格地界定创新,那样反而限制了思维创新。企业也不要把创新看得高不可攀。其实,创新并非什么高深莫测的神话,而是人类最普遍的行为。有句话非常形象地描述了创新的真谛:创新无处不在,无人不能。

创新能力是人们革旧布新和创造新事物的能力,包括发现问题、分析问题、发现矛盾、提出假设、论证假设、解决问题以及在解决问题过程中进一步发现新问题从而不断推动事物发展变化等。创新能力是怀疑、批判和整合能力,是研究者运用知识和理论,在科学、艺术、技术和各种实践活动领域中不断提供具有经济价值、社会价值、生态价值的新思想、新理论、新方法和新发明的能力。

创新能力最基本的构成要素是创新激情、创新思维、科技素质。创新激情决定了创新的产生,创新思维决定了创新的成功和水平,科技素质则是创新的基础。

◆案例:

1947 年:箱子 + 磁电管 + 电 = 微波炉(爆米花和热团加热器)

微波炉最早的名称是"爆米花和热团加热器"(Popcorn and Hot Pockets Warmer),它的发明源自一个武器研发项目,纯属偶然。微波炉的发明者是美国自学成才的工程师珀西·勒巴朗·斯宾塞(Percy LeBaron Spencer),第二次世界大战爆发后,他在一家公司从事雷达技术开发。这项技术在当时听起来很具有科幻色彩,其实只是一种具有探测功能的磁电管,可以发射高强度辐射光束。显然,就像身边朋友给他起的外号,斯宾塞喜欢吃甜食,他或许还是个奇怪的盲目崇拜者。一天,他在实验室做实验时,一块巧克力棒黏在了短裤上。斯宾塞注意到,当他运行磁控管时,裤子上的巧克力棒融化了。一般人可能认为,是他身上的体温将巧克力融化,斯宾塞没有按照这种逻辑思维去判断这件事,相反,思维敏捷的他给出了一个更为科学的解释:肉眼看不见的辐射光线"将其煮熟了"。任何一个理智的人此时都会停下来,因为这些神奇的辐射光线离斯宾塞的阴囊很近。事实上,在场大多数军事专家可能就梦想将这些射线应用到战场上。但是,同科学史上每一位发明家一样,斯宾塞对他的发现充满了好奇,将其作为一种新奇事物看待。他利用这种装置让鸡蛋爆裂,还去烤爆米花。斯宾塞继续实验磁电管,最后,他用箱子将其包装起来,作为一种烹饪美食的新工具推向市场。最早上市的微波炉大约有6英尺(约合1.8米)高,重达750磅(约合340公斤),工作之前必须用冷水冷却。在之后的岁月里,技术人员不断缩小微波炉的尺寸,1967年,微波炉开始进入家庭。今天,微波炉已成为我们日常生活中的一部分。

4.3.1 创新,需要开发我们的右脑——大脑两半球的分工

许多年以前,神经外科医生发现,切开大脑两半球之间的主要连接(胼胝体)后,病人的智力几乎没有什么变化。有时就用这种手术来治疗严重的癫痫病人,能防止癫痫病发作。但有的科学家发现,切断胼胝体的动物,由一侧大脑半球所学习到的行为反应,其信息不能传送给另一侧大脑半球,似乎大脑的两个半球是功能独立的。后来,一些科学家又对"裂脑人"(切断胼胝体的病人)作了一系列实验研究,发现人的大脑左右两个半球都能独立地感知刺激,一侧半球所经验的、学习和记忆的信息,不能传送给另一半球。研究还发现,两个半球功能上有差别:左大脑半球在分析时间规式方面、在判别语言和非语言的声音刺激以及视觉和触觉事件上都比右半球的能力强。较强的分析听觉事件的能力是左半球语言优势的基础。右半球对语言的理解很有限,但也具有高度的智力活动,在某些方面强于左半球。如对于空间几何图像的理解和判断,对形象信号的感知以及识别和记忆音调等方面的能力,都比左半球强。在记忆能力方面,左半球对语言形式的信息记忆能力远强于右半球,但却难于记住复杂的视觉和触觉信息。右半球则很难记忆语言材料,而对复杂的图画和触觉信息却有很好的记忆力。

这样,根据实验研究的结论认为:独立的大脑左半球具有支配讲话、写字、数学运算和抽象推理功能。在控制神经系统调节活动方面,左半球是较多地起主导作用的半球。独立的右半球在认识空间、理解音乐和形象思维等方面的能力优于左半球。也就是说,大脑两半球的功能是很专门化的,它们各有分工又互相合作。

近年来,根据大脑两半球机能不对称理论,人们提出了一种开发创造力的方法。

所谓不对称,是指两半球的机能不均衡。研究表明:"右半球综合空间,左半球分析时间;右半球注意视觉的相似而排斥概念的相近,左半球则与此相反;右半球能知觉形

态,左半球则能知觉细节;右半球将感觉输入成表象,左半球则缺乏完型综合器……”总之,多数人的左半球是言语中枢,以及数理、分析思维的中枢,而右半球则是空间关系、型式关系、音乐和艺术欣赏的中枢。

根据左右脑不对称的理论,有人列举了达・芬奇(Leonardo di ser Piero da Vinci,1452—1519)、歌德(Johann Wolfgang von Goethe,1710—1782)、爱因斯坦和钱学森(1911—2009)等古今中外的奇才,认为他们都是善于左右脑并用而富于创造性的人,因此主张开发右脑,促进左、右脑两种思维的协调发展,培养创造力。

你如果在日常工作和生活中,对某件困惑已久的事情突然有所感悟,或者突然豁然开朗,其实这都是右脑潜能发挥作用的结果。

人脑的大部分记忆,是将情景以模糊的图像存入右脑,就如同录像带的工作原理一样。信息是以某种图画、形象,像电影胶片似的记入右脑的。所谓思考,就是左脑一边观察右脑所描绘的图像,一边符号化、语言化的过程。所以左脑具有很强的工具性质,它负责把右脑的形象思维转换成语言。

被人们称为天才的爱因斯坦曾经说过:“我思考问题时,不是用语言进行思考,而是用活动的跳跃的形象进行思考。当这种思考完成以后,我要花很大力气把他们转换成语言。”可见,我们在进行思考的时候,首先需要右脑通过非语言化的,“信息录音带”(记忆存贮)描绘出具体的形象。

现代社会强烈要求的创新能力或者说创造力是什么呢?它实际上就是把头脑中那些被认为毫无关系的情报信息联结起来的能力。这种并不关联的信息之间距离越大,把它们联系起来的设想也就越新越奇。人是不能创造出信息的。所以,创造力也就是对已有的信息再加工的过程。因此,假如右脑本身直观的、综合的、形象的思维机能发挥作用,并且要有左脑很好地配合,就能不断地有崭新的设想产生。

当右脑成为创新能力的源泉被人们广泛认同之时,我们就必须通过有效方法对其进行开发。

开发右脑的方法多种多样。

一位企业家曾撰文说:选人,我最不重视学历。我选择右脑发达的人,因为右脑发达者才可能成为真正的人才。

且不论这位企业家的话是否有失偏颇,但这表明了人们对右脑的重视。

人的大脑分成两个半球。左侧半球管理右侧的身体,右侧半球管理左侧的身体。

国外有人用一顶特殊的“帽子”测量学生的脑电波时,根据脑电波的表现发现,人脑的左半球主管的是计算、语言、逻辑、分析、书写及其他类似的智力活动;右半球主管的则是想象、色觉、音乐、绘画等智力活动。

由于世界上 90% 的人习惯用右手干活,所以人们说:左侧大脑是优势半球。

20 多年前,美国神经心理学家斯佩里(Roger W. Sperry,1913—1994)对脑的两个半球的功能进行了研究。他切断猴子的联结两侧半球的神经后,先蒙住猴子的左眼,让它用右眼看东西、找食物。可是猴子对刚刚学会的本领全忘光了。也就是说,左脑知道的事,右脑不知道,这两个半球好像各有一个指挥系统。

重症癫痫病人很痛苦。由于癫痫病变通常只在脑的一侧,医学家因而设想,假如将左右脑的联结部分割裂,那“好”脑的一侧就能控制住一半的身体,如此,就能减轻癫痫病人的痛苦。这种被割裂左右脑的人,谓之“裂脑人”。

对裂脑人的研究也证明,大脑两边似乎各有独立的系统。

然而,由于“左半球优势”常常抑制、阻碍右脑发挥才能,因此,注意开发右脑,充分利用大脑的潜力,是应该强调的。

如何开发右脑呢? 日本医学教授的意见是:有意让左眼看东西,用左耳听音乐,用左手摸物体、记棋谱,在可能条件下以图代文;多观赏风景和写生,做诗填词;记下梦中的景象;每天改变上学、上班的路线;吃美味佳肴,并亲自去做;做全身运动;听古典音乐;打坐、冥想;用地图和时刻表做假想旅行,等等。

我国有些研究人员采用“活化右脑”的方法,据说效果良好。被试验的学生有76%感到大脑有舒适感、松爽感,比原来好使了;100%的学生感到眼睛清亮了。所谓“活化右脑”法,就是游戏法、想象法、课中操法和左侧操法。例如,可让学生当场即兴创作一个小游戏,或主要运用左侧肢体做操等。如果这样,就特别需要教师的支持和参与。但有的医学家认为,最简单的开发右脑的方法是每天步行13000步,至少是5000步,并且“一边步行一边思考自己的理想、希望和规划”。

上述开发右脑的方法有益无害,试试无妨。

4.3.2 创新,需要智慧联结

知识对每一个人来说都是十分重要的,但是如果人们一味搜寻或获得大量的知识,并简单地把所掌握的知识孤立地运用,那么这类人只能算得上是知识丰富而已。而如果掌握丰富知识的人,在面对问题时能够把自己掌握的不同体系的知识加以联结思考问题并加以运用,那便会生出智慧。这种“智者”,对社会的进步和发展能够做出更大的贡献。

◆案例讨论:

它们应该在哪儿? ——儿童教育实例中的“创新”与《学习的革命》(沃斯. 学习的革命[M]. 上海:上海三联书店,1998年.)有关创新的阐述。

◆案例:

某小学语文课教学中,有一节“看图摆画”并造句“一边……一边……”的教学内容:老师在黑板前挂出一幅图画:图上有一棵大树,树前方有一条河,河的两边长满绿色的青草，天上有一轮红色的太阳。老师另拿出三张贴画：兔子、鸭子和猴子。

老师对学生说：同学们，请大家仔细观察这张挂图，然后把兔子、鸭子和猴子贴在你觉得它们应该在的地方。贴好后，请大家把这些动物和环境联系起来造句“一边……一边……”。

“想回答问题的同学举手。”老师话音刚落，全班同学都举起了手，其中一个坐在最后一排的男生半站着举着手，看上去很想回答问题，老师点名让他上台回答问题。男生来到图前，很快便将贴图贴在了挂图上：兔子在河里；鸭子在河边的草地上；猴子在树与河中间的空中。刚贴完图，课堂里就传来同学们的议论声，有同学说“傻帽”，有同学说“搞怪”、“乱贴”……老师对这种贴法也觉得有问题，她问男生道：“你就这样贴吗？”“是”，男生答道。“好吧，你下去吧。”老师没让这个学生接下来造句，显然，老师认为他把这些动物贴在那些地方不对。“哪个同学来帮他改一改？”除了刚才那个男生外，全班其他同学都举起了手，老师把坐在第一排的一个女生叫上来回答问题。女生很快便把兔子、鸭子和猴子分别贴在了草地上、河里和树上。她接着造句道：“天气十分炎热，猴子在树上一边乘凉一边睡觉；鸭子在河里一边游泳一边唱歌；兔子在草地上一边吃着嫩绿的青草，一边听鸭子唱歌，它高兴极了。”老师对她的贴图和造句很满意，同学们齐刷刷给她鼓了一次掌，并齐声赞道：“你真棒！”刚才回答了一半问题的男生很不高兴，老师看到了他表示不满的肢体语言。“你怎么这样？难道人家贴得不对，说得不好吗？”“她贴得没我好。”老师一问，学生一答。“为什么说你贴得好？”“我就是比她贴得好。”老师又一问，学生又一答。“那好，你上来，把你刚才贴的再贴一遍，然后造句……”在老师的坚持下，男生又一次走上讲台，把兔子、鸭子和猴子再一次分别贴在了河里、草地上和空中。在同学们乱糟糟地议论时，男生开始按贴图造句：“天气非常炎热，鸭子在河里游泳游累了，上到岸上，一边休息一边晒太阳。”刚造完第一个造句，下面的同学便突然安静下来，大家都瞪大了眼睛。男生接着说道：“兔子在河这边吃草，看到河那边的草更好，它想去河那边吃草，它纵身跳到河里想游过河去，但是，兔子不会游泳，它被淹着了，它一边扑腾着一边大喊‘救命呀、救命呀’。猴子在树上睡觉，被呼救声惊醒，看到兔子在河里被淹着了，它一边大喊着‘别害怕，我来了’，一边奋不顾身地从树上向河里跳去，‘啪！’猴子定格在空中。”话音刚落，台下爆发出一阵热烈的掌声和笑声。老师也毫不吝惜地号召全体同学竖起大拇指给这个男生两次齐声称赞：“你真棒！”

一则小学语文教学的真实案例告诉我们的不仅仅是学生的创造性想象和创新思维，以及老师允许表达所体现出的对学生的尊重。更重要的是，这则案例能够让我们产生联想，建立我们与以往所获得信息之间的连接：在《学习的革命》中，对创新的描述是，创新并非一定是我们创造出来以前没有的东西，以前有的，被我们重新组合产生了新的逻辑关系也叫创新。本文在多处都会提到，连接是智者的重要特征之一，相对于智者和知识者，社会更需要智者。

4.3.3 几种简单易用的思考方法

有人说:成功=正确的思考方法+信念+行动。可见,思考方法在一个人的成功中扮演着十分重要的角色。思维方法是人们通过思维活动为了实现特定思维目的所凭借的途径、手段或办法,也就是思维过程中所运用的工具和手段。思维方法属于思维方式范畴,是思维方式的一个侧面,是思维方式具体而集中的体现。思维方法是由诸层次、诸要素构成的复杂系统。按其作用范围的不同,可以把思维方法划分为三大层次:一般的思维方法、各门具体科学共同的思维方法和各门科学所特有的思维方法。

常用思维方法有多种,主要有以下几种。

发散思维法。它是根据已有的某一点信息,然后运用已知的知识、经验,通过推测、想象,沿着不同的方向去思考,重组记忆中的信息和眼前的信息,产生新的信息。它可分流畅性、变通性、独创性三个层次。

聚合思维法。又称求同思维,是指从不同来源、不同材料、不同方向探求一个正确答案的思维过程和方法。

目标思维法。确立目标后,一步一步去实现其目标的思维方法。其思维过程具有指向性、层次性。

逆向思维法。它是目标思维的对应面,从目标点反推出条件、原因的思维方法。它也是一种有效的创新方法。

移植思维法。是指把某一领域的科学技术成果运用到其他领域的一种创造性思维方法,仿生学是典型的事例。

联想思维法。相似联想、接近联想、对比联想、因果联想。

形象思维法。通过形象来进行思维的方法。它具有的形象性、感情性,是区别于抽象思维的重要标志。

演绎思维法。它是从普遍到特殊的思维方法,具体形式有三段论、联言推理、假言推理、选言推理等。

归纳思维法。它是根据一般寓于特殊之中的原理而进行推理的一种思维形式。

思考方法众多,看起来易懂,但学起来并不容易。下面介绍两种思考方法,希望能够在读者解决问题时提供些帮助。

1. 绘制脑图

绘制脑图是一种创造性思考的方法。是被誉为“世界大脑先生”的托尼·巴赞(Tony Buzan)在他的BBC畅销书《开动大脑》(北京:世界图书出版公司,2004.)一书中提出的一种思考问题的技术。运用这种方法,能够帮助人们围绕某一选定的问题进行思考。

人们在围绕某一问题进行思考时,习惯于用笔在纸上随手记下自己的各种想法以帮助自己思考或防备遗忘。这虽然是一种好习惯,但有时也会让我们感到不便。因为,对于直线思维的人来说，通过笔记可以记录下他们所想到的东西，但是，对于发散性思维的人来说，在思维过程中总会因某种刺激让他们产生出很多新的想法，他们需要不断对自己的原有想法进行修改或增加一些新的内容，这种思维习惯而派生出的行为方式，想要通过做笔记记录的方法记录下全部内容，是很难做到的。而运用绘制脑图的技术，便能够给他们带来很多方便。

绘制脑图的步骤如下。

步骤一：准备一张大一点的白纸和彩水笔；

步骤二：在白纸上写下你的思考主题（我的理想生活，如图）并用圆圈圈起来；

步骤三：从思考主题画出一条直线并在末端标注文字（关键思路），如职业、环境、生活方式、钱、家庭等并用圆圈圈起来。再从关键思路上画出支线，这些支线代表了源于关键思路的各种想法。每个想法都有一条直线表示，如从“家庭”出发引出的支线末端可能包括“父母”、“亲友”、“恋人”等分支；

步骤四：如果需要，可以从这些分支上继续引出分支；

步骤五：可以用箭头、颜色和符号将分支先连接起来。这样，通过对各个分支的认真思考并记录，我们便能够得到一幅关于某个主题的完整脑图了。

我们在前面提到，连结对人的心智成长具有重要的意义，绘制脑图的过程，其实就是建立事物与事物之间连结的过程。由此可见，绘制脑图这种技术，不单单是一种简单实用的思考方法，同时，它也是一种建立事物间连结的好方法。

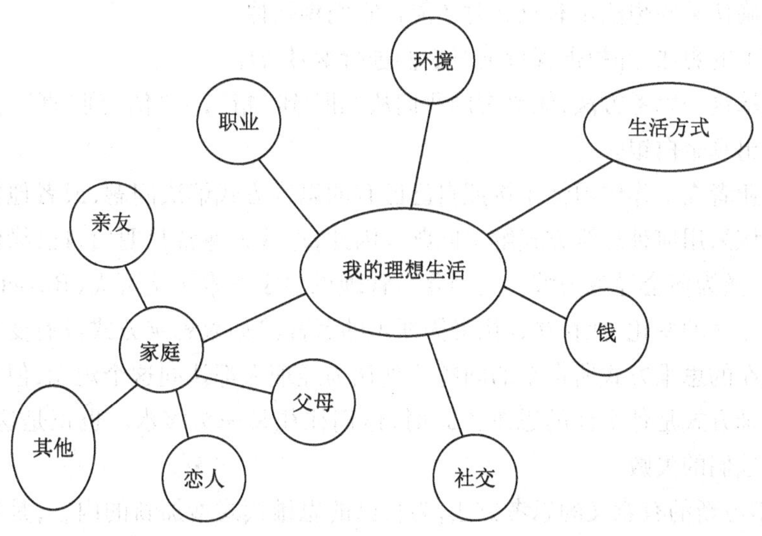

2. 头脑风暴

头脑风暴是一种被人们普遍应用的思考方法和工具。许多人的体会是，只要能够在工作中正确地加以使用，便可以给工作带来巨大的帮助。但是，一些团队在使用头脑风暴时效果并不像想象的那样好，究其原因，是因为使用者对规则不够明确：有人过早对所提出的看法进行评估和批评，从而引起某些人的焦虑和担心，进而扼杀了一些好的想法。

头脑风暴分为个人头脑风暴和集体头脑风暴两种。前者能够让自己的思想自由翱翔,由于不受外来约束,在无拘无束中能够迸发出许多好的想法,就这一点,其效果要比集体头脑风暴更为有效。但是从另一个方面来说,集体头脑风暴能使个体从其他成员那里得到启发,这一点,集体头脑风暴要优于个人头脑风暴。

无论采用个人头脑风暴或集体头脑风暴的思考方法时,都应遵循一定的规则。即透过两个独立阶段操作并按照各阶段的要求操作才能完成。

第一阶段:通常用右脑进行思考,提出想法。并将想法记录在纸上。

要求是:

尽可能多提出一些想法;

要展开思想的翅膀,让自己的思绪在天空中自由翱翔;

不要犹豫,不要害怕荒谬;

不要判断,不要批评,不用思考;

在已经提出的想法基础上提出新的想法;

不要停下来,一直到提不出想法为止;

要不停地随时将一个想法记录下来,让思路不断延续。

第二阶段:从第一阶段的想法中挑选出需要保留的想法并剔除那些无用的想法。

要求是:

对提出的想法进行认真、仔细的检查,将无用的想法勾掉。但必须谨慎,不能仓促行事。只有在确认某些想法没有意义时才能把它们剔除掉。

思考剩下的想法,并根据其价值对它们进行编号排序。

头脑风暴这一思考方法,能够帮助我们从“粗”到“精”,由“伪”到“真”,能够让我们从沙土中淘出真金白银。

许多职业者在工作中习惯于按照自己已有的思维方式解决问题,或者他们根本不知道自己究竟该采用何种思维方式解决问题。因此,这些人通常只明白自己缘何取得了成功,但却弄不懂为何会导致失败。美国著名管理思想家罗素·艾可夫(Russell L. Ackoff)强调了思维方式的变化,他喜欢运用爱因斯坦的名言:“如果思维方式没有变化就不能解决我们由现在的思维方式所带来的问题。”他认为经理人都认同这个观念,但当问及经理人现在的思维方式是什么样的思维方式时,他们往往是一头雾水。也正是这个原因,他们不能理解他们的失败。

所以,学习新的有意义的思考方法,为自己的思维模式增加新的内容,是每一个管理者都必须要做的事情。

链接:如何才能做到真正的创新?

当你将创新作为你的方向时,“创新”是一个可怕的词汇。假设你正在寻找提高业务的方法,你知道你需要创新,而后你脑海中闪现出史蒂夫·乔布斯(Steve Jobs,1955—2011)的画面,这个画面冻结了。创新这一词汇似乎设置了一个非常高的铁栅栏。

但事实上铁栅栏没有那么高。找到提高业务的方法相当简单。不要想创新的事情,而是要想一些其他事情。

痛苦

要创新你只需要使用你已经知道的关于你的业务和你的客户的情况来减少彼此的一点痛苦。任何人都可以做到这一点。例如,我家附近的一个加油站或者便利店的业主就很有创新意识。(你对于“便利店”和“创新”出现在一个句子中而感到吃惊吗)以下是解决问题的过程。我们会用她的几个想法作为例子。

1. 找到彼此的痛苦点。她的情况是,信用卡处理费超过了2%,有点高,而且她必须至少等待一天信用卡里的钱才会打到她的账户。她出售大量的汽油,但是利润率却非常低,尤其是因为她要与Sheetz和Costco竞争。同时,客户对汽油的价格也很敏感,在我住的区域,客户买前调查不同公司的销售价格进行对比是很常见的事情。双方的痛苦点为:她讨厌处理费和等待钱转入她的账户,而客户们痛恨高价油。

2. 找到一个互惠的解决方案。她决定对使用现金购买的顾客提供折扣,每加仑便宜5美分。由于汽油的价格是3.50美元,5美分即为1.4%的折扣。虽然她只多赚了0.8%的差价,但她的汽油的整体销售额增加了7%,每天有更多的收入进入她的账户。我问她是否担心使用信用卡或者借记卡支付的客户会因为比现金支付的客户多支付而不高兴。她说有一些客户会抱怨,但当她解释说信用卡公司的处理费用使她筋疲力尽,所以她宁愿将这部分钱省下来给现金支付的客户时,他们就会理解了。她说:“大家都会理解,因为没有人喜欢信用卡公司。”

3. 利用解决方案找到更多的痛苦点。现金客户前来购买。(每一个加油站或者便利店的经营者都会熬夜思考让客户前来购买的方法,信用卡和借记卡的应用已经大大减少了客流量)她需要卖更多的汽油,所以这是她的痛苦……但是她客户的痛苦点呢?他们还需要什么?

4. 去找更多双赢的方案。普通的便利店会把一些利润率高的东西放在收款处附近:电池、糖果等很多他们希望卖掉但却没人购买的东西,我猜你甚至没有注意到这一点。她采用了一种不同的方法。她最畅销的商品有咖啡、碳酸饮料和能量饮料。她将咖啡站移到主柜台附近并且在正上方放了一个冷却器。那些东西的销售额上升了,同时饮料的整体销售额也增加了。她说:“我注意到很多客户都会看一眼冷却器,然后会回头看一下其他的冷却器在哪里。”然后她进一步说,展示出一些适合在汽车里吃的新鲜饼干、新鲜水果(像在杂货店里的冷却单元一样展示商品来战胜“谁在便利店里购买新鲜水果”的神话)和可以取代午餐的巧克力。这些东西的销售额上升了,意味着更多的顾客除了需要这些还需要饮料。总体而言,饮料的销售额增加了21%。(顺便说一句,她将啤酒搬到商店的后边。没有人进来说:“嘿,我想我还需要六打啤酒。”买啤酒的人已经知道他们需要

啤酒了)

5. 追踪结果。"创新"只有真正起作用的时候才是创新。确保你知道自己的起点并且追踪改变的结果。留意积极的东西,但也要对消极的东西格外注意。在她的情况中,商店的客流量增加了就意味着她的工作更忙碌,尤其是在早上和中午上下班驾车时间。她不得不增加更多的停车空间,因为来光顾的客户会在加油站待更长时间或者把车停在商店门口。

现在想想你要改变的东西:约束、成本或者是某一痛苦点。然后想出你的客户能够帮助你解决同时客户又获得好处的解决方案。记住你不需要想出大的变革方案。小创新也可以成为经典,可以产生越来越多的创新。

找到你的痛苦点并且消除它——这就是真正的创新。

(选自 http://blogs. bnet. com. cn/? uid-19109-action-viewspace-itemid-22624,2011 年 10 月 27 日)

创新,就是要丢掉旧有的、已经习惯了的思维模式,丢掉已经熟悉的、运用起来没有任何风险的东西。所以,创新对于每个人来说实际上都是一件不舒适并且有危险的事情。因此,必须学会放弃,学会丢掉已经存在的东西,才能为实现创新创造条件。国外曾经有人做过这样的实验(练习),写在这里,大家可以做做看。

自我操作训练:

现在写下你所需要的所有人(10 种):如父母、妻子(丈夫)、孩子、朋友、领导、老师、同事、哥哥、妹妹……

然后按次级剔除法逐渐剔除留下五个、四个……最终,只有一个属于你。

这个自我操作训练是一个逐渐增压的过程,因为越往后,你失去的就越多,剩下的人就越少。让人们放弃已经拥有的,对他们来说肯定是一个痛苦的过程。但是,如果总说得到而不放弃,那你要负重前行,肩上扛得越多,走的速度就越慢。当看到轻装上阵的人把我们远远丢在身后时才醒悟,已为时晚矣。

4.4 团队报告的能力

将所要表达的内容逻辑性地表达出来,是一个领导者或管理者必备的能力。领导者职位高了,会配秘书,所以报告不一定要自己亲手动笔来写。但是职位较低的领导者或管理者就不一样了,他们要在会上说的东西,如果需要形成文字稿,就必须自己动手来完成。所以,做一个让听众满意的团队报告,既要说得好,也要写得好,而写得好是基础,除非具有脱稿即可自由表达的思维和能力,否则口才再好,照写好的稿子读,稿子无彩,口才也派不上用场。

向团队成员做团队报告，是团队领导的一项重要职责，是团队领导者向成员介绍情况、揭示实质、进行评价、布置任务、提供方法、提出要求、倡导号召、传达指示精神的主要途径。作为组织沟通和交流机制的团队报告，在向团队介绍情况、布置任务时都具有非常重要的作用。曾有人对 669 个单位调查表明：90% 的单位认为团队报告是最有效的沟通渠道；75% 的单位认为，从报告中获得反馈是最有效的方法。

1944 年 9 月 8 日，中共中央直属机关在延安凤凰山脚枣园操场上为张思德同志(1915—1944)举行了约千人的追悼会。下午 1 时以后，毛主席迈着沉重的步子走上祭台，作了题为《为人民服务》的演讲。该讲演堪称最完美之团队报告之一。我从介绍情况、揭示实质、进行评价、布置任务、提供方法、提出要求、倡导号召、传达指示精神方面，对该报告进行学习、分析。

为人民服务

毛泽东

我们的共产党和共产党所领导的八路军、新四军，是革命的队伍。我们这个队伍完全是为着解放人民的，是彻底地为人民的利益工作的。张思德同志就是我们这个队伍中的一个同志。(介绍情况、揭示实质)

人总是要死的，但死的意义有不同。中国古时候有个文学家叫作司马迁的说过："人固有一死，或重于泰山，或轻于鸿毛。"为人民利益而死，就比泰山还重；替法西斯卖力，替剥削人民和压迫人民的人去死，就比鸿毛还轻。张思德同志是为人民利益而死的，他的死是比泰山还要重的。(进行评价)

因为我们是为人民服务的，所以，我们如果有缺点，就不怕别人批评指出。不管是什么人，谁向我们指出都行。只要你说得对，我们就改正。你说的办法对人民有好处，我们就照你的办。"精兵简政"这一条意见，就是党外人士李鼎铭先生提出来的；他提得好，对人民有好处，我们就采用了。只要我们为人民的利益坚持好的，为人民的利益改正错的，我们这个队伍就一定会兴旺起来。(提出要求、倡导号召)

我们都是来自五湖四海，为了一个共同的革命目标，走到一起来了。我们还要和全国大多数人民走这一条路。我们今天已经领导着九千一百万人口的根据地，但是还不够，还要更大些，才能取得全民族的解放。我们的同志在困难的时候，要看到成绩，要看到光明，要提高我们的勇气。中国人民正在受难，我们有责任解救他们，我们要努力奋斗。要奋斗就会有牺牲，死人的事是经常发生的。但是我们想到人民的利益，想到大多数人民的痛苦，我们为人民而死，就是死得其所。不过，我们应当尽量地减少那些不必要的牺牲。我们的干部要关心每一个战士，一切革命队伍的人都要互相关心，互相爱护，互相帮助。(布置任务、提出要求、倡导号召、传达指示精神)

今后我们的队伍里，不管死了谁，不管是炊事员，还是战士，只要他是做过一些有益的工作的，我们都要给他送葬，开追悼会。这要成为一个制度。这个方法也要介绍到老

百姓那里去。村上的人死了,开个追悼会。用这样的方法,寄托我们的哀思,使整个人民团结起来。(提供方法、提出要求)

(选自毛泽东选集:第3卷[M].北京:人民出版社,1991.)

毛泽东同志围绕“为人民服务”这一主题,将所要报告的内容按照一定顺序综合在一起,以简练的语言将完全彻底为人民服务是我们的宗旨;为人民利益而死比泰山还重;正确对待批评,为人民的利益而坚持好的,改正错的;正确对待困难,对待同志,为人民的利益而团结互助;悼念为人民而死的先烈等重要内容做了清晰、明了的阐述,的确值得我们认真学习。

准备一个好的团队报告,有许多方面需要了解和掌握,下面就将做好一个团队报告的基本方法提供给读者。

4.4.1 团队报告的作用和目的

团队报告是团队内部形成和建立有效沟通的基础,是各种信息传递的主要途径。建立健全的团队报告机制,能够使上、下级之间主渠道信息通畅传递,提高信息的准确程度。同时,还能够阻止小道消息的流传。其作用和目的主要有:建立团队内部沟通,如上下级之间纵向沟通和同层面横向沟通;介绍团队各种情况、进行工作指示和任务安排;说服、引导、影响、激励、号召、鼓动成员;解释、说明以增进理解;协商解决问题的方案;得到反馈意见等。

在规划一次团队报告时,必须明确报告的意图和想要达到的目的,如:

对象是谁;

想说服人们去做什么;

想让人们接受什么新思想、新方法;

想告诉人们怎样思考问题;

想传递哪些重要信息;

想采取何种方法去解决问题;

想得到什么反馈意见。

这些的目的和意图,都是为了传达和获得信息。除此之外,还必须明确报告所寻求的结果是什么以及希望报告产生什么样的效果。所以,为了评价报告是否达到了预期目的,还需要检查团队成员是否需要做些什么以及他们为什么要做这些事情。以下方法能够帮助我们确定报告的最终结果。

一是将报告聚焦在意图上。

二是在报告中强调想要达到的结果。

三是评价报告的有效性。

即使报告具有明确的目的和意图，由于多种原因，团队报告的作用也时常会不尽如人意。比如，报告内容与接受者的需要无关，这会使接受者感觉报告只是在例行公事，自己来听报告只是凑凑人头数而已；报告累赘冗长，必然会让接受者觉得是在浪费他们的时间；味同嚼蜡的报告内容无论如何都无法让接受者打起精神饶有兴趣地倾听，如此等等。这样的报告内容自然不会为人们所接受，接受者没精打采、萎靡不振也属正常。如果某个报告让接受者感到是在经历一种煎熬的话，还可能会对他们的身心健康产生不良影响。所以，内容长、空、旧的报告是绝对要不得的，是必须加以摒弃的。

2010 年 5 月 13 日，时任国家副主席的习近平同志在中央党校春季第二批入学学员开学典礼上的讲话中指出，改进文风，在三个方面下功夫、见成效很重要。一是短。力求简短精练、直截了当，要言不烦、意尽言止，观点鲜明、重点突出。坚持内容决定形式，宜短则短，宜长则长。二是实。讲符合实际的话不讲脱离实际的话，讲管用的话不讲虚话，讲反映自己判断的话不讲照本宣科的话。三是新。在研究新情况、解决新问题上有新思路、新举措、新语言，力求思想深刻、富有新意。（选自 http://cpc.people.com.cn/GB/64093/64094/11582876.html，2010 年 5 月 13 日）

那么，如何准备团队报告内容呢？

当然，“短、实、新”三个字，已经简要、清晰地概括出一个好的团队报告的特征。此外，我们还要在其他方面加以注意。

4.4.2 准备团队报告内容的方法

一个好的团队报告，要注意把握好以下方面。

一、目标要明确，核心内容必须对团队成员有意义

越清晰、具体的目标，就越容易达成。每一个团队报告目标的达成，都会为团队最终目的的实现创造条件。现代管理学提出有关好目标的 SMART 原则，即一个好的目标，应该是具体的（Specific）、可以检测的（Measurable）、有可能达到的（Attainable）、现实的（Realistic）、有时间规定的（Time specific）。这一原则同样可以在团队报告的内容确定方面加以运用，即在围绕报告的目标安排核心内容时，一定要将 SMART 原则体现出来，并建立这些内容与团队成员自我的意义性的联结，换言之，就是力求使这些内容与团队成员需求的满足达至较高水平相关。

二、要尽可能使内容简明扼要，在短、精上下功夫

开门见山，直截了当，略去不必要的“引言”和“前缀”，会节省许多与核心内容无关的文字，既省了自己的力，也不烦他人的心，实在是两全其美的大好事，也为人乐见。但是，如果拐弯抹角，兜圈绕道，那就不得人心了。就比如报告一个人的人体结构，如果报告者先给人体穿衣戴帽、梳妆打扮，然后再脱衣、摘帽、卸妆……时间一点点过去，读者

（听者）费了眼神、耳力，筋疲力尽时还未见“庐山真面目”，恐难会有谁能耐着性子稳坐“山中”。有人曾言，要说人就直接说人，千万别从猴说起，否则在说者还没说到人的时候，听者便已经发生“猴变”了，即听者会像猴一样抓耳挠腮地“猴急”起来。这看似戏言，但却正中写报告求“长”而不精者的要害。

还有，确定报告内容是否能够为他人理解，事前对读者（听者）可能存在的问题做些预测是必要的。但切勿将自己的假设作为真实的客观实在，否则，便要占用太多篇幅才有可能对这些假设说明和澄清。

有关人类记忆的研究证明，一点、两点内容最容易被人们记忆。但要想说清楚什么，一点、两点通常难以达到目的。所以，我们经常看到或听到的是以三点的方式进行表述，即“我提三点建议”等。的确，三点要比四点更容易被人们记忆。原因在于，一个信息点前后如果都有其他信息点，那么对这个信息点的记忆就会受到前后信息点的影响，前面和后面的信息点分别会对这个信息点的记忆产生前摄和后摄抑制。三点内容与四点内容相比，一、二、三点中，第一点前没有信息点故没有前摄抑制，后有第二点故有后摄抑制；第三点没有后信息点故没有后摄抑制，前有第二点故有前摄抑制；只有中间的第二点前有一、后有三，故同时存在前摄抑制和后摄抑制。而一、二、三、四点中，中间的二和三信息点都存在前摄抑制和后摄抑制。由此可知，只要大于三个信息点，除第一个和最后一个信息点外，人们对其他信息点的记忆，都会受到前摄抑制和后摄抑制的双重影响，这就是为什么要点越多越不好记忆的原因所在。也正因为如此，人们才经常将诸多内容概括为三点而不是更多。

综合以上，在确定报告内容时必须为以下问题找到明确答案。

报告的时间有多长？

有多少论点？如何逻辑排列？

团队成员能否理解论点？自己是否存在错误假设？

是否做到不能再短？

是否留下的是真正的精华？

是否概括为三点？

三、自己动手搜集报告所需资料

有的放矢的前提是所掌握的材料准确、翔实。无论报告谈及什么，如果所谈论点不能建立在精准的论据之上，论点均不堪一击。所以，报告内容必须尽可能来自第一手资料，而报告者自己动手去搜集第一手资料是最为可信和有效的。这里所要强调的是搜集而不是收集，因为，“搜”更具有主动特征，而“收”则有被动之嫌。

能力是人们完成某项工作任务所具备的条件，具备了条件，就具有了能力，工作任务便会在诸多条件的支持下得以完成。此时，人们便自然会认为你是一个具有能力的人了。

搜集信息的能力直接关乎报告所述内容的信度高低，而信度又是获得效度的前提条件。搜集到的事实、数据等信息具有较高信度，才能使报告的效度达到更高水平。

自己动手搜集报告所需资料的具体方法因人而异，对许多人来说，运用绘制脑图的思考方法画出思路图也是一种十分有效的方法。

在准备团队报告内容的过程中，每一位报告者都应切记：要做自己应该做的，而不是只做自己喜欢做的，要把别人应该做的事情交给别人去做。

4.4.3　为报告做必要的视觉辅助准备

根据报告内容需要，可以将报告内容做成 PPT 文件，现在，这种视觉辅助方法已经被许多人运用在他们的报告之中。

视觉辅助幻灯片的制作应遵循一定规律才能为报告添彩。以下要求可在制作时加以注意：

(1)文字清晰，对象与背景分明。

(2)每行 6 个词以下；每段 6 行以下。

(3)在有限的篇幅中尽量把字号调大些，用黑体或彩色字突出重点。

(4)标题最好用 2 号字，正文用 3 号字。

(5)避免密密麻麻的数字和复杂的图表。

(6)字体一般不要超过 2 种，风格(版面)力求一致。

(7)加入适量图片是有意义的，但一张图片应连接一个主题；与主题相关的要点最好不要超过 5 个。

(8)报告中，3 分钟播放一张图片较为适中，但如果你的节奏把握得不好，切记设置为自动播放。

(9)对文件要做备份，以防万一。最好养成将文件发送到自己邮箱中的习惯，这样，只要有网络，你便随时可以拿到你需要的东西。

“眼、耳、鼻、舌、身”是人们感知客观事物的五大系统，视觉是其中之一。所以，在报告借助视觉辅助手段，能够提高听者对报告的感知水平，对听者更加全面了解和认识报告内容具有积极作用。

在高校教学实践中，笔者在课堂教学中将“做一次团队报告”作为大作业布置给学生，并在学生完成团队报告的过程中给予适度辅导，得到学生好评。下面将学生所做的三篇团队报告提供给大家以便在需要时参考。

报告一：弘扬长征精神，与祖国共奋进

1. 内容

活动时间以及地点：×年×月×日 17 点 大阶梯教室

活动形式：

(1)阐述什么是长征精神，让同学们更加深刻地了解长征精神是什么。

(2)诗歌散文朗诵,颂扬长征精神。

(3)观看电影《我的长征》,谈一些自己的感受。

(4)根据给出的一些题目,同学们自发讨论研究,学习长征精神。

活动目的以及意义:

“长征是宣言书,长征是宣传队,长征是播种机。”这是毛泽东对长征意义最有代表性的论述。而我们这次开展的团日活动就是要深入学习长征精神,在新的历史条件下,我们要用红军长征胜利的生动历史和英雄壮举,在广大学生中深入开展长征精神、革命传统、革命理想和信念的宣传教育。

第一节　什么是长征精神

1934 年 10 月,第五次反“围剿”战争失败后,中央红军主力被迫撤离江西革命根据地,准备与二、六军团会合,沿途突破敌人四道封锁线,兵力损失过半。12 月,黎平会议后,红军改变会合计划,向贵州腹地进发。1935 年 1 月,红军攻打娄山关,占领遵义城,召开政治局扩大会议,毛泽东在中央的领导地位开始确立。会后,红军四渡赤水、巧渡金沙江、强渡大渡河、翻越夹金山。6 月,与红四方面军会合,开始与张国焘的分裂主义作斗争,左路军走过人迹罕至的草地。随后,红一、三军团和军委纵队继续北上,攻克天险腊子口,翻越六盘山,到达吴起镇与陕北红军会师,中央红军长征结束。红军指战员在长征途中表现出了对革命理想和事业无比的忠诚、坚定的信念,表现出了不怕牺牲、敢于胜利的无产阶级乐观主义精神,表现出了顾全大局、严守纪律、亲密团结的高尚品德。这些构成了伟大的长征精神:坚韧不拔,自强不息,勇往直前。

第二节　诗歌朗诵

同学们十分积极地报名,希望能够朗诵关于歌颂红军长征时期的文章,以学习及理解长征精神。由于文章很多,在此我挑选一部分比较精华的文章作为范例。

清平乐·六盘山

毛泽东

天高云淡,
望断南飞雁。
不到长城非好汉,
屈指行程两万。

六盘山上高峰,
红旗漫卷西风。
今日长缨在手,
何时缚住苍龙?

第三节 电影图片欣赏

我挑选了一部影片，名字叫作《我的长征》，以下附上部分剧照——（略）

这部影片十分吸引同学们，大家都看得十分入迷，也为后面开展的讨论做出了好的开端。

看完电影，同学们对这部电影投来一致好评，该影片通过一个小红军战士的视角，将视点主要对准基层官兵，再现长征的艰苦卓绝。影片以细节震撼人心，以真情催人奋进，关注个人情感，注重人物内心世界和人物之间的情感关系，热情讴歌长征精神的可贵和伟大。

2. 讨论

经过大家的讨论，我将同学们认为的长征精神概括为：

长征是古今中外史无前例的伟大壮举。2006 年 7 月中央政治局集体学习红军长征胜利的历史，胡锦涛总书记高度评价“长征是中国共产党领导中国人民英勇革命的壮丽史诗”。[中央政治局第三十三次集体学习，2006 年 7 月 25 日，转自王金池. 弘扬长征精神推进新的长征[N]. 河北日报，2006(10).]我们党在领导红军胜利长征的革命实践中，培育了伟大的长征精神。

伟大的长征精神，是党的先进性在革命战争年代的集中体现。我们党是用马克思主义先进理论武装、通晓社会发展规律、始终走在时代前列的先进政党。

弘扬长征精神，加强党的先进性建设，就要坚持党的领导，保持全党的高度团结和统一，坚持马克思主义基本原理同中国具体实践相结合，推进理论创新。毛泽东指出：“谁使长征胜利的呢？是共产党。没有共产党，这样的长征是不可能设想的。”（毛泽东. 论反对日本帝国主义的策略[G]//毛泽东选集：第 1 卷. 北京：人民出版社，1991. ）党的坚强领导核心和正确的指导思想，是长征胜利的最重要条件。在新的历史时期，发展的关键阶段，保持全党的高度统一、团结全国人民共同奋斗，显得尤为必要。这就要求我们坚决维护和服从党中央的坚强领导，坚持和发展党的基本理论。党的十六大以来，以胡锦涛为总书记的党中央高举毛泽东思想、邓小平理论和“三个代表”重要思想伟大旗帜，领导全党和全国各族人民聚精会神搞建设、一心一意谋发展，在新实践中开创了新局面，在理论上实现了与时俱进的新创新。

长征精神，是中国共产党优良精神的重要组成部分，是中华民族精神的高度升华和深刻体现。一个民族的复兴，不能没有、不能轻视物质保证，更不能没有精神支撑。千百年来，中华民族在自己的前进道路上，形成了艰苦奋斗、百折不挠、自强不息的民族精神。

在中国这样一个大国，建设中国特色社会主义，彻底改变历史上遗留下来的贫穷落后面貌，实现中华民族的伟大复兴，是异常艰巨复杂的任务，不可避免地会遇到各种困难和风险，还有很长的道路要走，需要几代人甚至几十代人不懈奋斗。能否培育和弘扬健康向上的民族精神和时代精神，凝聚全民族的力量，并一代又一代地传承延续，至关重要。

3. 反馈及评论

这次团队报告不能算是很成功的。

(1)因为有一部分同学反映,活动队伍过于庞大,在讨论时没有机会参与进去。这一点确实是当初没有考虑好,原意是让更多的同学参与此活动,但是讨论时难免由于人数多,一些同学不能充分参与进去。经讨论,下次可以进行分组讨论,每一个小组分派一个代表,最后再派小组代表汇总。

(2)讨论场面出现混乱。这主要是由于人数过多,但也是我们组织不力的问题,下次在采取上述建议的同时,应该加强组织力度。

(3)没有权威的教授指导,请来的师兄师姐说服力不够,以至于在讨论中争论激烈。应该请学校里的此方面的教授来作为特约嘉宾,比如马克思主义学院的资深教授。

(4)同学反映影片太长,产生疲劳感。据此,下次如仍有影片播放的必要,应选择一些经典而又短的影片播放。

(5)诗歌朗诵部分时间太长,而且内容不新鲜。鉴于此,在选题上,以后应该适当立足于新鲜感,使内容不落入俗套。

但是,这次活动却达到了预期的目的。

根据参与人员的活动中表现以及事后反映,表明了同学都积极投入进去了,只是未尽兴。而且通过此次活动,达到了使同学们更深入地理解长征精神已经在当代的意义。

报告二:《〈主持人研究〉小组报告》

1. 内容

报告时间:×年×月×日《主持人研究》课

报告目的:介绍小组实验作业成功的经验,听取大家的意见,形成总结,为下一次小组作业做准备。

小组成员:严 X、马 L、徐 W、王 Y、胡 Q、郑 Z、连 L

报告人:连 L

报告对象:选修《主持人研究》的全体同学、苏 Y 老师

报告内容:

(30 分钟的本小组策划和制作的谈话节目视频录像《留学生在中青》播放)

各位同学,大家好。很荣幸能站在这里为大家做这个报告。我们小组之所以能在这次实验作业中取得成功,与我们小组全体成员的辛勤努力和苏 Y 老师的大力支持是分不开的,在此,请允许我向他们表示衷心的感谢。接下来,我介绍一下我们小组的经验,希望对大家今后的小组实验作业能有所帮助。

第一,尽快明确的目标。我们在老师布置下作业后的当天晚上,就在食堂二楼召开小组会议,讨论我们对于这次实验作业的设想和各自的构思。虽然当时大家都有自己的想法,并且一度出现激烈的争论,但在我们小组的英明领导人严 X 组长的领导下,我们最后还是达成了一致。最后确认,我们小组要做一个贴近中青学子生活的谈话节目,为了

提高节目的观赏性和创新性，我们决定做大家都有兴趣但又不甚了解的中青留学生这个话题，这是由马 L 同学提出、大家一致通过的。在主持人的设定上，为了尽量做到节目内容的全面、生动、连贯，我们会有 4 ~ 6 个嘉宾，所以我们决定设一男一女两个主持人，分别由马 L 和严 X 担任。

第二，清晰的分工。在有了初步的节目构思之后，我们迅速对小组成员进行任务分工，以求职责明确，各司其职。同时我们考虑到嘉宾比较多、台上的气氛不好调动等因素，决定在节目中加上三个元素：语言小游戏；和本校在国外的留学生现场连线；播放留学生们在中青生活的小视频连接节目的各个段落。在基本明确所有要完成的工作之后，我们的分工如下：胡 Q、郑 Z 负责寻找并邀请本校的留学生；连 L、王 Y 负责在留学生名单确定之后，拍摄他们的生活片段并进行后期制作；徐 W 负责整个节目的时间划分和游戏的策划设置；连 L、王 Y、徐 W 负责最后节目进行时的三机位控制；马 L 负责最后的剪辑和制作；严 X 负责全程督导。

第三，强烈的时间观念。我们小组在实验作业布置下来后的三周时间内，每个周末都要开一次小会，各自汇报任务的完成情况以及在剩余时间内应该干什么，使每个组员都形成强烈的时间观念，确保在最后的期限来临之前，所有的准备工作充分完成。

第四，英明的领导。不得不说，以上三点我们之所以能够顺利完成，与我们的组长严 X 同学的领导是分不开的，她总是在我们松弛的时候提醒我们抓紧，在我们自以为是的时候指出我们还存在的问题，在我们内部有矛盾的时候进行协调确保大家齐心协力，最终圆满完成作业。因此，我们介绍给大家最重要的经验就是，一定要在小组成员中选出一个最英明的领导。

第五，随机应变。在这长达三周的准备过程中，每一个环节的完成都不是一帆风顺的。比方说我们原计划请曾经留学德国的刘老师做客我们的节目，但最终因为刘老师的时间原因没能实现，我们原来想好的现场连线也因为场地设备的原因不得不取消，但我们及时做出了改变，我们对刘老师进行视频采访，在播放的时候正好弥补原定用于连线的时间，使得整个节目并没有出现脱节。总之，在作业完成过程中会有很多意想不到的事情，只有随机应变，才能使得任务顺利完成。

以上就是我们小组侥幸做得不错的经验，仅供大家参考，希望能对大家有用。我们小组也有很多的问题，也希望能给我们提出宝贵意见。谢谢大家！

2. 小组内部成员对报告的反馈意见

“总体不错，但也有很多毛病。”

“没有点出我们小组成员严肃、认真地对待每次作业的态度。”

“优点说得太多，没有点出我们的一些问题，只是最后一句一带而过，让大家不能给我们提出更多的意见。”

“缺乏对其他小组成果的肯定，缺乏比较。”

“在报告过程中语速过快，没有与大家形成交流。”

“做成幻灯片演示更好,只有干巴巴的讲稿不够生动。”

“每一个点之后应该给大家发言的机会。”

3. 其他听众的主要反馈意见

(主要是报告之后的提问、发言)

苏Y老师:很好,总结得还可以更细致一点,报告的时候不要老看着讲稿,要看听众。注意互动,注意听众的反应。

同学:你们是如何做到这些的?自然而然吗?有人不积极怎么办?组长不行怎么办?

4. 对原报告的修改补充

我们的缺点:整个节目最后还是不够顺畅和连贯,主持人的水平还有待提高。个别嘉宾在节目中受到冷落。节目过程中和现场观众的互动不够。

有些同学提出的问题我们没有能力回答,可能是每个组的具体情况不同,有些问题我们没有遇见过。

在讲演的同时加上幻灯片演示。

请我们组的成员就具体任务谈谈感受。

5. 以后报告的注意事项

由于条件有限,只能进行以上的问题总结,没有机会在修改之后再做一次报告了,对这次报告教训总结如下:

第一,肢体语言的合理应用。

第二,要尽量运用多种手段(视频、幻灯片等)调动听众的兴趣,尽量与听众形成互动。

第三,报告内容要全面而有重点,让听众容易理解。

团队报告三:《如果丘处机没有路过牛家村》

1. 报告内容

大家好!我的报告的题目是《如果丘处机没有路过牛家村》。

若当时丘处机没有路过牛家村,那么秘密跟踪他的那些金兵就不会死在郭顶天和杨铁心他们两家人的院子里了,同样,完颜洪烈也不会见到包惜弱而对她念念不忘了。那些金兵会轻松死在丘处机手里,而郭、杨两家不会受到余后的波及了。

郭、杨两家不受波及,李萍不会流失大漠,郭靖和杨康将会平平安安地出生在牛家村。江南六怪自然也就不会前往大漠。

没有六怪和郭靖相助,铁木真就会死在扎木合他们手上,蒙古各部落也就不能统一。

蒙古既然不能统一,也就自然不会有什么西征。火药就不会传入欧洲。

没有火药,铁甲骑士在欧洲的统治不会动摇。因此黑暗的中世纪将延长1000年,也就不会有文艺复兴。

没有文艺复兴,自然也没有大航海。美洲将始终是游牧的印第安人家园。

同样,西班牙人不会将铁炮传入日本。长筱会战是武田方获胜,日本战国时代将一直持续不能统一。

完颜洪烈没有包惜弱,只能全心参加权力斗争。金国因此会内乱。

没有蒙古,金国又内乱,因此宋不但不会灭亡,反而会统一。宋朝注重商贸,因此资本主义萌芽将在中国首先出现。

因此到今天,中国将是最发达、最文明的国家,远远领先于日本、欧洲、美洲。

所有的一切,都怪丘处机这小子,没事干吗去什么牛家村嘛。

听完后你可能觉得十分荒谬或者是可笑,我们且先不看其中混淆了小说与历史的关系,就说说它的逻辑错误。

我们在平时读文章或者是写作时,经常会遇到一些类似的逻辑错误。如:“你不抵制家乐福,家乐福就会赚钱,家乐福赚了钱,法国股东就会发财,法国股东发了财,就支持达赖,达赖一有钱,西藏就独立了,它一独立,中国就亡国了!所以我们要是不抵制,中国就亡国了”。又如,“如果你偷懒,就会令公司蒙受损失,公司赚不到钱,就要解雇员工,遭解雇而导致失业的人士因为无工作可做而无钱,就会去打劫,如果打劫时遇到反抗,就会杀人,所以你如果偷懒,你就是杀人犯”,等等。

你可能注意到前一个原因有可能会导致后一个结果的出现,但是只由原因中的一个因素来推导出后一个结果,以此类推,导致一个很荒谬的结论出现。就像丘处机路过了牛家村,导致了中国落后于日本、欧洲、美洲。

这种逻辑错误叫“滑坡的谬误(the slippery slope fallacy)”。它的意思是:一旦采取了某项措施(认同了某种观点),它就会“顺坡溜下去”,延伸扩散开来——或者是同样运用到对其他问题,或者是对同一个问题运用其他各种措施(观点);总之,是引申出各种奇怪的结论,最终“归谬”。识别不出这个谬误的人,往往会觉得这样的论证非常“有力”,非常“恰当”,然而,它其实是错的。“滑坡谬误”的根本错误在于错误的因果假设导致了无关联的结果。

在某项计划或者政策将要付诸实行时,对计划的实施或政策的执行可能导致的后果进行预测,这是评估它的一个非常重要而且合理的方面。如果计划或政策的实施很有可能导致非常不利的后果,我们就获得了拒绝它的理由;如果很有可能出现我们所期望的结果,我们就获得了支持它的良好理由。这方面的评估需要对未来做出一系列预见,而且要充分认识到这些预见总是具有某些臆测的性质,即使是根据大量的经验数据和严谨的数理分析所做出的预见也是易于出错的,比如天气预报和股市行情报告。

还记得这个寓言吗?

如果我不把这篮子鸡蛋卖掉,而是用它们孵小鸡我就可以把小鸡养大,然后办一个养鸡场。有了钱以后,我再去买一对小猪,养大后让它们交配生小猪崽……最后,我就可以买一个农场了。边走边想时突然跌了一跤,鸡蛋全被摔碎了。

这个寓言告诉我们,在所预见的链条上,每一个环节都可能由于其他因素的侵入而断开，鸡蛋也许不能全部孵化出小鸡，小鸡未必能够全部存活下来，等等。

类似的滑坡链条经常会漏掉一些中间的步骤而以省略的形式出现。如“假若没有周总理，你能坐在电脑前上网吗?”

知道了滑坡的谬误后，我们要避免自己犯这种可笑的逻辑错误了。

2. 听众反馈

开始觉得从前边往后推是有一点点联系的，但是到了推出的结论则明显看出错误来。其实这种逻辑错误越长，我们就越容易发现，只要把句子写短点，可能就会尽量避免这种错误。还有就是，这种逻辑错误挺好玩的，跟笑话似的。

没有学过逻辑学，原来这种逻辑错误还有这么一个生动的名字。

在生活中，这种逻辑未尝不是一种预测结果的实用的方法。由每个原因中最主要的因素推导出下一个结果也未尝不可。毕竟，前后是有逻辑联系的。

但是很难分清楚每个原因中的最主要的因素。由于不同的人可能找到不同的最主要的因素，所以得出的预测结论也就不同。这种逻辑错误还是不要犯比较好。

3. 改进方法

首先，先分析一下原因。

我们根据一系列预见而进行判断时，含有如下前提：

A 可能会导致 B；B 可能会导致 C；C 可能会导致 D；D 可能会导致 E；E 可能会导致 F。

当我们对由 A 到 F 的中间可能性依次加起来进行思考时，其可能性是依次递减的。例如，下一个走过街角的人是一位女士的可能性有 50%，而且她是一位已婚女士的可能性也是 50%，这只意味着下一个走过街角的人是一位已婚女士的可能性是 25%，而不是 50%。假设由 A 到 F 的每一个中间环节的可能性是 80%，则 A 可能会导致 F 发生的可能性却是 33%。如果我们以高于 33% 的确信度来接受“A 可能会导致 F”这个结论，就犯了滑坡的谬误。

事实上，人们在做出预见时，对每一步的可能性不大可能做出精确的刻画，但是，随着这条链条拉长，即使每一步都有很大的可能性，其总体刻画的可能性呈衰减的趋势是显然的。在日常思维中的情况却是时常相反的，随着链条的拉长，对结论的可信度不是越来越低，而是在不断地攀升。

所以，我们以后无论是在正式场合说话、演讲还是写作，都不要犯“滑坡的谬误”这种逻辑错误。

第 5 章　建立诚信

维系人与人之间的情谊,最重要的不是技巧,而是诚信。但是,如果没有掌握方法和技巧,又如何让他人全然感知我们的诚信呢?

诚信就是诚实守信,是一个道德范畴,无法量化。但是为了便于讨论,有人认为从“感情存款”的角度对诚信释解,能够便于理解。笔者认为,想建立诚信,管理者应该在他们的“感情账户中”存入六种“感情存彼”:知己解彼、培养情商、阐明期望、融于团队、诚恳正直、勇于道歉。

5.1　知己解他

自我认知是一种意识状态,是意识的心理现象。自我批评是高级水平的自我认知。自我发展是在自我批评的前提下,形成否定之否定的不断上升的思维逻辑,由人的本能的意识发展到人类特有的行为方式的过程。

5.1.1　评估自己的能力

树有不同属,人分不同类。不同类型的人的行为类型差别很大,参照下面“三种不同的行为类型”认知自己,或对改善自我有益。

三种不同的行为类型

自信果断的人	好斗的人	消极自卑的人
清楚表达自己的需求	不惜一切代价	过分谦虚
说话切题	把观点说成事实	自嘲
具有合作精神	不倾听	绕圈子
勇往直前	威胁	拐弯抹角
能够支持他人	恫吓	优柔寡断

续表

自信果断的人	好斗的人	消极自卑的人
合理公正	击败他人	自我牺牲
承认自身的弱点	爱说“你应该”	焦虑不安
听取他人的意见	责备他人	易被别人操纵
考虑周全	不耐心	不承认自己的弱点
能够决断	优柔寡断	经常自责(抑郁)

管理者采用有效方法评估自己的能力,弄清楚自己是半斤还是八两,有什么强项,或哪些方面是自己的弱项,以及可能的机会或面临的威胁等,都会对自己掌管好团队及个人得到发展有益。

态势分析法(SWOT),也称 TOWS 分析法、道斯矩阵,20 世纪 80 年代初由美国旧金山大学的管理学教授韦里克(Heinz Weihrich)提出,经常被用于企业战略制定和对竞争对手进行分析等。这种方法也可用于管理者对自我进行评估。所谓 SWOT,是指优势(Strengths)、劣势(Weaknesses)、机会(Opportunities)和威胁(Threats)。

管理者运用此方法进行自我评估,应着重这些方面:领导能力;动机水平;自信与独断;协同性;建立积极的氛围;培养他人;管理团队绩效;沟通;决策和问题解决以及达成结果等。

5.1.2 提高自我认知水平

每一个管理者,都应该掌握两种最重要的提高自我认知能力的方法:

1. 反思

反思又译“反省”,是西方近代哲学的一个概念。意指不同于直接认识的间接认识。在不同哲学家那里,有不同的具体含义。英国哲学家洛克(JohnLocke,1632—1704)认为,反思或反省是人心对自身活动的注意和知觉,是知识的来源之一;人通过反省心灵的活动和活动方式,获得关于它们的观念,如知觉、思维、怀疑、信仰的观念等。荷兰哲学家斯宾诺莎(Baruch de Spinoza,1632—1677)认为,反思是认识真理的比较高级的方式。德国哲学家黑格尔(Georg Wilhelm Friedrich Hegel ,1770—1831)认为,反思是一个把握绝对精神发展的辩证概念,认为反思是从联系中把握事物内部的对立统一本质的概念。现在,人们通常把反思或反省视为对自己的思想、自己的心理感受等的思考。

每一个管理者都应该在工作中反思自己或他人的行为所造成的后果,并从中总结经验。

2. 观察

观察是指细察事物的现象、动向，是一种有目的、有计划、比较持久的运用外部感觉器官直接感知客观事物的表面现象和外部形态的知觉活动。

人们对于客观事物的认识，要反复多次，不能一次完成。对此，个人早有“观复”之说。“观复”出自老子(约前571—前471)《道德经》第十六章，原文是：“致虚极，守静笃，万物并作，吾以观复……”意思是说：宇宙万物相互运作生长，我们得以观察到它们的本根源头。观即看，复即一遍又一遍，世界万物你只有静下心来一遍又一遍反复仔细观察，才能认清它的本质。

一般来说，观察的完成需要经过三个步骤。

(1)占有表象。即通过耳朵、眼睛、鼻子等感官直接感知、摄取各种表象，使众多的表象映入脑海，形成一个整体形象储存在记忆里。

(2)比较差异。不同类的事物总有不同的特点，同类事物，也有这样那样的变化。就是同一事物，也会有这样那样的差别。要反映这些差别和变化，就要比较物象。可以横向比较，即观察同类与不同类事物之间的细微差别。

(3)筛选要点。就是在比较表象的基础上，根据观察中对表象的认识与把握，选择最有典型意义、最有表现力的表象，细致、真实、准确地再现事物的形象。

反思和观察能够让人们通过比较检点和警醒自己，看到差距和不足，并提高自我认知。

5.2 培养情商

情感智能(情商)在自我认知中具有重要的意义。前文提到，“狭路相逢勿气盛，退一步海阔天空”，说的就是接人待物要心气平和，讨论问题能听取别人的意见，表达时娓娓道来；工作之中与人认真合作，给予支持；利益面前公平、公正；考虑问题全面、不钻牛角尖；即使遭他人错怪或自己在理，也绝不“有理声高”。如此等等，一个活生生的高情商的人谁能不喜欢、不接纳？情商高的人较为敏感，注重细节，能体谅他人的感情。这样的人做人力资源开发工作应该是一把好手。如某国企高薪招聘人事部总监，面试、笔试后进入最后一轮测试只剩下七人。等待他们的将是一个很有意思的类似于“实验室实验研究”的综合测试：七人在不知情的情况下被引进一个房间(实验室)，他们看到，房间的一面墙上有一面大镜子，镜子面对的墙边依次有六把椅子，一张办公桌上放着纸杯、袋茶、热水瓶、电话，桌子上的玻璃下面有一张电话表。七人被告知，他(她)们先在这里等待，不久就会开始测试。其实，在他们进入房间时，测试就已经开始。他们的一举一动，都被坐在隔壁的考官们透过“镜子”(考官一面是透明的玻璃)看得一清二楚：有人快步走向座椅坐下;有人让座;有人东张西望;有人默不作声地给自己倒了一杯水;有人在给自己倒水时询问别人是否需要;有人开始坐立不安;有人向窗外张望,等等。突然桌上的电话铃响起,有人瞟了一眼,有人一直在看着电话,有人不知所措……电话铃响了一次,接着又响……终于有人拿起电话说:喂,你好,有什么事吗?对方提出了自己的问题,接电话者礼貌地告诉对方自己前来考试,无法为其提供帮助……电话铃再次响起……她再次接听,她帮助对方从桌上的电话表中查找号码,在对方的请求下她走出房间到某某号房间帮其找人……此次测评结果,她得分最高。

高情商在现实中往往表现为:尊重他人人权和人格尊严;不将自己的价值观强加于他人;自知;能承受压力;自信而不自满;易于相处;善于处理生活中的问题;事待认真;善于控制自己的情绪,行为理智;胸怀豁达,等等。

5.3 阐明期望

期望与期待。

期望,是指人们对事物提前勾画出的一种标准。这个标准的高低常以期望值来衡量。在概率和统计学中,一个随机变量的期望值(或期待值)是变量的输出值乘以其概率的总和,换句话说,期望值是该变量输出值的平均数。期望值并不一定包含于变量的输出值集合里。

期望值指一个人对某目标能够实现的概率估计,即一个人对目标估计可以实现,这时概率为最大(P=1);反之,估计完全不可能实现,这时概率为最小(P=0)。因此,期望(值),也可以叫作期望概率。一个人对目标实现可能性估计的依据是过去的经验,以判断一定行为能够导致某种结果或满足某种需要的概率。

以上文字表述有些不好理解,简单点说,期望是想要发生的,事情的主导是本身想的,期望是对人或事物的未来有所等待和希望。

期待是指某事或某人即将到来但还没有到来的心情,期待是将要发生的,事情的主导是他人想的,是他人对事物的期盼和等待。

5.3.1 用期待诱发动力

在日常工作、学习、生活中,人们经常会得到来自他人的期待,或期待他人以及自我期待。无论是哪一种期待,被期待者当获得期待后,都会产生一定的力量,这种力量能够推动他们努力行动以达成他人或自我期待的目标,这便是因期待而诱发动力,又由动力推动行为的过程。

研究表明,期待与诱发出被期待者的动力呈正相关。也就是说,当人们被他人或自我期待后,被期待者会由于期待的出现而诱发出内在的动力,即动机。心理学认为,人们完成某项工作所具有的内在的原动力是动机,动机的产生源于具有需要,即一旦人们有了需要,他们便会为满足这些需要产生获得需要结果的行为的动力。打个比方,如果你需要钱,你就会产生去赚钱的动力;你需要爱情,你就有寻觅能够给你爱情的他或她的动力。当然,这里所说的期待与诱发动力的相关性并不仅在于被期待者个人满足其自我需要,而是同时也能够满足期待自己的那个人的需要。因为,当被期待者达成期待者希望他们实现的目标结果后,被期待者和期待者的需要都能够得到满足。由此可见,这种期待一举两得,事半功倍,符合科学发展观并促进和谐。

有关期待与诱发动力的相关研究,最为经典的当属美国心理学家罗森塔尔(Robert Rosenthal)等人关于纠正教师偏见的研究。1968 年,他们在一项测试学生未来发展的智力测试的基础上随机抽取 20% 的学生,然后,他们以赞美的口吻将"有优异发展可能"的学生名单通知有关老师,然后实验者将认为有"优异发展可能"的学生名单通知教师。8 个月后,他们又来到这所学校进行复试,结果名单上的学生成绩有了显著进步,教师对他们的品行也给予好评。

实际上,这是心理学家进行的一次期望心理实验。他们提供的名单纯粹是随便抽取的。他们通过"权威性的谎言"暗示教师,坚定教师对名单上学生的信心,虽然教师始终把这些名单藏在内心深处,但掩饰不住的热情仍然通过眼神、笑貌、音调滋润着这些学生的心田。学生潜移默化地受到影响,因此变得更加自信,奋发向上的激流在他们的血管中荡漾,于是他们在行动上就不知不觉地更加努力学习,结果就有了飞速的进步。研究者认为,导致学生成绩提高的原因是"学习有为者名单"引起教师对这些学生良好的期望,从而使教师对这些学生更加关注和关怀。而关怀和支持使学生的自信心和求知欲得到恢复和激发,从而产生向上的巨大动力。这个令人赞叹不已的实验,后来被誉为"皮格马利翁效应"。

讨论完皮格马利翁效应,读者可能会产生一个疑惑,既然这项实验研究是罗森塔尔等人的研究成果,那为什么罗森塔尔等人将这项研究结果称为皮格马利翁效应呢?原来,这与皮格马利翁的一段佳话有关。

在古希腊时期,有一个古塞浦路斯国,国王皮格马利翁是个雕塑家。由于没有找到心目中的美女,他一直没有迎娶到心爱的王后。一天,他得到了一根象牙,于是他决心用这根象牙雕琢一尊自己心目中的美女。爱心和精湛的雕刻技术,使这尊美女在他的手下终于成型,他给她取了一个很美的名字叫葛拉蒂,"她不是一尊艺术品,她就是我朝思暮想的王后!"他对葛拉蒂爱不释手,每天都以深情的眼光看着她,用蜜语表达爱恋。国王钟爱葛拉蒂的消息不胫而走,被爱神阿芙洛狄特(Aphrodite,希腊语;罗马语称维纳斯 Venus)所闻,爱神传话给皮格马利翁:如果他愿意送自己一些珍宝,她可以施以魔法将葛拉蒂变成真人。皮格马利翁满足了她提出的条件。在自己的家里,面对着书架上的葛拉蒂,他目不转睛地期待着……她的颜色慢慢由白变成肉色了……她动了起来了……她从书架上走了下来,投入皮格马利翁的怀抱……

团队领导者对团队成员的期待以及成员之间相互期待对团队和个人发展具有重要意义,在团队建设中应当经常使用。一个团队如果没有期待,就不会有动力,就难以实现团队目标。当然,反期待和不期待是必须避免的,因为它会使团队成员的动力水平不升反降,使团队产生负动力,进而对团队产生伤害。高尔基有段名言:如果你老说他是猪,有一天他就会像猪一样呼噜呼噜起来。显然,团队领导者如果经常对自己的团队成员说"笨蛋",那么,这个团队中的笨蛋就会逐渐增多,而一个多数成员都是笨蛋的团队,其领导者在众笨蛋的影响下会成为一个领头的笨蛋。

5.3.2 赞美的力量

杰夫·海登在《赞美的力量》一文中,对赞美做了很有意义的诠释:

你只在口头上承认赞美和认可的价值? 以下是找到的一种很好的方法。

你认识的一些人应该得到认可:员工、供应商、联系人、公司,为你做了了不起的事情之人。

他们辛勤劳动,他们自我牺牲,他们自我超越并且付出额外的努力。

你自然想去认识他们。事实上,你很愿意公开表扬他们,因此,每个人都将知道他们是多么了不起。

太好了! 就在这里,这个极其公开的场合认可他们。

下面是它的运作原理。在评论中,提及某人并赞扬他们。要具体,列举名称(除非有不这样做的更重要的原因)。不要只是说"哇,ACME 制造太了不起了!"说说理由。解释 ACME 为什么这么好,解释 ACME 如何帮助了你,或者如何对你产生影响,或者仅仅让你的日子更好过。

例如,下面是发生在我身上的事。

我把我的车开到服务舱去更换润滑油。在我走出来时,技术员之一的朱利安说:"伙计,你的车轮很漂亮。但这么脏就太糟糕了。"他笑着说,说明他在调侃我。(至少我认为他是)

"我知道,"我说,"我的下一站就是洗车处。"然后我走了进去等着。

当我走到车前准备离开时,他刚站起身,手里拿着沾满油污的抹布。"费了些劲儿,但我把所有部件都擦干净了。"朱利安说。每个轮毂都闪闪发光。刹车片上的灰土已经无影无踪了。

"真棒! 但你没必要这样做。"我说。

"我们不是很忙,"他耸耸肩,"我有时间。我想我会把这弄得更好。"另一辆汽车被拖了进来，他匆忙离开，边走边说："祝你一天好心情。"

简单——真棒。很少有人利用其空闲时间为其他人做好事。很少有人利用其空闲时间做好事，不是因为有人期望他们这样做，仅仅是因为他们能够这样做。

现在轮到你了。和我们分享你的故事吧。

给此人留一条便笺。说："我真的很感激你为我所做的，我想让每个人都知道我是多么感激，因此，我在此留下评论，让大家都看看你是多么了不起。"

然后，鼓励此人继续这么做。

我知道你会说什么。不要说你太忙了，不要说这太麻烦了，不要说发表溢美之词是别人的事情，不要说你没有得到足够的认可。那么，为什么你应该走出去赞美别人呢？

大家都觉得赞美供不应求。去做真正提供赞美之人吧。

当你这样做时，对受到你认可的人意味着什么？他们对自己的感觉会更好些。诚恳的赞美是对努力和成就的回报，强化了积极的行为，建立了自尊和信心，并且激发了动力和积极性。

出乎意料的赞美，比如一份"仅仅因为"而给予的礼物甚至更有效果，产生更大的影响。

对你意味着什么？你会立刻对你自己感觉更好。没有什么比得上对另一个人的生活产生积极影响了。

你周围的人每天都在做好事。在这个非常公开的场合，真诚而明确地赞美他们中的某人，他们会喜欢的。

你一定会喜欢它。

看到了你的评价，我们其余的人会学习付出、牺牲、战胜自我和再努力一下的新方法。

让我们去赞美和认可别人吧！

（选自：http://blogs. bnet. com. cn/? uid - 19109 - action - viewspace - itemid - 26167）

学会赞美别人其实是人的一种很好的品质。如果能当面夸夸别人、说说别人的好，是最直接也最有力量的。如果见不到面，通过邮件、短信、微信、QQ 等或打个电话把自己对他人的赞扬传递给他，对我们来说只是用去了一点点时间而已，但对他人却意义重大。有些人觉得，老把夸奖别人的话挂在嘴边是不是会有阿谀之嫌，其实，赞美与阿谀的区别在于，前者发自内心，并且对象配得上；后者则是违心之言，且对象非美而虚冠之以美。

5.3.3 行为修改与特质构架

团队是造就管理者的地方，团队领导者唯有透过自我行为修改与特质构架，才能将以团队成员为本落在实处，才能为他们未来成为高素质的管理者打下良好的基础。

价值观是人们断定事物有无价值和价值量大小的根本观点和评价标准。它是一种社会意识，是社会存在的表现。在社会化的过程中，人们不仅无一例外地会在感性和理性认识的交互作用中形成自己的价值观念，并会在社会化过程中不断对其补充、丰富。人们的价值观分为两大类，即“核心价值观”和“非核心价值观”。反映基本的、需要长期稳定的社会关系的价值观就是核心价值观。或者说，能维持社会基本团结的价值观就是核心价值观。人们在形成价值观的过程中，会通过对学者或论者就一些事物核心价值观的思辨，去考量研究者对某些核心价值观的结论性判断。诸如，人们或许难于完全认同“奠基于普世性、民族性、政治性、崇高性、时代性的中华民族的核心价值观是‘民主、平等、公正、互助’”。因为，在过去几千年的封建社会和半殖民地半封建社会，从帝王将相到平民百姓，几乎少有民主思想；但如今，奠基于政治性、人民性、传承性、时代性、稳定性的民主、法制、勤政、为民的中国共产党的核心价值观已普遍被人们认同。科学发展观是中国特色社会主义理论体系的最新成果，核心是以人为本，它体现了马克思主义历史唯物论的基本原理，体现了我们党全心全意为人民服务的根本宗旨。诚然，科学发展观作为中国特色社会主义理论体系的最新成果，虽不能涵盖中国共产党核心价值观的全部，但是，科学发展观的核心以人为本却与我党核心价值观中的“为民”内涵一脉相承。为此，认定科学发展观核心是以人为本是中国共产党的核心价值观的重要组成部分是毋庸置疑的。

有学者认为，以人为本的科学内涵可从“人”和“本”两个方面来认识。在哲学上，“人”是相对于神和物而言的，提出以人为本，要么是相对于以神为本，要么是相对于以物为本。西方早期的人本思想，主张以人性反对神性，以人权反对神权，强调将人的价值放到首位。中国历史上的人本思想，主要是强调人贵于物，儒家惯有“天地万物，唯人为贵”之说。在现代社会，无论东、西方，作为一种发展观，人本思想主要是相对于物本思想而提出来的。为此，“本”可以理解为世界的“本原”或事物的“根本”，以人为本的本，就是“根本”的本，与“末”相对。

笔者认同以人为本是哲学价值论概念，旨在说明在现今世界上，唯有“人”最为重要、最为根本、最应该为人们所关注。同时认为，从“人”的主体与客体相互之间的关系来看，这个“人”所指向的应是客体的他人，而不是主体的自我。所以，以人为本就是指所有人都从自我主体的角度出发，以主体面对的客体即他人为本。以此推延，就团队领导者来说，这个以人为本中的“人”，就是团队成员，而以人为本中的“本”，便是唯有团队成员最为重要、最为根本、最应该为他们所关注。由此得出结论：对团队领导者而言，以人为本就是以团队成员为本。

面对复杂的团队工作，许多团队领导者会被诸多以往不曾出现或少有存在的问题所困扰。欲通过服务团队成员达到其正向改变和社会功能的增强，就必须适时因环境变化而丰富和改变自己，必须因“人”而我变、因“本”而变我，通过修改自我旧有行为和合理构架特质，才能带领好团队，才能为团队成员的发展创造条件。

第一,以团队成员为本应成为团队领导者价值观构成的重要内容。

人的思想观念、价值取向和行为选择,是受社会历史条件即国际、国内客观环境制约和影响的。在人生不同的发展阶段,由于社会存在不同,人的社会意识的形成也自然不尽相同。团队领导者群体,从年龄角度来说"老、中、青"齐聚,他们经历的人生阶段有同有异,所形成的价值观自然存在"个性"。诚然,因职业要求和自我修炼而形成和具有的主流价值观是他们的"共性",如绝大多数团队领导者能够认同人类的伦理价值观,即"正义、责任、健康";能够认同或接纳团体工作具体的价值观,如"个人尊严"的价值观、"合作"的价值观、"个人进取心"的价值观、"参与自由"的价值观、"个别化"的价值观等。但是,认同和接纳只是表明主体认可某种事物存在的正确性和认可某种事物现实的存在性,而并非已经将其内化为自我价值观的意识内容。因此,必须改变"个性",并将意义性的价值内容内化于我们"共性"的价值观之中,才能使他们在与团队成员互动过程中的行为更具信度和效度。

以人为本作为发展的最高价值取向,就是要尊重人、理解人、关心人,就是要把不断满足人的全面需求、促进人的全面发展,作为发展的根本出发点。人类生活的世界是由自然、人、社会三个部分构成的,以人为本的新发展观,从根本上说就是要寻求人与自然、人与社会、人与人之间关系的总体性和谐发展。以人为本,强调人与人的和谐发展,认为要想实现人与自然、人与社会的和谐统一,最根本的就是要处理好人与人之间的关系,建立公正、合理的社会制度。实现人与人的和谐发展,首先是建立相互尊重、理解、信任和关心的良好人际关系。其次,要树立人力资源是第一资源的观念,尊重劳动、尊重知识、尊重人才、尊重创造。最后,必须关注和推进人的全面发展,其中最根本的是提高人的综合素质,即提高人的教育水平、文化品位、精神追求和道德修养。

联结上述内容我们不难看出,以人为本与人们普遍认同的"正义、责任、健康"的人类的伦理价值观和团体工作的具体价值观有许多相同之处。对团队领导者来说,所谓正义,就是不考虑团队成员的任何性质,如种族、性别、社会地位、经济地位、天赋、智力、体力、特殊能力等,而完全尊重他们每一个人的尊严,并对他们抱有同等的关心、爱心(即"尊重人、理解人、关心人"),向他们提供同等的机会(即"把不断满足人的全面需求、促进人的全面发展,作为发展的根本出发点");所谓责任,就是与他们相互依赖,在承认自己所应有的权利的同时,也应该承认他们的权利。应该对他们持有同胞爱的概念,即"四海之内皆兄弟";所谓健康,就是当人们意识到自身内在的满足和内在的力量的时候,就会具有"给予"他们的能力。

团队领导者应认同或接纳团体工作具体的价值观。承认不同人种、信念、国家、阶级之间人们积极的人际关系,应协助团队成员相互尊重,并学习共同生活(即"建立相互尊重、理解、信任和关心的良好人际关系");应有意识性地让他们学习相互合作的正向经验和方法(即"人与人之间关系的总体性和谐发展");应能够在创造性的、合作的架构下指导他们开展活动,以增强进取心(即"提高人的综合素质");应让其自由地表达他们自己的意见、观点和思想，并有自由参与与自己有关的事物的权利；应知道个体的差异使他们自身的判断具有高度个别化的特征，所以，应接纳“个别化”的存在。从价值观形成的过程来看，虽然从认同到内化只有一步之距，但要将以团队成员为本由认同升华成为价值观中的重要内容，就必须在服务他们的行为过程中对认同的事物不断强化，在思维的过程中对认同的事物不断再现，通过不断实践最终才能达至内化层面，才能够将以团队成员为本思想构架在自己的价值观之中。

第二，以团队成员为本应作为团队领导者行为修改的参照标准。

行为修改理论认为，人们通过团体互动和自我行为修正，能够修复缺失的正向行为，同时能够形成新的有效行为。行为修改模式作为一种行为修正和形成新行为的方法，在实践中已被确认其有效性。它能够“清除个人一些不被接受或不适当的行为”，能够“学习新行为，并且通过练习使学习到的行为得到巩固”。

行为修改模式立足于人类行为的再造。透过目标活动互动过程，能够使人们从中学习到新的行为，并且以新的、良好的行为取代旧有的、不良的行为，同时，还能够使人们已有的良好行为得到巩固和增强。以团队成员为本是一种崭新的思想，要使其牢固并确立在团队领导者的价值观之中，就应将这一思想具体化、规则化，并将具体化、规则化的思想，作为互动过程中行为及方式、方法的评价标准和行为修改的参照标准。只有这样，团队领导者旧有的无效行为才会在规则之下被修改、修正，从而逐渐弱化和消除，同时，新的有效行为才能得到强化和建立。由此形成由价值观形成—旧行为修改—价值观巩固—新行为建立的良性、正向循环过程。以此往复，以团队成员为本的思想才能牢固构架在团队领导者的价值观之中，才能真正物化为具体行为。

人在刚刚出生时不具有任何社会化行为，其成长和发展的过程，就是学习行为和行为形成的过程。人类行为学指出，人类的行为是在社会生活实践中透过学习而获得的，而且，每个人又都可以通过重新学习的过程使他们的行为得到改变。将以团队成员为本物化在每一位团队领导者的行为之中，对他们来说都是“新行为”的学习和形成过程。而这种学习过程在具体规则下，通过目标化的程序活动设计和实施，便能够在训练和强化的过程中获得新的行为，并能够在强化过程中使新习得的行为得到巩固。教育学认为，在教育过程中，教师起主导作用，学生是学习的主体，遗传是基础，环境起决定性作用。团队领导者支持、服务、辅助团队成员的过程虽然不能等同于教育过程，但它同样是有计划、有目的、有组织地向他们施加影响的活动过程，在这一活动中，将具体化、规则化的以团队成员为本的思想作为团队领导者行为修改的参照标准，能够在约束和指导中改变无效行为，从而真正达到团队工作以人为本的目的。

第三，以团队成员为本应视为团队领导者特质构架的出发点和归宿。

以团队成员为本作为团队领导者特质构架的出发点和归宿，就是从“团队成员最为重要、最为根本、最应该为我们所关注”出发，以他们的特点和需求为主线，通过有效互动过程，实现其全面发展的目标。在团队工作中，团队领导者欲将以团队成员为本真正融于自我行为之中,就必须解决“我为何而来?我是什么?我要去哪儿?”的问题;要解决这一问题,就必须按照以人为本思想确定有效自身特质,并以此改变自我特质架构,方能使以团队成员为本成为现实。从团体工作理论角度审验这一问题,以下特质较为重要。

一、自我察觉

自我察觉是指团队领导者能够察觉自己在与团队成员互动过程中的感觉和情绪反应,并且能够接纳这些情绪反应而不去否认或歪曲它们。这样,便可以避免影响自我行为,也可以避免对团队成员产生不良的影响。这种察觉也包括团队领导者了解自己的信念、需求、动机、冲突以及优缺点等。这样,才能使他们较为容忍团队成员不同于自己的价值观和信念,才能确定如何向团队成员表明自己的价值观或以什么方式施加影响。

二、真诚

真诚是指团队领导者在与团队成员互动的过程中,以坦诚、一致、真实的态度和行为面对他们,在他们面前不戴面具,不扮演什么角色,对不了解的事物勿不懂装懂。团队领导者愿意向成员做适当的自我表露,分享感觉并接收反馈。在与团队成员一起分享经验的时候,他们能够做到口头语言与肢体语言内外表达的一致性。

三、有孕育温暖和关怀的能力

团队领导者必须是一个能够使团队成员信任、守秘、守约的人,他们应该对团队成员的需求和感觉较为敏感,表达真诚和开放,尊重他们的个人尊严,摒弃自私和避免表面化。这样,才能使团队成员感到来自于自己的温暖和关怀。

四、敏感和了解(同情心)

敏感和了解是指团队领导者要对团队成员的认知和情绪有所反应。同情心(empathy)是指团队领导者要进入团队成员的内心世界,设身处地,将他们视为自己,以自己的思维架构去了解他们的主观世界,并将自己对他们的了解反映给他们。团队领导者除了要以相同的视角去体验团队成员的主观世界外,还必须保持对自我的认同,并要敏感地察觉自己与他们存在的差异。

五、自信心

自信心是指团队领导者帮助团队成员达至其目标所具有的特殊技巧和能力,知道自己能做什么、不能做什么。同时,知道自己不能骄傲,也并不完美。自信心也包括团队领导者能够观察到自己对成员产生的影响,同时应该懂得,自己不能支配他们、利用他们,不能在工作中滥用自己的权力,也不能为保有自己的权力而贬损其他人。

六、幽默感

对团队成员施教的过程虽然是严肃的,但它同时需要有幽默的氛围。因为,有能力自嘲,在施教过程中听到笑话和笑声,从而缓解紧张的气氛,对大家都是十分重要的。尤其是在长时间探讨复杂的问题以后,透过幽默进行宣泄是很有必要的。另外,真正的幽默具有一定的治疗效果。所以,团队领导者应该能够享受幽默并将其运用于互动过程之中。研究者认为,幽默是一种治疗性的态度(therapeutic attitude),源于同理的倾听,是生命正向观点的反映,是治疗性正确的表达,能够促使人们彼此间更加关怀和凝聚在一起。

七、弹性行为

弹性行为建立在团队领导者自信、敏感和对团队的了解和自我观察之上。具有弹性的团队领导者对问题的感受和处理能够随机应变,而非一成不变、墨守成规。应该允许团队成员确定其团队发展的方向,反映他们的需求与愿望以及团队产生的动力。同时,弹性行为也基于一种信任感,对团队采取催化而非指导性。弹性行为并非是团队领导者事先没有确定团队目标;相反,他们相信团队成员能够有效地参与团队活动并共同确定团队应该达到目标的方向。团队领导者的工作重点是在团队中建立一种催化的环境,使团队成员体验并处理导致问题出现的态度和行为,而不是提供团队应该遵循的完整方向。

八、自我评价的意愿

自我评价的意愿是指团队领导者在团队活动过程中以及每次团队活动以后,对自己为活动过程所做的贡献进行评估。学者科利曾指出,团体领导者需要自问:“团体导致何种改变”、“团体内产生何种治疗性和反治疗性的力量”等问题。自我评估有赖于团队领导者对团队中发生的事件的了解和其敏感度。有效的团队领导者很愿意仔细观察和认识团队活动的经验,并设法使这些团队活动经验对团队产生重大的作用和影响。

《管子·霸言》中写道:“夫霸王之所始也,以人为本。本理则国固,本乱则国危。”对团队领导者来说,以人为本就是以团队成员为本,“本理”则队“固”,“本乱”则队“危”,对他们来说,这就是做好团队工作的真谛。

5.4 融于团队

无论你是团队中哪个层面的管理者,无论你在团队中多么重要,无论你掌握、统领团队多大的权力,你都必须记住,你首先是一个团队的成员,要时刻将自己融入团队之中。当一个管理者将自己与自己所管理的团队融为一体后,他才会像爱自己一样爱护团队,才会思考采用有效方法带领大家一起往前走。

5.4.1 阿希实验

美国社会心理学家阿希(Solomon E. Asch,1907—1996),曾通过“线段实验”(1955—

1956)对群体中的从众(conformity)行为进行研究,取得了很有价值的成果。在实验中,他让被试坐在一张有7~9个人的桌子旁,真正的被试者只有一个,其他的几个人都是为配合实验而安排的助手。阿希首先让他们看一张卡片,卡片上有一条直线,之后再看第二张卡片,卡片上有三条不同长度的直线,其中有一条很明显的是和第一张卡片上的直线长度相等,而这群人被要求轮流回答第二张卡片上哪一条直线的长度和第一张卡片的长度相等,此时这名被试是坐在倒数第一的位子上。这个答案是很明显的,而在大部分的试验中每个人会给予相同的答案,但在某一些被操纵的试验中,阿希的"助手"被指示要给予一个错误的答案,而阿希则在观察这样的情况会引发受试者怎样的从众行为。实验的结果令人震惊,平均有37%的人判断是从众的,有75%的人至少做了一次从众的判断,而在正常的情况下,人们判断错的可能性还不到1%。24%的人一直没有从众。一般认为,女性的从众倾向高于男性,但从实验结果来看并没有显著的区别。阿希的实验向我们表明:有些人情愿追随群体的意见,即使这种意见与他们从自身感觉得来的信息相互抵触。群体压力导致了明显的趋同行为,哪怕是以前人们从未彼此见过的偶然群体。

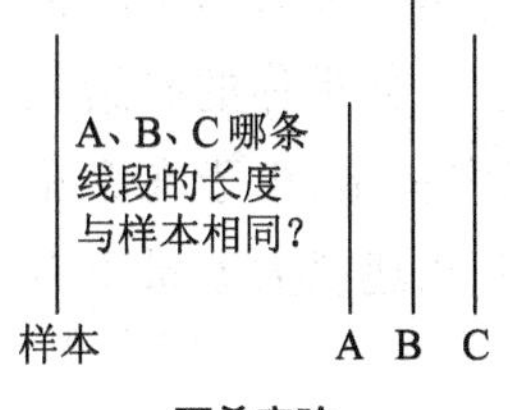

阿希实验

阿希试验给管理者带领团队提供了理论依据:即在团队中,群体能够给个体带来压力、形成遵从,以促使个体按照团队的"群体意识"的要求改变自己的行为并与群体统一。

5.4.2 建立良好的第一印象

在与陌生人交往的过程中,所得到的有关对方表情、姿态、身体、仪表和服装等的最初印象称为第一印象。由于第一印象是人们交往中的初次印象,所以并非完全正确,但却是最鲜明、最牢固的印象,这种印象对以后双方交往具有重要或决定性作用。所以,无论管理者还是被管理者,给他人建立良好的第一印象都是他们顺利融入团队的好办法。

有关如何让人对自己建立良好第一印象的方法有很多。

社会心理学家艾根(G. Egan)1977年研究发现,在同陌生人相遇的开初,按照SOLER模式来表现自己,可以明显增加别人对于我们的接纳性,能够使我们在别人心目中建立起良好的第一印象。

所谓SOLER就是:

S(squarely)坐或站要面对别人;

0(open)姿势要自然放开;

L(lean)身体微微前倾;

E(eye)目光接触;

R(relaxed)放松。

戴尔·卡耐基在他所著的《怎样赢得朋友和影响别人》(北京:光明日报出版社,2006.)一书中指出:真诚地对别人感兴趣;微笑;多提别人的名字;做一个耐心的听者,鼓励别人谈他自己;谈符合别人兴趣的话题;以真诚的方式让别人感到他很重要。他还有一句名言就是:“良好的第一印象是登堂入室的门票。”

日本学者江木园在他的《3米和30秒决定第一印象》一书中提出:“在刚刚认识一个人的时候,通常都会保持3米的所谓‘社会距离’。从交换名片、寒暄直到落座的30秒时间内,就已经决定了印象中的90%。”他认为在给交往对象留下的印象中,55%来自于相貌、表情、视线等视觉信息,38%来自于声线、语速、语调等听觉信息。也就是说第一印象在社交中的重要性占93%,而谈话的内容只占7%。他还认为领带的颜色可以营造出相应的会谈气氛,与穿着同样重要的则是表情。江木园建议人们加强眼睛和嘴部周围肌肉的锻炼,认为这样就可以作出丰富而自然的表情。江木园说许多男人都会忽略自己的眉毛。理想眉毛的长度是8毫米,如果长于这个尺寸就要毫不犹豫地剪短。如果眉毛颜色过浅,即使是男性也可以用眉笔来加重颜色。他说,事实上眉毛很重要,如果你的脸给人一种很严厉的感觉,只要把眉毛修得弯一些就会大有改观。他在书中指出,由于在会见客人的最初10秒钟内用比平常高一些的语调说话容易引起好感,因此建议大家录下自己的声音或影像,在练习时通过重播寻找不足。

5.4.3 打造优秀团队

采用有效方法打造一支优秀的团队,是每一个管理者梦寐以求的事情,然而打造一支优秀的团队,方法多种多样。

全球领先管理咨询公司博斯管理咨询公司(Booz&Company)的首席营销官兼首席知识官托马斯·A.斯图尔特(Thomas A. Stewart)先生在《任何打造一支优秀团队》(http://blogs. bnet. com. cn/? uid-16104-action-viewspace-itemid-21285,2011年5月19日)一文中提到:

如果仅从人力资源部墙上贴的激励海报来看,大家将会发现有两种类型的团队合作。其中的一种就是所有成员手拉手环成一圈。看起来就像是在说,在这里我们大家聚集到了一起。这样的情况经常出现在跳伞中,但即使在一英里的高空中,也可以看到内部的冲突,并听到“空巴亚”齐唱之类的假大空语言。其他类型的海报上还会经常出现向跨越小山间峡谷的人伸出援助之手的景象。在这些场景中,强者会帮助弱者;在屋顶倒塌前,印第安纳·琼斯会返回神庙中拯救患关节炎的老年人和扭伤了脚踝的勇敢女孩。

对于团队合作来说,关键之处是人人为我,还是我为人人? 抑或其他方面的内容。

60年前,比尔·布拉德利(Bill Bradley)是美国最著名的大学篮球运动员。当年,他率领普林斯顿大学队挺进到美国大学生篮球锦标赛的四强;对于常春藤联盟来说,这是一项巨大的奇迹。在球场上,他不但是一名明星,而且也是其他选手围绕的核心。在比赛时,他不仅仅是一名出色的得分手,而且也可以作出华丽的助攻,知道应该把球传给其他(不那么出色)的队友,而他们则会回传给他拒绝假装客套。但是,在进入职业生涯后,情况则发生了变化;尽管布拉德利所在的尼克斯也属于冠军球队,但却属于一个近乎平等的团体。除了一人之外,首发阵容成员都进入了美国职业篮球联赛名人纪念馆。与大学联赛相比,布拉德利在美国职业篮球联赛中多场比赛中的得分平均为原来的一半。也就是说,在普林斯顿虎队中,布拉德利就像 Doo Wop 四重唱的领唱;而在尼克斯,他属于是五重唱的一分子。

所以说,大家认为哪支队伍更优秀?

实际情况是,团队可以被分为四种不同的类型;其中没有任何一种与感性,或者说运动知识有一点关系。它们是由不同的方式组织起来的,适用于不同的环境。对于领导者来说,只有理解了团队合作的分类,才能更好地引导并参与其运作。

问题终结者。需要组建团队来解决难题的原因之一就是"三个臭皮匠胜过一个诸葛亮"的现实规律,投入的人力越多,问题越容易获得解决。陪审团就属于问题终结者,分析师团队也属于这样的情况。这种类型的团队需要有明确的目标,具体的问题和设定好的最后期限。来自伦敦商学院的琳达·格拉顿的研究显示,团队成员需要从性别、背景以及认知等具体角度处罚,而不是采用象征主义的形式来解决问题。在某些最优秀的精英团队中,也存在各种类型的争执。这就是为什么他们需要一个共同目标的原因:没有目标的话,团队自身存在的多样性就让其分崩离析了。关于第二次世界大战的美国电影就对解决问题的团队进行过描述:来自艾奥瓦州的农家男孩、来自西弗吉尼亚州的矿工与来自布鲁克林的棒球运动员聚集到一起,利用各自的专业技能按照音乐家即兴表演的方式摧毁了坚不可摧的德国碉堡。

忠实追随者。在有关第二次世界大战的英国电影中,强调的重点就是大众联合起来追随有魅力的领导者。在这些电影中,最伟大的一部就是劳伦斯·奥利弗拍摄的莎士比亚作品《亨利五世》。在进攻之前,年轻的国王将骑士和普通士兵召集到一起,发表了演讲:我们是幸运的少数,我们是相系相依的兄弟,今日谁与我共同浴血,他就是我的兄弟,永远不再是平头百姓。(在莎士比亚的时代,"平头百姓"的意思是"卑贱之徒",该词的来源是农奴,在这里的意思是平头百姓)对于忠实追随者组成的团队来说,需要的动力不是一个问题,而是一个原因或者一名人物,或者一件值得投入进去的事情。顺便说一句,它通常并不会是股东利益之类的空话。

快活人之类的基层组织。这些团队存在于组织的权力架构之外,往往会具有颠覆现领导者的既定目标。有些可能会类似罗宾汉和舍伍德森林帮,或者卡斯特罗和马埃斯特腊山游击队之类的不法之徒。在商业领域,这种类型的基层组织往往会出现在企业的创业阶段。有时,他们属于忠诚的反对派建立的团队。举例来说,洛克希德公司的臭鼬工厂以及模仿者的特别团队就受到掌权者和预算刀手的保护,以达到从内部破坏现有权威的目的。通常情况下,这些团队会有一名正式领导者来应付掌权者,但在内部则具有高度自由化和即兴发挥性的特征。

防卫警戒者。每一支优秀的团队都会保护自己的成员，但也有些团队就是专门用于此目的而建立的。由于最终目标是提供保护，而不是进行生产；因此，在绝大多数情况下，他们都不会属于高效率的团队。在最坏的情况中，这些团队会选择模糊责任、容忍平庸表现并掩盖成员的错误等方式来达到保证安全的目标。举例来说，时常发生的官僚企业试图蒙骗顾客的行为就属于这种情况。在这些团队中，所有人都有责任，这也就等于所有人都没有责任。不过，这也并不一定总是一件坏事。从最好的方面来看，这些团队可以保护成员没有被老板们反复无常或者任意妄为的行动所损害。他们的座右铭是“他们不可能开除我们所有人”，这是企业版本的“我是斯巴达克斯”。

对于优秀的领导者来说，应该根据任务的实际情况建立合适的队伍。当然，这并不是很容易的事情。在绝大多数公司中，都存在所有四种类型的团队，但是通常会是一种风格的占据主导地位。（如果贵公司中存在大量自我保护型团队的话，就应该探寻一下原因了）就个人而言，我不认为单独团队的性质会发生很大的改变。不法之徒不会进门，穿上毛衣，并品尝雪利酒；保护者不会突然聚集到一起，打开他们的笔记本计算机，并开始解决问题。哪种类型的团队比较好？答案应该是，这取决于实际工作的具体内容。

一个好的团队的打造，一定与团队的领导者密切相关。一个领导者，在引领团队成员的过程中，准确把握自己的角色定位，做好团队成员（以下简称成员）的深度辅导工作，对打造一个优秀的团队意义重大。下面就对团队领导者如何开展深度辅导工作做些讨论。

深度辅导，就是在充分了解成员情况的基础上，结合他们的个性特点，运用专业的知识和技能对他们进行科学指导，帮助其解决存在的问题与困扰，为每一位成员的健康成长成才提供良好服务和有力支持。为使工作顺利实施并在“质”上取得理想绩效，明确领导者角色定位十分重要，因为唯有领导者在与成员面对面互动过程中扮演好各种角色，并充分发挥各角色的功能，才能使该工作的信度和效度达到较高水平，才能使该工作取得成效。

美国社会学家米德（G. H. Mead）于20世纪30年代将源于戏剧中的“角色”一词引入社会心理学领域，以此概念来说明个体在社会舞台上的身份及其行为，此后，角色这一概念被广泛应用于社会学与心理学的研究中。角色是一个抽象的概念，不是具体的个人，它本质上反映了一种社会关系，具体的个人只是一定角色的扮演者。我们通常所说的角色亦称社会角色，是指个人在特定的社会环境中相应的社会身份和社会地位，并按照一定的社会期望，运用一定权力来履行相应社会职责的行为。社会学将角色定义为“与社会地位相一致的社会限度的特征和期望的集合体”，由此可见，在社会生活中，处于一定社会地位的个体都扮演着多种角色，是一个集许多角色于一身的角色丛，而从事某种工作的人也同样集多种角色于一身，团队深度辅导工作指导者（即领导者，以下简称指导者）亦是如此。就指导者角色而言，因宏观发展目标（针对群体）的多向性和微观发展目的(针对个体)的差异性,使其在工作中所扮演的角色亦多向而非单一。为此,明确指导者的角色定位,对工作开展以及确保取得成效至关重要。笔者认为,应从以下六个向度定位指导者的角色,即使能者角色、教育者角色、连接者角色、倡导者角色、治疗者角色、评估者角色。

一、使能者角色

使能者角色是指指导者在深度辅导工作中,利用自己的知识、经验和技巧,通过引导和成员个人努力,促使他们发挥他们自身的能力,掌握自我解决问题和自我生涯规划的方法,帮助他们确定目标、达到目标并满足需要。使能者角色重在使成员"我能",即通过指导者的"支持、服务、辅助、协调",使他们能够自我认识、自我增强、自我改变、自我发展、自我达成。

人的社会化过程必然经历从"他助—我能"到"自助—我能"的发展过程,"他助—我能"是通过较多外在支持、辅助,使自我改变、提高的发展模式,是自我发展的初级阶段;"自助—我能"则是在经历阶段性的"他助—我能"过程以后,在逐渐自我丰富的基础上,使个体能够少借助或不借助外在支持、辅助便能够达到自我改变和自我提高的发展模式,是自我发展的高级阶段。如果说个体在义务教育阶段和高中教育阶段通常均处于"他助—我能"阶段的话;那么,大学阶段便是由"他助—我能"到"自助—我能"的过渡期和"自助—我能"的形成期;而在职业阶段,则是"自助—我能"的发展期和成熟期。而唯有指导者在深度辅导工作中充分扮演好使能者角色,方能够使成员不断成熟并得到发展。

团队工作实践证明,使能者角色最主要的工作是指导者在与成员的沟通中,尽可能地让表达他们自己的思想感情、需要、价值观以及对团队的要求和意见,注意知晓成员想要在工作和生涯发展过程中完成什么事情、达到何种目标,并协助他们选择有效方法逐步达成;使能者角色最重要的功能体现是建立指导者与成员、成员与成员之间相互信赖和依存的良性人际关系循环模式。指导者与成员、成员与成员之间建立相互信赖的关系是团队发展的重要因素,而建立和形成相互信赖的发展型团队则是使"自助—我能"发展和成熟的重要基础。为此,指导者应将培养成员之间建立相互信赖的关系作为开展活动和深度辅导工作的首要任务,要完成这一任务,指导者必须具有丰富的情感智能,并在深度辅导过程中把握好"七个向度":一是使自己成为一个专心的聆听者,让成员时刻感受到他们的表达和心声能够得到关注,从而使他们获得来自于指导者对其同情心关怀的内心体验。二是使自己成为一个热心的关怀者,并透过自我日常表现使成员感悟这种积极态度,不断再现这种具有"感染性"的态度能够在强化中使成员统一、认同,在潜移默化中使他们内化,由此便能够"自然"地将成员相互连接起来建立信赖,并使团队产生凝聚力。三是使自己成为一个情感投入者和控制者,即当成员遇到困难、矛盾、挫折时表露出"感同身受"的感情,但不随意妄加判断或提供一些不切实际的解决方法。同时,可对他们的表达进行适度澄清但不加干预,以使他们能够倾诉心中的困扰,并在获得同情中形成安全感。四是使自己成为一个接纳者,即对成员表现出充分的尊重,能够虚心听取和尊重他们的意见和建议,对不宜接受的意见或建议给予详细的解释。五是使自己成为一个真诚的自我剖析者,应根据需要进行真诚的自我剖析,在面对一些具有争议的事件时,要诚实地将自己的想法表达出来,做到心口如一。六是使自己成为一个有力的推动者,对所有活动参与者都持有“尽力做了就是成功”的价值观,鼓励成员大胆地尝试和创新,特别要关注和支持那些在操作技能方面欠缺的成员,帮助他们在不断获得鼓励和支持的过程中获得成功。可以放手让成员处理自己的各种事务,由他们自己制订发展计划和实施程序,此间,指导者是成员的顾问,对成员遇到的问题提供咨询和参考资料。七是使自己成为一个巩固者,即通过不同的途径和方式,让成员尝试运用他们学习到的东西,进一步巩固他们学习到的成果,鼓励他们尽量发挥其所学的知识和技能以及继续挖掘自己的潜能,克服自身内在和外在的困难,以达到自我进一步成长的目的。

二、教育者角色

教育是指教育者根据一定社会或阶级的要求,有目的、有计划、有组织地对受教育者的身心施加影响,使他们成为一定社会或团队所需要的人的活动。在深度辅导工作中,指导者会经常扮演教育者的角色,但这种角色是利用工余时间,通过与成员个别沟通过程,就价值观澄清、行为修改引导、解决问题方法掌握等与成员个人成长和发展相关的问题向他们提供一些新的信息或培养其掌握一些方法,使他们能够处理和解决自己所面对的问题。此角色具有引导和示范两大特征,即通过引导和示范帮助成员在潜移默化中接受和改变并获得自主解决问题的方法。

引导不是教导,也不是说教,不是对成员的价值观、行为、解决问题的方法直接进行肯定或否定判断,也不是对某些需要解决的问题事先给出方法和结论。而是从协助成员梳理需要解决的问题介入,首先帮助他们理清思路,采用“系统脱敏”方法,诱导他们充分发挥主观能动性,通过他们自身的努力去认识、分析,逐渐找到问题存在的非利诱因,进而寻找到排除非利诱因的方法。换句话说,就是方法绝不是指导者在与成员沟通之始就给予他们的,结论也不是指导者给他们下的,而是在沟通中,通过指导者循循善诱,逐渐使成员以自我认知明晰事实,由他们自己找到解决问题的方法并得出结论。指导者直接给出方法和结论与引导成员通过自身努力找到解决问题的方法和结论相比,前者简单后者复杂,前者方便快捷有效率,而后者需要指导者投入较多的时间、花费较大的精力,效率较低。但就效果而言,后者更扎实、更有效、更巩固。现代管理学认为:“管理的有效不仅涉及效率,也涉及效果——需要考虑计划是否奏效,目标是否明确。”就开展深度辅导工作而言,效率与效果两者,效果最为重要,高效率而无好效果,乃徒劳无功,效率较低但效果良好,也是能够为我们所接受的。

示范是指导者、教育者角色的另一个重要特征。在对成员开展深度辅导工作的全过程中,指导者始终都是一个示范者,沟通过程中指导者以良好的价值观、正向行为和有效方法示范于成员,能够对他们起到潜移默化的影响作用,这种非说教的示范有时比语言引导更容易被他们接受，在内化后也会被他们较好地巩固下来，而这些内化在成员意识中的良好的价值观、正向行为和有效方法必将对他们未来最终达成其目标起到积极的作用。

在扮演教育者角色的过程中，指导者会为成员在自己的影响下的成长和进步而感到欣慰，这是他们最愿意看到的通过自己和成员共同努力所获得的成果。但是，他们也会因在沟通中与个别成员存在障碍，改变困难或产生误解、矛盾、冲突而出现阶段性怀疑、困惑、不安、痛苦等不良情绪反应。诸如：他们可能因成员改变后重新出现原有问题而怀疑其行为改变是否能够恒久地保持；他们可能会因自己知识、能力不及使成员改变困难而产生困惑；他们可能会认为自己没能够在辅导中为成员提供最好的服务和最有效的协助而感到不安和自责；他们也可能会因自己拳拳之心不被成员理解、循循善诱却被拒绝而痛苦。面对这些可能存在的不良情绪反应，指导者应借助自我情绪调节加以解决：首先，他们应勇敢地面对及接纳自己的情绪反应，因为，人们在遇到困难、矛盾、挫折时都会出现这些情绪反应，自己同样如此；其次，对工作中存在的问题以及自身的不足不采取逃避的态度，积极面对并寻找其他有效方法；最后，摒弃“我能吗”“我想要”的思维模式，坚持将“一定要”牢固印刻在自我意识之中。另外，指导者在对需要进行辅导的过程中，也会经常遇到一些成员存在怀疑、困惑、不安、痛苦等不良情绪反应，此时应切记，在协助他们处理和舒缓不良情绪反应中，指导者无论自己是否同样存在与他们相似的不良情绪，都不能在情绪上与他们反应趋同，否则可能导致成员出现更加强烈的情绪反应并难以控制。指导者应在对这些不良情绪反应保持开放、理解和接纳态度的同时，协助成员处理和舒缓这些情绪反应。较为有效的方法是指导者适度保持静默，待成员不良情绪得到释放后，再针对他们所存在的问题适时介入。此外，指导者在处理成员不良情绪反应时还应注意，不能一味鼓励成员依赖自己，而要支持他们学会自己调节情绪，掌握自己控制不良情绪的方法。

三、连接者角色

连接者角色是指导者利用自己辅导者的身份，根据成员需求，建立他们与机构及其他机构之间、指导者与指导者之间、成员与其他管理者之间、成员与成员之间的有效连接，透过沟通寻求诸多方面的广泛支持，以使辅导工作能够在得到更多有效资源的基础上顺利开展和实施。

指导者都是领导者，他们身处机构领导层，了解机构目标和要求。同时，他们又是辅导者，直接面对成员使自己能够从与成员的沟通互动中获得其需求和现实状况的第一手资料。所以，在深度辅导工作中，他们必须力求建立成员与机构及其他机构之间的有效连接，即当辅导工作需要利用机构及其他相关机构的资源或希望机构及其他机构改进其服务或规则时，指导者应代表成员向机构及其他机构申明和争取，同时，他们也必须将成员及其他机构的希望和要求回馈成员。

团队深度辅导是贯穿成员职业成长全过程的工作，该过程也是跟随着成员不断自我提升、需求不断变化而变化的过程。虽然成员在不同成长阶段需求有所不同，指导者相应的辅导内容、方法不尽一致，但辅导工作不能间断，辅导全过程必须是连续的、不间断的“链式连接”过程。为此，就必须保持过程之中不同辅导阶段的连接，而保持连接就必须做到阶段与阶段之间的辅导内容、方法的有效跟进。在职业工作中，每一个工作者在不同工作阶段可能遇到不同的指导者，唯有这些指导者之间建立有效连接，做到终始连接、“以终为始”，才能保证辅导工作的有效延续，才能取得良好效果。

职业工作是指导者及成员主要的社会活动，他们都是工作主体，两者工作相对独立又相互联系、互为条件。对成员来说，工作的结果是最重要的评价指标，而这一结果的绩效水平如何，与指导者的水平有较高相关性。无论他们主动、被动与否，两者之间就工作中的一些问题，通常能够通过沟通得到解决。但除此之外的一些问题，诸如工作态度问题、行为及方法等问题，指导者通常能够面对面直接向成员表达要求、希望或肯定、否定评价，而成员却因其“被管理”身份和“弱势心理”影响，使他们常将自己对指导者的意见“内隐”，这些意见不断堆积会产生不满，不满堆积便会产生对立甚至对抗，如此必将影响工作绩效和相互关系。一旦矛盾激化，还可能引发群体事件或极端伤害事件。因此，指导者必须扮演连接者，在自己以及其他指导者与成员之间架起沟通的桥梁，建立两类人群之间间接或直接沟通，以使问题或矛盾通过较早沟通得到解决。即使有些问题仅靠沟通难以解决，但沟通能够增进问题双方相互了解，从而避免因问题产生矛盾或矛盾激化。

在团队生活中，“同年龄者社会”对每一个成员都会起到巨大的影响作用。指导者以辅导者的特殊身份，能够采用成员“一对一”“一对多”“多对一”的形式，有目的地引导、促进、强化成员之间相互正向影响和相互支持，使之建立互帮互助、互惠共赢的人际关系。实践证明，指导者利用“同年龄者社会”的高水平接纳，有目的地安排一些“先知”的成员去帮助一些“后知”的成员，推进成员间开放和坦诚的沟通，能够促进他们之间彼此回馈，帮助他们在比较中全面了解和认识自我，在相互分享中获得正向经验和自我提升。

除以上外，面对成员职业发展问题，指导者可建立职业培训机构和成员之间的连接，通过此类机构向成员提供职业发展规划、职业信心训练、职业礼仪辅导等培训服务等。

四、倡导者角色

倡导者角色是指导者通过倡导、诱发、暗示、激励，在深度辅导工作中帮助成员建立和优化世界观、人生观、价值观，树立远大理想和形成社会责任感。引导成员形成社会主义建设者所应该具有的世界观、人生观、价值观，树立远大理想和形成社会责任感，是指导者义不容辞的责任和义务。但是，采用说教的方式“传道、授业、解惑”，无论是信度还是效度，都难以获得令人满意的结果。而通过倡议、引导，辅助成员从“最低纲领”起步，通过成员统一、认同的“自知”过程，诱发出他们达成某项目标的内在的原动力即动机，进而逐渐将“最高纲领”内化，将理想、信念巩固于他们的意识之中，才是有效的途径和方法。

心理学研究证明，动机源于需要，人们为满足需要方产生完成“某项工作任务”的内在的原动力即动机。在深度辅导工作中,当作为倡导、期待者的指导者将倡议、期待传递给成员后,作为被期待者的他们,会为满足指导者希望其达成的某个目标的需要,而产生较强的动力并创造条件达到目标。在此过程中,期待与诱发呈正相关,即指导者对符合成员客观条件的期待水平越高,他们为满足指导者需要而生的动机就越强烈。哥伦比亚大学教授默顿(Robert King Merton,1910—2003)在《社会理论与社会架构》(北京:译林出版社,2008.)一书中提出:"一件事的发生,若由于错误的定义,则可促成一个错误行为变成事实。"当一个期待设定了,人就会朝向着那个期待去做事。如许多人认为神会罚人,所以信奉神,对神的话也会努力去实践,而造成宗教狂。进而言之,若人们期待别人会讨厌他们,就会随便表现;而如果人们会期待别人对他们形成好的印象,就会认真地表现良好行为。这种现象被心理学称之为"比马龙"效应(亦称皮格马利翁效应)。从字面可理解为,将人比成龙,自己就会像龙一样地表现;反之,被比成马,会像马一样反应。换句话说,高期待就有高表现,低期待有低成就。亦即他人重视我,我就会"自重",他人爱我,我就会"自爱";他人给我们"自由"、"机会"、"改变",我就会"负责"、"尊重"、"向善"。也正因为如此,指导者的倡导者角色对成员"自重"、"自爱"、"向善"具有较强的暗示和激励功能。

五、治疗者角色

治疗者角色是指导者在深度辅导工作中运用一些技巧和方法,帮助成员解决心理和行为问题,并对他们的一些突发行为(事件)进行危机处理。许多关于职业者心理调查的报告都表明,有一定比例的职业者存在心理和行为问题,因心理和情感问题而非正常死亡事件也时有发生。

由此不难看出,作为指导者,其工作内容除了帮助成员形成健康心理、行为之外,其还应在深度辅导工作中运用一些专业技巧对有心理和行为问题的成员进行心理干预,解决他们的心理和行为问题。面对在心理和行为方面存在问题的成员,指导者在辅导过程中可有针对性地运用"诱导宣泄"、"认知再造"帮助学生宣泄情感,提高自我认知,或学习新方法和技巧以解决其问题及适应日常生活。还可以利用支援技巧、澄清技巧(clarifying)、对质(confrontation)、转移(transference)、多重转移(multiple transference)、反转移(countertransference)、阐释(interpretation)等技巧解决他们的心理、行为问题。另外,运用"行为修改模式"改变"问题成员"的思想和行为,也是十分有效的方法之一。行为修改理论认为,人们通过团体互动和自我行为修正,能够修复缺失的正向行为,同时能够形成新的有效行为。行为修改模式作为一种行为修正和形成新行为的方法,在实践中已被确认其有效性。它能够"清除个人一些不被接受或不适当的行为",能够"学习新行为以及通过练习使新学习的行为得到巩固"(吴梦珍,《小组工作》,香港社会工作人员协会1992年版)。行为修改模式立足于人类行为的再造,通过目标互动活动过程,能够使人们从中学习到新的行为,并且以新的、良好的行为取代旧有的、不良的行为,同时还能够使人们已有的良好行为得到巩固和增强。对治疗者角色而言,在深度辅导工作中,可直接针对成员心理、行为方面存在的问题。

六、评估者角色

评估者角色是指指导者在深度辅导工作中,对成员当前问题、改变状况、目标达成水平以及辅导者所运用的方法、技巧的针对性、有效性和自我运用方法、技巧的能力、水平等进行评价。对被辅导者进行评估,是指导者深度辅导工作中的重要内容之一,主要包括"问题评估"、"效果评估"、"方法评估"等。"问题评估"旨在精确定位成员所存在的问题,以使指导者在辅导过程中能够选择有针对性的方法、技巧"对症下药",以达至"药到病除"。"效果评估"主要包括两个层面,一个层面是对成员发展进步水平和目标达成程度的评估,主要评价他们在思想观念、专业理论、各种能力以及正向积极行为的绩效水平、程度,以便指导者根据成员实际和需求,帮助他们确定未来方向、制定发展方式,并给予他们更多支持,进一步促其发展;另一层面则是评估成员问题解决的质量及水平以及学生行为改变的成效,以便指导者调整辅导方法或继续跟进。"方法评估"是指导者对自己所采用的各种辅导方法的针对性和有效性,以及自我在辅导过程中运用方法、技巧的步骤、水平和质量进行评估,该评估结果能够帮助指导者对辅导方法、技巧的有效性、某些特定介入方法的实施效果以及自我运用方法、技巧的能力形成客观认知,以便指导者发现自我存在的问题和不足,进行自我调整和改变或进一步自我增强。在"方法评估"中提高自我认知水平,最为有效的方法是毫不留情地开展自我批评,指导者唯有在遇到问题时进行经常且必要的"我不能""我没有"等自我批评式的否定,才能不致使自己满足于现状和此时此地,才能促使自我不断改变和提升。

在辅导工作中,评估所包括的范围和内容十分广泛,各种评估不分先后,评估的设计和方法也有所不同,但必须将其视为辅导工作不可或缺的重要内容适时开展。指导者唯有较好地扮演和实施评估者角色,科学准确地对辅导对象和各项辅导工作进行评估,才能使深度辅导工作更加具有信度和效度。

5.5 诚恳正直

中国当代著名作家、翻译家、学者贾植芳先生(1915—2008)有段名言:"生命的历程,对我说来,也就是我努力塑造自己的生活品格和做人品格的过程。我生平最大的收获,就是把'人'这个字写得还比较端正。"

在生活和工作中,我们也常说,做人要做一个"大写的人"。其实,"人"这个字是不分大小写的,那么,为什么又会有"大写的人"之说呢?其实,做一个"大写的人"是人们对做人的一种追求,意思是说作为一个人,必须有人格意识、尊严意识、道德修养、理想以及对真、善、美的向往和追求。

5.5.1 将忠诚养成习惯

有人认为,一个人在 35 岁前应该做好 10 件事。

1. 将忠诚养成为一种习惯

35 岁以前如果能够将忠诚作为投资养成为一种习惯,35 岁以后,我们会成为一个可以信赖的人,收获忠诚给我们带来的巨大回报。古希腊哲学家、科学家和教育家亚里士多德(Aristotle,前 384—前 322)有句名言:"习惯实际上已成为天性的一部分。"事实上,习惯有些像天性,因为"经常"和"总是"之间的差别是不大的,天性属于"总是"的范畴,而习惯则属于"经常"的范畴。"当我们将忠诚"经常"融入我们处人待事的过程之中,我们就能够成为"优秀是一种习惯"的人。一旦修炼成为习惯层面,我们肯定会成为一个真正的优秀者。

习惯的形成有赖于"神经传导过程"的不予阻碍。人们都是通过"眼、耳、鼻、舌、身"五大感知系统,也就是视觉、听觉、嗅觉、味觉和触觉来感知外界刺激的。无论用哪种感知系统接收到外界刺激,都必然通过神经传导最终进入人的大脑。假如某刺激物首次经由感知系统进入大脑沿某一"通道"一路绿灯到达某块大脑皮层,此后周而复始,习惯便就此形成。所以,习惯形成后通常不易改变。也就是说,一个已经将忠诚养成一种习惯的人如果想要不忠诚,是一件很难的事情。

2. 形成个人风格

35 岁以前,找出你所喜欢的事物,如兴趣爱好、衣着服饰等。

3. 在感情生活方面平稳安定

私人生活平和、安定的人会比生活动荡不安的人更易获得成功。因此,结束恋情或与女友(男友)结婚要在 35 岁前完成。

4. 知道自己的短处和长处

这个年龄要是还没有形成良好的自我认知,定做不成什么大事。

5. 储备另谋生路的钱

不能把所有的钱都存在银行,但没有一定的积蓄,在被老板炒掉或炒掉老板后,如何在静心思考或寻找新的工作中的时间里衣食无忧?

6. 建立人际关系网

亚里士多德说:"在不幸中,有用的朋友更为必要;在幸运中,高尚的朋友更为必要。在不幸中,寻找朋友出于必需;在幸运中,寻找朋友出于高尚。"无论必需或高尚,建立自己的人际关系网络都会让我们在需要时找到伸手拉我们一把的人。

7. 学会授权他人

相信别人能够跟自己一样把工作做好。所以,把别人能做的事情交给别人去做。

8. 学会适时三缄其口

该说的说,不该说的不说。

9. 掌握本行业所必备的知识和能力并有所发展

必须把本行所需的知识和能力掌握在手。同时,要一直往前走。

10. 形成影响力

能够影响别人,才能在你需要的时候有一批追随者跟着你走。

5.5.2 忠诚你的领导

这个问题在前面已经讨论过了,这里,仅就忠诚领导的五种基本方法做些说明。

1. 恭敬,说真话

俗话说"恭敬不如从命",但事实上下属表达对领导者的忠诚、恭敬与从命一样重要。对领导者正确决策的忠诚、恭敬与从命两者会形成统一;对领导者错误的决策,下属的忠诚则不见得表现为从命,但却可以恭敬。所以,恭敬是可以在任何情景下表达出来的一种态度,它可以贯穿在下属行为始终。

2. 有些话勿公开传播

领导对自己忠诚的跟随者是信任有加的,基于信任,有时会向他们透露点"消息"。有时在饭桌上喝得多点,领导也可能拍你的肩膀说些让你心里热乎乎的话等。对领导讲的这些话,你记在心里便是,切不可转头张扬。否则,你在领导眼中很快就会变成一个失信者。

3. 不许只报喜不报忧

下属在工作中取得成绩,通常会有喜必报。但是如果存在失误,便可能不会主动向领导"负荆请罪"。有时领导问及,还会含糊其词或推卸责任。虽然报喜并不一定是忠诚的表现,但是不报忧却会被认为是一种不忠诚的行为。所以,喜忧兼报,先报喜后报忧是正确的选择。

4. 选择好发表反对意见的机会

忠诚绝不是一味迎合,对不正确的人或是给予否定或批评,或以反对的方式阻止错误事件的发生,是下属对领导忠诚的重要行为表现。只是在发表这些意见时,要寻找合适的时机,让领导觉得你既忠诚又不失恭敬。

5. 忠实地执行决策

对自己认为正确的决策,坚决地、无条件地执行是必需的,执行这样的决策,从主观上来说也具有遵从性。但是如果下属认为领导的决策有问题,提出反对意见也未被接纳,那么,在执行这种决策时必会带有情绪,这种情绪自然会对决策的执行产生消极影响。在前文讨论此问题时曾举例做了说明:作为下属如果认为决策难以执行又不能改变决策,那就必须进行尝试,即"别的部门如果能够做到,我们也能够做到"。这种以执行作为尝试的方法既能够忠实地执行决策,也能够以执行的结果来证明对错。如果事实说明真是领导的决策有问题,我们这么做恰恰能够表明我们的忠诚。

5.5.3 透过忠诚扩大自己的影响力

一个好的管理者,必须是一个诚恳、正直的人,因为只有这样的人才有能力影响自己的员工,让他们成为忠诚的人,同时才能够说服他们,让他们为团队做出贡献。19 世纪美国黑人著名领袖弗里德里克·道格拉斯(Frederick Douglass,1817—1895)说:"如果我能说服别人,我就能转动宇宙。"每一个领导者都希望自己是一个有影响力的人,而忠诚是其具有影响力的重要条件,因为,不会有人愿意将一个虚伪的人的话当真。所以,一个领导者只有透过自己的忠诚才能影响员工,才能提高员工的忠诚度,最终才能提高团队核心竞争力。

全球知名的说服术与影响力研究权威罗伯特·B. 西奥迪尼(Robert B. Cialdini)曾说:"当我们请别人帮忙时,如果能讲出一个理由,那我们得到别人帮助的可能性就会更大。原因很简单,人们就是喜欢为自己所做的事情找一个理由。"不过,这个理由一定出自一个被认为是可信的人之口;否则,他注定不会得到别人的帮助。

西奥迪尼在他所著的《影响力》(北京:万卷出版公司,2010.)一书中指出:"有一些人清楚地知道影响力的武器在哪里,而且经常熟练地驾驭这些武器来达到自己的目的。他们在社会上闯荡,恨不得让每一个人都按照他们的意志来行事,而且他们总是能够如愿以偿。其实,他们成功的秘密就在于他们知道怎样提出请求,知道怎样利用身边存在的这样那样的影响力武器来武装自己。"

政治家运用影响力来赢得选举,商人运用影响力来兜售商品,推销员运用影响力诱惑你乖乖地把金钱捧上。即使你的朋友和家人,不知不觉之间,也会把影响力用到你的身上,让你按照他们的意愿做事。而实现这些,都需以可信和忠诚为前提。

对于怎样扩大自己的影响力,观点有许多,主要可归纳为如下几种。

观点 A:

1. 注重可信和忠诚度,表里如一

你说过的是你后来做过的,你后来做了的,是你曾经承诺的;你说出来的就是你心里想的;你没有做的是你发自内心不愿意做的。这种说到做到、内外一致的人,会被人们视为忠诚、可信的人,而这种信任恰恰又是人们自觉自愿接受其影响的基础。所以,可信和忠诚的人,才会具有更大的影响力。

2. 打动人心的说服力

说服力是指说话者运用各种可能的技巧去说服受众的能力。罗伯特·西奥迪尼认为,一个能够对别人施加影响力的人"有时只需要正确选择一个词汇就可以做到这一点"。说服研究专家拿破仑·杨庭说:"影响与说服,是超越一切金钱、暴力、特权、科技的终极力量。""洞察人类的欲望,是一切影响与说服的真谛。欲望是一切人类活动的原始驱动力。人生是一个说服的过程,人的欲望要得到延续,无不透过说服去实现。说服是成名的捷径,成名意味着应有尽有:金钱、权力、女人及不朽!"

在这个信息时代,人的思想观念、表达方式至关重要。能否说服他人接受你的观点往往成为事业成功与否的关键。说服是一门艺术,也是一门技术。要想成功地说服他人,不仅需要有能言善辩的口才和技巧,还要有说服策略,即以攻心策略操控受众的情绪,激发潜意识欲望,直接引导行动;以洗脑策略操控受众的价值观、规则、信念,给出合理的逻辑推理,用恰当的诡辩解除批判与抗拒;以重复策略操控受众的记忆,不断重复、重复 ,再重复。

说服的技巧主要有:

第一,以权威的腔调讲话。

第二,使用简单的词汇和简短的句子。

第三,使用具体和专门的词汇和词语。

第四,避免使用不必要的词汇和说一些没有用的事。

第五,说话要直截了当。

第六,不要夸口或言过其实。

第七,不要盛气凌人。

第八,要有些外交手腕及策略。

第九,要为你的听众提出最好的建议,而不是为你自己提出最好的建议。

第十,要坦率而开诚布公地回答所有问题。

3. 注重利益而非立场

你并非一定要跟他人讨论清楚某某事情谁对谁错,或应该遵循什么主义,或应该有什么样的信仰,而是通过讨论让对方接受你想要得到的利益。

4. 被逼无奈时就要命令

在优先级 A 类事件出现时,讨论、说服都会耗费时间。面对受众对决策犹豫不决时,领导者可利用自己所掌握的权力"发号施令",以使工作能够立即展开。

观点 B:

1. 基于诚信建立组织内外关系网络

以诚信为基础广泛建立人际关系网络的人,总会如愿以偿地形成自己良好的人际关系圈,并扩大自己的影响力。这种关系网络覆盖面越大,拥有的人脉就越多,影响面就越广,办起事来也就越能够得到帮助,达到目标的信度也会大幅提高。建立组织内外关系网络,既是人们获得帮助的基础,也扩大了人们影响力的空间。当然,只有空间是显然不够的,因为一个广阔的空间只有在有能力充分利用它们的人那里才能发挥作用,才能影响他人。而这个空间得以长期存在的最重要条件,便是始终坚持诚信。

2. 成为知识丰富和具有高水平专业技能的人

具有丰富的知识和高水平的专业技能,都是人们利用好关系网络的必备条件。有了这些,我们才有能力去影响别人,别人才能接受我们的影响。

3. 具有形成方案的能力

此点在第四章4.2.3已经讨论过,这里不再赘述。

观点C:

1. 拥有良好的行业背景或从业经验

如果人们不在一起工作,便无法从工作接触中获得对某人的直接认识,所以,他们只能从其他方面得到的信息中对某人进行判断。间接得到的某人具有良好的行业背景或从业经验等信息,通常能够获得人们对此人的信任,从而使自己在信任的基础上接受这类人的影响。

2. 具有正向的个人价值观

正直、公正、信念、恒心、毅力、进取精神等优秀的人格品质无疑会飙升领导者的影响力和个人魅力,从而扩大其追随者队伍。

3. 具有良好的沟通能力

良好的沟通能力是影响力的桥梁和翅膀,在准确传达领导者意见、要求、决策的同时,也能够广泛传播领导者的影响力。

5.5.4 勇于道歉

道歉是表达诚意的一种方式。至诚的歉意可化敌为友。但习以为常会被视为言不由衷。所以,允许犯错,但不能经常犯错,允许在某件事上犯一次错,但不允许在同一件事上再次犯错。当然,犯了错误不道歉更是错上加错。

无论我们身处哪个层面,犯了错误就要接受批评。但是,许多下属顾忌左右,怕被"穿小鞋"而恐于批评自己的领导,所以,领导者面对自己的错误开展自我批评,是必须要做的事情。虽然犯了错误勇于自我批评是很好的自我教育和改正错误的方法,但这还不够,因为,错误总会使人受伤,所以犯错者还应该向因自己的错误而被伤害的人道歉,以获得他们的谅解。向被自己伤害的人道歉的方法有多种,其中最好的方法是面对面地向对方认错。

心理学研究发现,人与人面对面具有重要作用。有人对"人们在行走时面对面发生碰撞"与"人们在驾车时面对面发生剐蹭"两种情景进行研究后发现:人们在行走时面对面碰撞后,发生冲突的概率很小;人们在驾车时面对面发生剐蹭后,出现冲突的概率较高。为什么前者通常会一视而过,而后者却常会争执不休呢?除了因损伤量大小而导致压力大小的原因外,还有一个重要原因就是在发生碰撞或剐蹭的一刹那,双方是否能够看到对方的"眼神"的缘故。人们在行走时面对面发生碰撞后,都会在第一时抬头去看对方眼睛，对方惊诧的目光瞬间便被感知，这种“意外”的目光表达的是“我不是故意的”，所以通常都会被双方谅解，故很少会发生冲突。如有人首先致歉，发生冲突的概率会更小；人们驾车面对面发生剐蹭时，因为都坐在车里，所以在第一时间看不到对方惊诧的目光，即无法感知那种“意外”的目光所表达的“我不是故意的”，下车后一旦某一方抱怨或指责，双方便会出现争执。由此可见，面对面的意义在于，双方都能够看到对方的眼睛。除此之外，肢体语言也能在面对面时帮助双方全面感知对方，使他们能够对对方的口头语言精确理解。

第 6 章　成为赢家

在充满竞争的职业环境中，每一个竞争者都希望成为赢者。至于如何能赢，条件实在太多，而回答好"想要，还是一定要?"这个问题，便能够找到实现这些诸多条件的最一般和基础的方法。

学生在获得职业工作以前，所从事的主要社会活动是学习。他们在日常学习和生活中，会常把"想要"挂在嘴边。比如，今晚我想复习数学；周日我想看电影等。这些想要做的事情，缺乏坚定性，如果遇到外因干扰经常会被放弃。如因为太累而睡觉，放弃了复习数学；因为下大雨而没去看电影等。由于想要—外因干扰—放弃这一过程在一个人的学习阶段经常发生，所以，这一过程会成为个人的一种行为定式存于大脑，被带入职业工作阶段。这种定式如果在职业过程中未被改变，会影响到一个人在完成某项工作任务时的坚定性，日积月累自然会影响到个人的竞争能力和职业发展。"一定要"与"想要"完全不同，它具有排除干扰、坚定不移达至目标的特征。当人们确定"一定要"后，便会调动各种可用资源和条件，通过努力达到目标。竞争的本质就是主动地获得主动权，所以，当我们认准了一个目标，并经过评估确认自己具备某些条件或能够透过努力获得更多条件后，牢牢把握住（主动）"一定要"（主动权），我们就能够成为赢者。

在培养自己"一定要"行为习惯的同时，一些必备的条件是一个人成为赢家所不可或缺的。

6.1　善于沟通

沟通是人们之间最常见的活动之一，是指人们之间进行信息及思想的传播。善于沟通就是能够较好地将自己想要发出的信息和自己的思想、观念通过有效的方式转递给接收方，使对方接受。当然，沟通是相互的，信息的发出者只有从接受者的回馈中感知到有效，沟通才具有信度。善于沟通的人不但能够说清是什么，还能够讲明白为什么，并能够让接受者理解到对自己有利。

6.1.1 沟通的功能与方式

沟通,从字面上看,是指“通一条沟”,如同两条小溪之间隔着堤岸一样,通一条沟可以达到相互融通的目的。沟通是意义的传递与理解。

1. 沟通的功能

沟通的功能有四个,即进行控制、激励他人、表达情绪、传递信息。

第一,进行控制。沟通能够帮助领导者对团队成员进行控制,同时,也能让成员按照团队规则和要求自我控制。当领导者的控制与成员的自我控制融为一体时,该功能便能够得以实现。以往有人认为,控制只来自领导者,这只是该功能的部分实现。有效沟通的结果应该是“他控”和“自控”共存。

第二,激励他人。沟通可以实现领导者通过倡导、赞扬、期望以及鞭策,乃至批评,以达到激发成员完成工作任务、创造工作绩效的内在动力。这种动力与领导者、成员以及团队满足需要紧密相连。所以,每一个人的动力均来自自觉自愿,在团队中体现出整体遵从。

第三,表达情绪。沟通既是宣泄情绪的方式,也是表达情感的过程。领导者和成员可以在自由的氛围中将自己的情绪表达出来,是实现该功能的前提条件。虽然个人的情绪表达方式及强度不尽相同,但只要能够带来趋同的回应,便能够起到抚慰人心或激发斗志的作用。

第四,传递信息。沟通最重要的功能就是领导者和成员互通信息,把自己想要传递给对方的信息发送出去,口头语言、肢体语言、书面语言是主要的传递信息的方法。只要运用得当,该功能便可实现。

2. 沟通的方式

沟通方式可分为语言方式和非语言方式两种。

在语言方式中,日常运用最多的是口头语言方法,其优点是快速传递和反馈;缺点是不宜多人传递,无法考核。书面语言方法也较为常用,如备忘录、信件、期刊等,优点是持久、有形,可以考核;缺点是与口头语言方法相比速度较慢。电子媒介也是常用的沟通方式,如电话、电子邮件、QQ、微信等,其中一些方式兼有口头语言方法和书面语言方法的优点,故为许多人使用。

声音是一种威力强大的媒介,通过它可以赢得别人的注意,能创造有益的氛围,并鼓励他们聆听。所以在沟通时需要注意几点:发音不能太平,要抑扬顿挫;语速不要过快或过慢;适当停顿;用重音强调某些词语;用低沉的声音表达庄重严肃;发音清晰,字句之间要层次分明;不要音量太大或太小等。

在非语言方式中,肢体语言是最为普通和常见的,在人们面对面沟通时,它会伴随口头语言同时出现,如表情、眼神、动作等。另外,衣着、办公室大小、使用东西的品牌、档次也是非语言方式的一部分，对有效沟通也能够起到一定的作用。

有研究认为，沟通时表情和语调十分重要：人们在交谈中接收的信息87%来自于眼睛，9%来自于耳朵，4%来自于其他的感官知觉；交谈后，脑海中残留的信息55%来自于面部表情和身体姿态，38%来自于语调，7%来自于语言。所以，要想让他人全面地接收信息，我们必须有一双“会说话的眼睛”；要想让他人记住我们说了什么，必须做到“脸好看，话好听”，才能让他们做到“事好办”。

6.1.2 沟通时需要考虑的5个要点

沟通必须把握5个要点：目的意图、接受对象、信息内容、方式方法、时间安排。

1. 目的意图

沟通一定是为了达到某种目的的。弄清楚自己的目的，牢记这个目的，紧紧围绕这个目的，排除各种干扰，为实现它创造条件，才能不至于偏离。

2. 接收对象

全面认识沟通对象，知道他们是谁，他们需要什么，你所说的道理他们是否能够接受。

3. 信息内容

沟通什么？哪些最为重要？内容量如果过多，是不是难以接受？

4. 方式方法

针对不同的人采用不同的、有针对性的方法才会更有效。谁都知道对牛弹琴是没有任何意义的。

5. 时间安排

较多的内容在较短的时间内是说不完的；如果我们跟手头有大量亟待完成的工作的人谈心，他们肯定焦躁不安；没有人愿意在周末休息的时间被叫到单位谈工作；如果让劳累了一天的人静下心来给你讲什么意义或真理，他一定打不起精神。

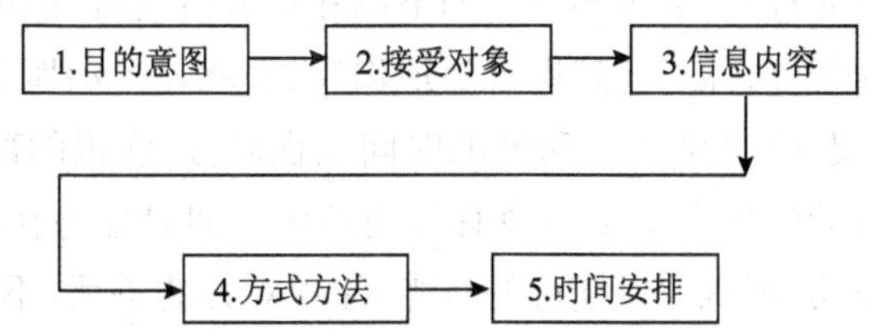

6.1.3 沟通的技巧及有效沟通

要想使沟通取得预期的效果，采用一些技巧是很有意义的。这些技巧主要有以下几点。

一、目光接触

人与人的交往不是从问候,而是从目光对视时就开始了。“眼睛是心灵的窗户”,是人最富表现力的表情,它对传递信息作用巨大。我们看一个人的时候习惯先看他的眼睛,得体的、有礼的目光,让人感到你在关注他。谈话时不看对方的眼睛等于你把对方排除在谈话之外。心理学研究表明,人心理特征的表达与接受与眼睛密切相关。例如,听者长时间注视说话的一方,表示专注于对方说话;避开或中断与表达者的目光接触,通常是对谈话的内容没有兴趣或表示心不在焉;眼含泪花看着哭诉者,表示你的同情和伤心;含情脉脉地看着对方,表达的是爱慕。当然,如果有人“直眉愣眼”地注视着你,他所表达的很有可能是仇视或愤怒。

在沟通中,目光接触发挥着信息传递的重要作用。不同的目光,反映着不同的心理,产生着不同的心理效果。有种种表现:一旦被别人注视而将视线突然移开的人,大多自卑,有相形见绌之感;无法将视线集中在对方身上,并很快收回视线的人,多半属于内向性格,不善交际;听别人讲话时,一面点头,一面却不将视线集中在谈话者身上,表示对来者和话题不感兴趣;说话时,将视线集中在对方的眼部和面部,是真诚的倾听、尊重和理解;只注意自己手中的工作,不看对方说话,是怠慢、冷淡、心不在焉的流露;仰视对方,是尊敬和信任之意;俯视他人,是有意保持自己的尊严;伴着微笑而注视对方,是融洽的会意;皱着眉头而注视他人,是担忧和同情;面无悦色的斜视,是一种鄙夷;看完对方突然一笑,是一种讥讽;突然圆眼瞪人,是一种警告或制止;从头到脚地巡察别人,是一种审视;彼此心存好感的两人说话,更注视对方的眼睛,以示寓意通达;话不投机的人相遇,一般都尽量避免注视对方的目光,以消除不快。

眼神和心理,是交往中引人注目的一个课题,注意在实践中领悟的运用是有价值的。如果你希望给对方留下较深的印象,你就要凝视他的目光久一些,以表自信。如果你想在和对方的争辩中获胜,那你千万不要把目光离开,以示坚定。如果你不知道别人为什么看你时,你就要稍微留意一下他的面部表情的目光,便于对策。如果你和别人碰面,觉得不自在,你就要把目光移开,减少不快。如果你和对方谈话时,他漫不经心而又出现闭眼的姿势,你就要知趣暂停,你若还想做有效地沟通,那就要主动地随机应变。如果你想和别人建立良好的默契,应用60%～70%的时间注视对方,注视的部位是两眼和嘴之间的三角区域,这样信息的传接会被正确而有效地理解。如果你想在交往中,特别是和陌生人的交往中,获取成功,那就要以期待的目光,注视对方的讲话,不卑不亢,只带浅淡的微笑和不时的目光接触,这是常用的温和而有效的方式。

二、积极倾听

沟通高手在尝试让人倾听和了解之前,会把倾听别人和了解别人列为第一目标。如果你能做到认真倾听,对方便会向你袒露心迹。掌握别人内心世界的第一步就是认真倾听。在陈述自己的主张、说服对方之前,先让对方畅所欲言并认真聆听是解决问题的捷径。

美国人乔·吉拉德(Joe Girard)是世界上最伟大的销售员,连续12年荣登世界吉斯尼纪录大全世界销售第一的宝座,他所保持的连续12年平均每天销售6辆车的纪录,至今无人能破。他所总结的12条成功要诀之一便是“用心聆听”。发生在他身上的故事一定会给我们带来启示:某日,吉拉德向一位客户销售汽车,交易过程十分顺利。当客户正要掏钱付款时,另一位销售人员跟吉拉德谈起昨天的篮球赛,吉拉德一边跟同伴津津有味地说笑,一边伸手去接车款,不料客户却突然掉头而走,连车也不买了。吉拉德苦思冥想了一天,不明白客户为什么对已经挑选好的汽车突然放弃了。夜里11点,他终于忍不住给客户打了一个电话,询问客户突然改变主意的理由。客户不高兴地在电话中告诉他:“今天下午付款时,我同您谈到了我们的小儿子,他刚考上密歇根大学,是我们家的骄傲,可是您一点也没有听见,只顾跟您的同伴谈篮球赛。”吉拉德明白了,这次生意失败的根本原因是因为自己没有认真倾听客户谈论自己最得意的儿子。

做到倾听,有个8个技巧需要掌握。

1. 建立同情心

同情心是建立沟通者倾听的心理基础,也是实现沟通者倾听的重要条件。因为站在对方的立场上去听对方的谈话,更容易接纳对方基于某种需要所表达的内容,或更加容易理解对方表达的目的所在。每个人都有自己的立场及价值观,如果我们能够站在对方的立场上,尽可能仔细地感知他们所说的每一句话,才能够理解对方并与对方保持共同的态度。萨斯雷、奥尔森和惠特尼(Sathré, Olson and Whitney)在《交谈》(*Let's Talk*)一书中写道:“据说,我们说出来的只是我们所想的一半,而我们听到的又只有一半,能够记下来的还要再减一半。”我们总是倾向于听我们想听的内容,看我们想看的东西。正如格式塔治疗运动的创始人福里茨·帕尔斯(Fritz Perls)所说:这个世界的图像并不是自动进入我们大脑的,而是有选择的。我们不是在看,而是在寻觅着什么。我们不是听见世界上所有的声音,只是在听。

由于接受信息受个人的期望值、需求、信念、兴趣、态度、经验和知识的很大影响,所以信息经常被错误地解码。所以,建立在同情心的基础上听才会成为倾听,这样才能保证我们对听到的东西进行准确的解码,才能了解对方真正的意图。

2. 鼓励对方先开口说话并畅所欲言

倾听是一种礼貌,它会让对方感觉到尊重,这有助于沟通者彼此接纳和建立融洽的关系。鼓励对方先开口说话能降低谈话中的竞争意味,减轻说话者的压力。鼓励对方先开口说话可以让我们先了解对方的看法,掌握双方意见的共同点,而趋同是促进沟通的重要条件。你的倾听可以影响对方,让对方也以此方式听你说话,或许使对方更加愿意接纳你的意见、更容易被你说服。对方精辟的见解、有意义的陈述、有价值的信息,会给我们提供很多帮助。对此,要以诚心的赞美和鼓励激发对方畅所欲言,他们表达得越穷尽,你的收获就越大。亿万富翁富卡以说得少听得多而著名,他曾说“上帝给了我们两只耳朵却只给我们一张嘴是有原因的,我们应该听得比说得多”。

3. 切勿随意打断别人的谈话,插话后要尽快将“话权”交予对方

有的人在别人谈话时爱打断别人的话、插话。这不仅会打断讲话人的思路,也是对谈话者的不尊重。两人面对面交流,一方随意打断另一方的谈话,肯定会引起对方的不满,从而使沟通受阻。所以在别人谈话时应尽量不要打断他们的谈话。如果确实需要在别人讲话时插话进行附和,或对某些事实(特别是数据)进行纠正,也要选择在谈话者表述中的某个“逗号”或“句号”的时候,或在别人停下来喝口水、喘口气的时候,切不能在人家一句话还没说完时就打断别人。另外,插话易短,说完后要把“话权”交还给对方。

4. 切勿耀武扬威

即使你很有学问,趾高气扬地与他人沟通也会引起对方的不满。有些有学问的人喜欢在交谈中谈经论道以示自己不凡,这种行为虽然会被一些人接纳,但同时也会被一些人视为“卖弄”,如果表达者没有完全弄明白沟通的对方是哪种人,那么,低调一些应该是风险最低的。

5. 以视线接触表示你的兴趣,以回应表示你的理解和赞同

看着对方的眼睛,用眼睛去“听”要比用“心”去听更容易让对方“受宠若惊”。看着表达者并微笑着点头,表明你的理解或赞同,如果偶尔小声称“对”,即表明你与谈话者的意见一致。以提问(挑战)和复述(表述)的方式回应谈话者,能够让谈话者得到被“理解”的回馈,这对谈话者是一种强有力的肯定和支持。比如“您刚才所讲的意思是不是指……”或“我不知道我听得对不对,您的意思是……”都是可以常用的。

6. 让人把话说完

在别人没有把话全部说完时,就对他人的观点进行评价是存在很大风险的。因为,听者仅就表达者的一段话去判断最终结论,其可靠性会存在问题。所以,我们应该在听完、听清楚别人的谈话后再做出反应。有时,谈话者会在沟通时停下来做少许思考,这并非意味着他们已经把想要说的话说完,所以,我们必须在对方说出最终结论后再作出反应。有人认为讨论式的沟通应该允许听者适时提出问题或发表一些意见,此沟通方式将打断别人谈话视为一种正常行为,因为这种沟通方式本身就是要求听者不断对表达者所表达的内容作出回应。不过,即便如此,听者的提问或意见表达也应该在谈话者的表达告一段落时再讲出更为适宜。

7. 注意肢体语言和非语言性的暗示

封闭与开放,预示着沟通者的警惕、预防以及放松、接纳。沟通者在没有开口说话以前,他们的肢体语言通常都会在不经意间将自己的态度表达出来。注意观察这些,能够为沟通者快速作出反应提供帮助。张开双臂、身体前倾、主动握手、微笑等,都是开放和接纳的表现;双臂交叉胸前或被在身后、被动握手、面无表情等,便是封闭、警惕的态度。

8. 暗中回顾,整理出重点,并提出自己的结论

倾听,不仅仅停留于听,边听边思考并对听的内容作出自己的结论,才是完美的倾

听。所以,在与人沟通时,我们可以在听的同时回顾和整理对方谈话的观点,并将其归纳出来记住。在对方表达结束后,如果我们能够将自己对他谈话内容的归纳从理解的角度清晰地反馈给对方,你一定能够得到来自对方高水平的肯定评价。

三、恰当接触

握手和拥抱是人们在沟通时表达接纳和情感的重要方式,其中以握手最为多见。和人初次见面,熟人久别重逢,告辞或送行都可以以握手表示自己的善意。握手的力量,姿势与时间的长短往往能够表达出握手者的态度、个性。握手是最为一般、最普通的交流方式,已被人们所熟知,但有些细节还是需要提醒的:如,不能戴着手套或墨镜与人握手;不要将仅仅握住对方的手指尖;不要将另一只手插在口袋里;不要将对方的手拉来推去或者上下左右大幅度抖动;要看着对方;除非关系亲密,否则握手时间不宜过长;用力要适中;与女性握手,要等女方先伸手;如果握手有先后,应先长后幼、先女后男、先领导后下属;接待来访者时,主人应主动与客人握手;拒绝和别人握手是最要不得的,等等。

至于拥抱,除至亲和久别重逢的朋友外,中国人比较少用。西方人也知道中国人的习惯,所以,如果遇到西方人,人家主动拥抱你,你就势拥抱一下即可,至于主动拥抱就大可不必了。

四、有效沟通

有效的沟通必须具备一些基本条件,这些条件主要有:充分的准备,与听众建立良好的关系,准确表达信息,潇洒地交流,信心十足地面对听众。

1. 充分的准备

作为有效沟通的条件之一,在面对“对方是谁? 为何要沟通? 沟通什么内容? 想要在沟通后得到什么结果?”等问题,要在资料上,方法上,时间、地点的选择上做好充分准备,这样,我们才能使沟通在自己可控的状态下进行,这样可能使沟通得到我们想要的结果。

2. 与听众建立良好的关系

无论你面对的是一个人还是一个群体,如果你想要让他们接受你的观点,或者让他们能够听进去你讲的内容,你就必须与他们建立良好的关系。所以,在听者中建立良好的第一印象是十分重要的。

3. 准确表达信息

准确表达信息就是要把应该说的内容说清楚。许多因素会影响到人们对信息的准确表达,如口齿不清、方言浓重、逻辑混乱等。除这些外,比较常见的是语言缺乏精确,没有把应该交代的事情说清楚,这样做的结果定会导致听者理解混乱,以致不能统一。

一个撕纸的小实验能够充分说明信息表达不准确的结果。让被试者每人拿出一张 A4 白纸,告诉他们:

“每两人共分一张 A4 的白纸,每个人一半。

“将半张纸分成一样大小的四条。”

“将一条插在另一条的中间。”

这样的表达所造成的不统一的结果是显而易见的。

4. 潇洒地交流

潇洒是指行为自然大方,不呆板,不拘束,多用来形容神态和容貌,也指举止。潇洒不只是言行举止的超然神采、风度翩翩,更是一种境界,是自然、独具风韵的境界;潇洒是坦诚、是率真,更是对待生命诚挚的态度。由此可见,在沟通时以如此的姿态进行交流,怎会没有好的效果。

5. 信心十足地面对听众

就压力而言,群体带给个体的压力要比个体带给个体的压力高出许多。所以,在面对群体沟通时人们更容易在信心方面出现问题。其主要原因是:对评价的忧虑。由于个体面对群体沟通时,来自于群体的单向评价会使个体产生心理负担,从而使个体的信心遭遇挑战。为此,心理学的结论是,在任何存在评价的场合,人们一般都难以发挥自己原有的水平。

对地位的忧虑。高地位和重要性会对个体产生压力,该压力主要来自对自身可能存在的不足和缺陷的恐惧,高地位代表权力,重要性涉及利益,在他们面前暴露不足与缺点会导致个体受损,这种潜在的风险必会引起表达者的担忧。此外,陌生人、观点的不一致性、准备不够充分等都会使表达者产生忧虑。

要想让自己信心十足地面对听众,最重要的是充分准备:把自己能够想到的都提前做好;把该记住的内容都牢牢记在心中;做必要的预演,使自己对整体和细节能够达到全方位控制的程度。另外,一定要准备一个 10 分钟左右、能够吸引听众眼球的开场白,这样,开场 10 分钟后你便会自然地进入到轻松、自如的状态。对于新手,即使准备充分,也可能还会心跳加速地走上讲台,所以,掌握降低紧张程度的方法是有必要的。简单易行的方法有以下几点:

(1)用凉水冲洗手腕降温。上讲台前,如果心跳过速,去洗手间用凉水冲洗手腕对缓解紧张情绪会有帮助。

(2)深沉而缓慢呼吸。上讲台前如果紧张,做做缓慢、深沉、规律的呼吸,并将注意力集中在呼吸上。这种方法能够让自己的情绪逐渐恢复到平静状态。

(3)准备一只水杯。在紧张和忘词的时候,一只水杯或许能够帮你的大忙。讲话者在讲话期间喝水是很正常的事情,所以,在讲台上放一只自己平时用的水杯也是很正常的。刚开讲时如果因紧张忘了词,拿起水杯—打开盖—喝口水—盖上盖—放到台上,如果动作慢点,能够为自己换来一些思考的时间。另外,这个动作过程也能分散自己的注意力,分散紧张感。而这只自己在安稳、自在的环境中曾经一直使用的水杯,能够帮你回归日常,进而减少紧张感。

(4)把精神集中于讲述内容。心理学研究证明,人们在情绪紧张时,如果将注意力转移到与紧张不相关的其他方面,紧张情绪便能够得到缓解或消除。所以,无论自己是否紧张,都可以采用把注意力集中于所要讲述的内容上,便能够缓解、消除紧张情绪或避免出现这种情绪。

(5)设想自己是一位听众。如果你是一个听众,你如果对听到的内容很满意,你自然会给予讲演者肯定评价的,而这个讲演者正是你。如此一来,你还会因担心自己讲不好而紧张吗?

(6)正向自我暗示。“我千万不要紧张”等类的自我暗示属于负向自我暗示,这类自我暗示不但无助于降低紧张情绪,相反,还往往会导致紧张情绪加重。心理学认为,人的潜意识本身分不清楚概念的是非对错、正确与否,它只能接受肯定的信息。比如对“我千万不要紧张”这句话,人的潜意识会排斥“不要”这一否定信息,而接受“紧张”这一肯定信息。这就是为什么有些人越是想着“别紧张”却越来越紧张的真正原因。所以,选择正向自我暗示是避免不良情绪的正确方法,如自信、接受、顺利、成功、潇洒等。

美国著名心理学家威廉·詹姆斯(William James,1842—1910)认为,行动似乎是紧随感觉之后的,但事实上行动与感觉是并行的;行动受到意念的直接控制。同样,通过制约行动,我们可以间接制约感觉,而它是不受意志直接控制的。因此,假若我们失了自发的欢乐,那么通往欢乐的最佳方法便是快快乐乐地坐起、说话,表现得如同欢乐就在那里。如果这样的举动不能让你感到快乐,那就别无良方了。由此可见,如果你内在缺乏做好一次讲演的自信,你又必须走上讲台去讲演,那么,你可以在讲演时以自信的行动(肢体语言)面对听众,与此同时,你内心的自信便也会随之而生。

沟通是信息交流中一个非常复杂的过程。我们要学会的是:在思考问题时,将复杂的过程简单化,将简单的过程复杂化。这样才能培养我们慢慢成为一个赢家。

6.2 终身学习

终身学习是指社会每个成员为适应社会发展和实现个体发展需要,贯穿其一生的、持续的学习过程,即所谓“活到老学到老”。20世纪60年代中期以来,在联合国教科文组织及其他有关国际机构的大力提倡、推广和普及下,1994年“首届世界终身学习会议”在罗马隆重举行,终身学习在世界范围内达成共识。

终身学习是不断发展变化的客观世界对人们提出的要求。学习不仅仅局限于对某些知识和技能的掌握,还能够使自己聪慧文明、高尚完美和全面发展。正是基于这样的认识,人们始终把学习当作一个永恒的主题,反复强调学习的重要意义,不断探索学习的科学方法。同时,人们也越来越认识到,学习与实践一样永无止境,即古人所说:吾生而有涯,而知也无涯。当今时代,科学技术飞速发展变化,新情况、新问题层出不穷,知识更新的速度大大加快。人们要适应不断发展变化的客观世界,就必须把学习从单纯的求知变为生活的方式,即终身学习。终身学习能使我们克服工作中的困难,解决工作中的新问题;能满足我们生存和发展的需要;能使我们得到更大的发展空间,更好地实现自身价值;能充实我们的精神生活,不断提高生活品质。

6.2.1 建立学习是为自己的价值观

从客观角度看,一个人因学习而获得的知识积累及能力提升可对社会作出贡献。但从个人主观上来说,因学习获得知识、提升能力的直接结果,就是带来人们自我需要的满足以及在贡献社会——得到回报后而产生的幸福感。所以,虽然我们提倡人们为社会发展、人类进步而学,但在主观上,建立学习者为自己而学的价值观,更能够激发个人学习的动力。在大力提倡建立和谐社会的今天,唯有放弃理性但却虚浮的价值说教,还人们以与其个人需要满足紧密联系,并不用说教便能够被他们全然接受的价值观,才是最有意义的。

一种成熟的价值观其实是社会和谐及人际平衡架构建立的重要条件。管理者提高其个人价值观的成熟水平,对增进团队和谐建设具有十分重要的意义。下面,将围绕"关怀"(社会评价水平的高低)、"勇气"(个人获得利益的大小)与个人损、利的关系(见下图),对管理者价值观的成熟水平进行讨论。

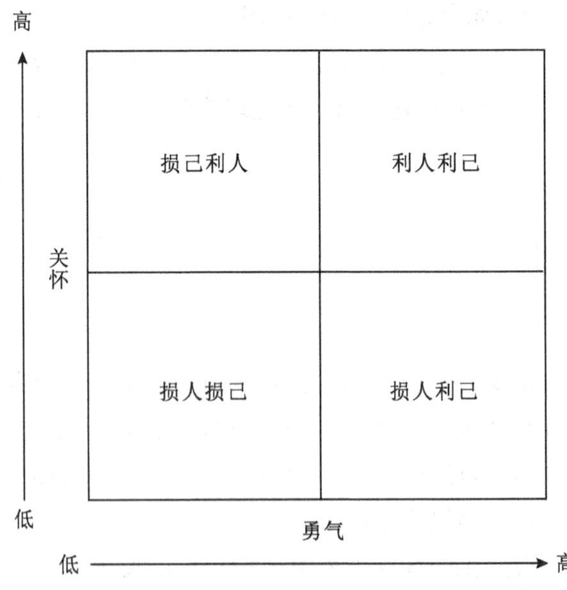

在任何平衡中,每个人的权利和需要都能够得到满足,是平衡得以形成、不被打破的重要条件。如上图所见,"损人损己"的价值观及其行为的信度、效度均为最低水平。从"关怀"看,其社会评价水平最低;从"勇气"看,个人获得利益的水平同样最低。所以,这种使个人利益与他人利益同时受损的行为是没有任何价值的行为,故必然为所有人不齿。"损人利己"的行为虽然对个人来说"勇气"较高,但"关怀"水平很低。所以,每一个社会化的职业者都明白,以此价值观支配自己行为的结果,最终会使自己加倍受损。"损己利人"虽然能够得到较高的"关怀",但却始终与个人利益受损相伴(虽然一些人会因痛而快乐),即便是"损己"者自愿,大力提倡亦有失社会公平,另外,此价值观亦与团队保护和尊重每一个成员权利的价值取向相悖。"利人利己"的价值观及行为,具有最高水平的"关怀"和"勇气",故其是真正健康和成熟的价值观。心理学"指头理论"支持我们对这一价值观的判断。该理论认为,一只伸开的手的五个指头分别代表五类人:拇指——领导;食指——中层;中指——基层;无名指——其他人;小拇指——所有人。从保证团队力量不至受损的角度看,在一个团队中,缺少任何一类人团队都是不完全的,都会丧失其部分功能。故在团队中,成员之间唯有"利人利己",其才能保持平衡,实现和谐。学习是为自己的价值观是"利人利己"的价值观,获得知识、提升能力能够使"勇气"达到较高水平,在获得知识、提升能力后贡献社会,亦能够得到较高水平的"关怀"。所以,学习是为自己的价值观是能够使个人与社会双赢的价值观,是具有较高成熟水平的价值观。

6.2.2　人多"术"来自于学习

术,古人释为"邑中道也"(东汉·许慎《说文》),即城市中的道路。也做方法、策略、权术、计谋、技艺解。现多指技艺和方法。人具有的技艺和方法都是后天通过学习得到的,所以才有学而有术和不学无术之说。有人认为,有 80% 的人学而有术,10% 的人学而无术、不学无术,另有 10% 的人不学有术。虽然学而无术和不学有术值得推敲,但其本意是说,绝大多数人必须通过学习才能获得知识、技艺和方法。研究者认为,人求"术"的学习,可以从不同的起点展开,形成循环且不分先后:从获得经验开始学习(实践和具体做些什么);从反思阶段开始学习(思考经验);从理论化阶段开始学习(从经验中找出规律或得出结论,总结其中的经验教训)以及从应用阶段开始学习(以理论化的结果指导行动或调整做事方式)。其中,反思是从经验中学习的关键。需要做到:对学习进行理性和实际思考(动机);认识到情感和直觉的重要性;思考表象后面的真实含义;与他人讨论和交换意见;通过主观努力,积极实践。

求"术"的境界始于学而有术,经学而有趣,终于学而有道。即从因需而学到因乐而学,直至将需要和乐趣融为一体而将学习养成为习惯。学习的方法多种多样,是否有效因人而异。一些将学习养成为习惯的学者提醒我们,非正式场合可能比正式场合学习的效果更好,从培训中获得的知识将来可能有用,是为了让我们抓住和创造学习的机会。但是,许多借口会成为我们逃避学习的障碍使我们的学习受阻,如太忙(虽然每天会接打许多无用的电话、发许多垃圾短信或微信狂聊);认为当前的学习与自己无关(不知何为未雨绸缪);自满(不明白书到用时方恨少);因失败的培训经历而讨厌学习(摘不到果子而迁怒树根);破罐子破摔(不知道努力不一定会成功,放弃一定会失败)。为此,我们一定要审视和分析自己所面临的障碍,找出跨越这些障碍的方法,借助自己的意志力将障碍甩到身后。

6.2.3 珍惜时间

人常说生命有限,是相对漫长时空而言。所以儿时父母、老师都会以"一寸光阴一寸金,寸金难买寸光阴"来教导我们珍惜时间。但是,慢慢长大后,忽然一天在某个时间点上停下来回首身后的旅途时我们会发现,在过去的许多时间点上,因为各种原因让我们将珍惜时间的观念抛在脑后,将许多宝贵的时间随意浪费掉了。虽知犯错,但想挽回为时已晚。我们所浪费的今天,是昨天死去的人奢望的明天;我们所厌恶的现在,是未来的我们回不去的曾经。时光逝去不会再来,生命走过今天便只有明天,这些妇孺皆知的道理本应该让所有人都去像珍惜生命一样珍惜时间,但"今日复明日,明日何其多"却经常让我们把"时间不可复制"丢在一边。所以,在以后的岁月里,珍惜时间、用好时间是非常重要的。

每一个管理者都应该做管理者而非操作者;做应该做的事,而不是只做喜欢做的事;把别人能做的事交给别人做,把只有自己才能做的事留下来自己做;越忙,越要想到别人……一定要学会"授权管理",因为彼得·德鲁克的"十大兵法"之第一,就是告诉我们"分权与授权"才能引发学习动机。同时,我们还应该记住他的另一句话:"认识你的时间。"只要你肯,就是一条卓有成效之路。

对每一个管理者和领导者来说,工作高效率的秘诀就是授权管理。现代工商管理学告诉我们,一个管理型的领导者经由有效的授权,每投入 1 小时便可以产生 10 倍、50 倍甚至 100 倍的成果;事必躬亲的领导者从来只会以低效率的授权指导下属工作,其结果便是他花 1 小时只能产生 1 个单位的成果,其授权和成果是同一的。

一个管理型的领导者应该分清主次,确定好目标,把主要时间和精力用于调查研究、计划、组织、领导和控制,并注意控制别人的行为对自己时间的影响。另外,花些时间在调查研究上是非常重要和必要的,因为"没有调查研究就没有发言权""没有正确的调查同样没有发言权"。对于调查研究工作,每一位领导者都要向民主革命时期的毛泽东看齐,虽然大多数领导者很难超过毛泽东,但看得高些,才有可能走得更远。

约翰·鲍尔多尼(John Baldoni)在《领导们如何避免沉浸在繁忙的工作中》(http://blogs.bnet.com.cn/?uid-22876-action-viewspace-itemid-22617,2011 年 10 月 26 日)一文中,以著名的伯克利餐厅(Chez Panisse)的创始人爱丽丝·沃特斯(Alice Waters)就此问题所提出的建议和方法进行了概述以供领导者参考。

在领导的挣扎中新兴的一个概念就是管理可以被解放。他们往往忙于管理而使自己淹没在太多的工作之中。为此,他们应该:

问问员工还想做什么事情。和他们谈话,了解他们怎样才可以腾出时间做他们喜欢做的事情。

安排一个"想一想"的下午。安排他们花一些时间做他们喜欢的项目,或者想出一些可以帮助整个部门更有效的新想法。

组织不在场的具体项目讨论。在某些圈子里,不在现场的讨论被认为是荒谬的,是对时间的浪费。这是因为他们计划不周。我所认识的成功组织这种讨论的管理者们是有目的地做这件事情。一种方法就是给出一个问题让你的团队去思考。讨论话题应该包括一些全部情况的问题,例如什么阻止我们实现目标等。让他们说出解决问题的方法,让他们彼此合作解决这个问题。

试着委托决策。因为你不喜欢做而将一件事情交给下属去做是一件事,而赋予他们做决定的权力却是另一回事。前者可以瞬间清除你的办公桌,而后者可以清除你的日程安排,这样就可以站在战略的更高层次来帮助你的团队和组织。

一个高效率的领导者,应能够在诸多工作中确定工作目标的优先级:

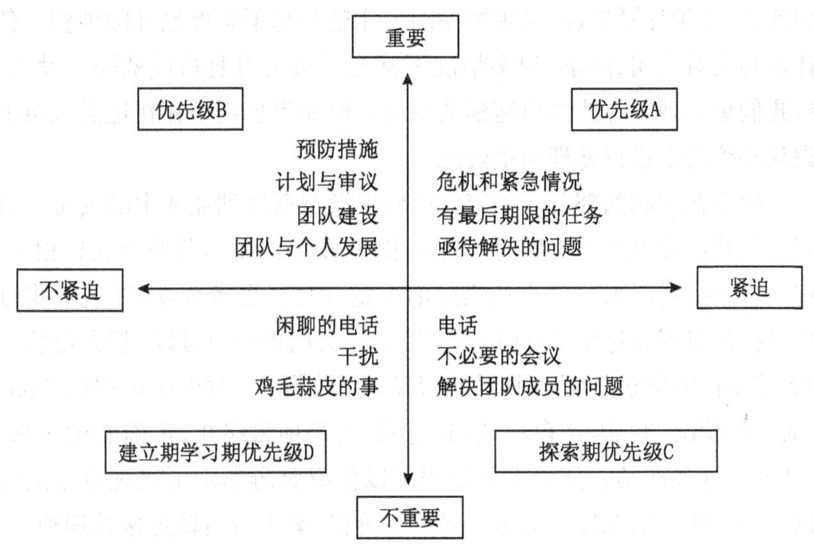

柯维领导中心的创始人,美国著名的管理学大师史蒂芬·柯维(Stephen Richards Covey,1932—2012)等人在他们撰写的《要事第一》(北京:中国青年出版社,2013.)一书中,提出了一个截然不同的时间管理方法,那就是以原则为中心的方法,它超越了推崇更快捷、更努力、更机灵的传统方法,不是给你提供另外一个时钟,而是给你一个罗盘——因为比速度更重要的是前进方向。在书中的第二部分,作者提出了"主要的问题是将主要事情放在主要位置的观点"。该观点在史蒂芬·柯维的另一本著作《高效能人士的七个习惯》(北京:中国青年出版社,2008.)中的第五章习惯三"要事第一——自我管理的原则"中做了充分的阐述。他认为,所谓要事就是你本人认为最值得去做的事情,它不仅为你指明正确的前进方向,并且帮助你实现使命宣言中所提到的"以原则为中心的目标"。

他认为,把握要事的关键是依据事情本身的重要性来安排日程,而不是优化现有的时间表。他认为,所有活动都可以根据重要性,即你认为有价值且对你的使命、价值观及首要目标有意义的活动和紧急性,即你或别人认为现有立即处理的紧急时间或活动来区分。

迈克尔·赫斯(Michael Hess)在《领导者应果断处理危急业务 》(http://blogs. bnet. com. cn/? action-viewspace-itemid-22324,2011 年 9 月 19 日)一文中提出"在出现临门一脚的机会时,绝对不能犹豫"。换句话说,就是在问题已经成为定局的时间,领导者要做的决定就是马上结束。毕竟,处理问题属于公司运营的内在组成部分。所以说,尽管有部分问题可以自行获得解决,但总是会有些问题不能做到这一点,而它们所需要的就是领导者进行干预,强制实现必然的结果。

迈克尔·赫斯(Michael Hess)列出了需要领导者马上关注的三种情况。

团队中不起好作用的成员。对于员工来说,必定存在可以通过培训、指导和其他能力开发项目进行提高的类型。当然,这也就意味着还会存在不能获得提高的类型;他们就是不适合公司文化,并且永远也做不到这一点,属于会对公司正常运营带来严重威胁的因素。因此,对于领导者来说,必须要做的工作就是毫不犹豫地开除他们。任何时间,都不应该让这种人对公司、同事,很多情况下甚至是员工自身造成威胁。没人喜欢辞退员工,并且,我们也都理解寻找借口拖延的原因。但如果公司中存在这类人员的话,领导者需要意识到必须马上进行处理的重要性。

库存产品中存在问题的部分。固定资产属于没有返回到业务中的资金,这种情况不会因为时间的推移而得以改善。而对于公司来说,现金流则与营业额息息相关。统计损失或者处理问题产品看起来属于不切实际的决定,因此,很多企业家(包括我自己在内)都会将处理过程拖得程序过紧、时间过长;并且,还会出现幻想可以"想方设法"把产品销售出去,或者获得比实际价值更高回报的情况。但实际上,对于存在积压产品的公司来说,不论造成这种情况的原因是存在缺陷、过剩,还是项目终止,正确的做法都应该是迅速、积极地处理掉这些产品。公司不要幻想可以依靠蹩脚的降价措施带来运气,让损失的资金得以收回。明智的选择应该是不要关注价格,毫不留情地迅速处理掉。对于公司来说,尽管这样处理会在资金方面造成不少损失,但整体业务将不再会受到来自该部分的威胁,并且可以通过这一过程回收到资金。不要像守财奴那样将所有东西都保存起来,正确的做法是马上处理掉它们。

错误的业务交易、项目和行动。对于公司来说,不是所有努力都可以获得成功的。合作伙伴关系破裂、预定交易告吹、计划项目没有兑现、资金投入到无底洞中,都属于可能出现的情况。在问题出现时,关注重点就应该变成确认项目是否还可以进行下去;如果能够证明可以(或者能够)修复,就应该坚持下去;如果发现确实无法继续下去,领导者就应该毫不犹豫地予以终止。如果在该项目上犹豫不前耗费过多的时间,不仅会给公司在时间、资金和机会等方面带来浪费,而且还有可能导致其他类型的损害也浮现出来。因此,对于领导者来说,如果交易、联系或者项目已经无法正常完成的话,就应该当机立断地作出立即结束的决定。

迈克尔·赫斯认为，对于绝大多数人来说，在本能中都存在进行“拯救”活动的想法和企图；但是，确实有些事情属于无法或者不应该被拯救的情况。领导者务必牢记，相比采取鸵鸟政策逃避现实导致的长期疼痛，当机立断作出决定带来的短期痛苦少得多。

为提高工作效率，我们还应该做到：每天在重要但不紧迫的事上适当花费一些时间；分析一下自己何时工作效率最高；为重要的工作选择最佳的时间；确保在做重要工作时不被打扰；预见和及时处理问题；养成并坚持良好的工作习惯；根据工作的优先级确定每天的目标和工作方式；严格执行计划。提高工作效率，还必须学会应付打扰：找一个安静的场所；站起来接待来访者；给来者约定会面时间，有话在先，说到做到；看表暗示；直接说你很忙；以铃声做来电提示。对随意占有你时间的人说不是完全应该的，因为拒绝不珍惜时间的人对他们无害，让随意占用你时间的人走开是你的权利。

6.3　坚持到底

对哲学问题的讨论是哲学家的习惯行为，也是他们永久的话题。唯物、唯心、辩证法、方法论等，论道高深，百姓常觉得遥不可及。即便是有些文化、能舞文弄墨的“贤人雅士”，也多自认难与哲学沾上什么边际，故也少谈这一“经道”。其实，哲学离百姓并非遥不可及，也并非高不可攀，因为，他们懂得，看到的就是现实的存在，他们知道，芸芸众生吃喝拉撒、生老病死都是规律性的东西。

人，裸体降生于世之初，无条件反射的吮吸功能，均是在慈母温柔的眸光下，辅之以将奶头送入乳儿口中方使孩儿的这一功能的价值得以实现，这种使能的行为便是哺育的规律，也是育儿的哲学。在这一哲学行为的过程中，作为母亲的使能者，采用唯一而无有其二的方法，将所有人认同的两个人体的某部分连接起来，过程之中，使能者与被使能者达至统一，行为往复，实现内化，从而使一个亿万年来从动物演变为人类而延续下来的永恒的“给养”行为便在哲学的过程中圆满画上逗号。虽然猴子等灵长类动物和一些中、低级哺乳动物也跟人类一样采用这种方式哺育后代，但那些亿万年前的现代猴子的祖先们怎会想到，作为健康猴子的他们，却被我们这些有可能由“残疾猴子”（注：探索性研究——人类是残疾猴子演变而成，此论有争议）所演变来的后代所主宰，他们哪里会料到，我们在多数哺乳动物都具有的行为中谈论规律、哲学。

人类要继续走下去，能不能与哲学沾上边际的行为还都在继续。所以，我们不能画上句号。千万不能画下句号，因为人类期望永远延续。没有句号，是因为所有人在长大的过程中还要不断地“吃奶”，要按照规律把其他哲学行为继续下去。没有句号，也像哲学，从来没有想过自己哪一天会终结。而生命的哲学，就是今天我们生了，就意味着明天必然要死;但在活着的时候,我们必须继续努力,必须坚持到底。

6.3.1 苦尽甜来

母亲生育儿女的过程是一个由痛苦到快乐的过程,亦是先苦后甜的过程。在阵阵剧痛中忽然听到自己的儿女呱呱坠地,那份快乐难以言表。学习的过程也是一个先苦后甜的过程,儿童期被父母、老师“逼迫”而学,初中、高中被升学“逼迫”而学,大学本科、研究生被就业“逼迫”而学,这些学习过程,虽然在获得学习成果后也会有喜悦相伴,但总体是一个辛苦、艰苦的过程。工作了,几十年辛苦学习所渴望的甜才会到来。

由学习至工作的过程是先苦后甜的过程;由工作到获得新的、更好的工作的过程也是先苦后甜的过程;由一个普通的职业者到一个职业的成功者的过程还是先苦后甜的过程。从这些过程看,苦一直在前,甜一直在后。对一个一直向前走的人来说,在成功的旅途上,苦的结果是甜,而甜又是下一个苦的开始,以始为终,周而复始。

中国现代著名作家、文学研究家钱钟书先生(1910—1998)在他的著名小说《围城》一书中对吃葡萄的人做了这样的描述:天下只有两种人。譬如一串葡萄到手,一种人挑最好的先吃,另一种人把最好的留在最后吃。照例第一种人应该乐观,因为他每吃一颗都是吃剩的葡萄里最好的;第二种应该悲观,因为他每吃一颗都是吃剩的葡萄里最坏的。不过事实上适得其反,缘故是第二种人还有希望,第一种人只有回忆。如果是你,你会用哪种方法吃葡萄?你又会是哪一种人呢?

多数人都喜欢舒适、自由、宽松的环境,不喜欢艰苦、紧张、压迫的环境。之所以如此,其原因在于人们从出生开始,其生理和心理对舒适的需要往往都能够得到满足,诸如饿了会被喂饱,冷了会给穿衣,困了会被摇着睡觉……一旦没有舒适,孩儿便以哭闹表达不满、进行反抗,而父母所做的就是迅速采用各种方法让孩儿恢复到舒适之中。父母的呵护会让这种舒适在幼儿的身心上刻下深深的烙印并得到不断强化,使这种被强化的对舒适的接纳印刻在他们的意识之中,以一种生理和心理的对舒适的快乐反应被存留下来。甜能够带给人们舒适的反应和体验,苦则完全相反。所以,从人的身心接受性上看,甜总是会被接受,而苦通常会被拒绝。但是,对一个社会化的人来说,他的思维意识已经能够判断出苦与甜之间的辩证关系,当他意识到苦的结果是甜或吃很多的苦后能够得到更多的甜的时候,他们会抑制自己身心对暂时的苦的反抗,以自身的意志力接受本不愿意接受的苦,并在咬牙经历这一过程后,去得到自己希望得到的甜。正因为如此,对每一个社会化的人来说,先苦后甜都是他们能够做到的。只要他们在面对苦的时候能够具有一定的意志力,苦尽甜来对他们来说就是一个规律性的过程。

水滴石穿,不是因其力量,而是因其坚韧不拔、锲而不舍。驽马十驾,不是因其速度,而是因其努力不懈、功在不舍。俗话说:“世上无难事,只怕有心人。”世界上很难办到的事情,只要人们用心去做,总是有可能成功。不论做什么事,如不坚持到底,半途而废,那么再简单的事也只能功亏一篑。坚持的昨天叫立足;坚持的今天叫进取;坚持的明天叫成功。

没有坚持,爱迪生就不会忍受十年、五万次左右失败的煎熬,最终将蓄电池研制成功;没有坚持,怀特(Elwyn Brooks White,1899—1985)《吹小号的天鹅》(上海:上海译文出版社,2004.)中的雄天鹅路易斯就不会用小号吹出心灵深处的歌打动了塞蕾娜;没有坚持,就没有美国伟大的聋盲哑作家、教育家海伦·凯勒(Helen Keller 1880—1968)的成功……

孟子在他的《生于忧患,死于安乐》(《孟子·告子下》)中写道:"故天将降大任于斯人也,必先苦其心志,劳其筋骨,饿其体肤,空乏其身,行拂乱其所为,所以动心忍性,曾益其所不能。"黄檗禅师曾以"不经一番彻骨寒,怎得梅花扑鼻香"(《上堂开示颂》)鼓励他的弟子;郭沫若曾告诫学子说:"读不在三更五鼓,功只怕一曝十寒。"这些大家想要告诉我们的道理其实很简单,就是我们现在常说的:不经历风雨,便见不到彩虹;不坚持到底,就不会有成功。

没有坚持,当然不会有苦,但同样他们也不会品尝到最终的甜。

6.3.2 坚持中也要学会适度放弃

在接受教育的过程中,教育者经常教导我们"狭路相逢勇者胜",那是希望我们在面对竞争时要有必胜的勇气和精神,要有坚强的意志力和不屈不挠的战斗力。对受教育者来说,这当然是正确的和有意义的。但是,当许多职业者在进入职场打拼一段时间后,他们会发现,勇往直前有时会被碰得头破血流;不屈不挠有时会让自己身心疲惫。因为,在受教育的时候,他们几乎从来没有听到过哪位教育者给他们讲过"狭路相逢宜转身,往来都是暂时人"的道理。中国目前的初等教育,已经从"做人教育"异化为"升学教育",教育者在为学生能够进入更好的大学而拼命强化学生的应试能力的过程中,早已把如何做一个健康的人的教育抛到九霄云外。

在经历了被异化的中等教育之后,学生们一股脑地冲进大学。大学的学习环境相对宽松,这使许多学生在努力学习专业课程的同时,有时间阅读各类书籍、参加各种社团活动、听各类知识讲座等。在参与各种活动之后,学生们会发现,学习成绩固然重要,但已不像中学那样被视为评价学生的"唯一标准"。众多优秀学生聚集一起,也让他们更加深刻地体会到什么是"人外有人,天外有天"。这时的竞争已不再局限于专业学习的能力和成绩,而是扩展到许多方面。这时,如果谁精力充沛又好奇又信心满满地去参加各种活动、参与多种竞争,他们便会不断品尝到失败的味道。这些参与者成功和失败的经历,会给亲历者和旁观者带来直接或间接的经验和教训。让他们透过观察和反思意识到,有选择地参与,把该放弃的放弃,才能够让自己集中精力把应该做的和一定要做的事情做好。同时,他们也会明白:无论自身条件如何好,要想总是在各种竞争中不败,是根本不可能的事情;不是所有东西都是自己的;自己没有时间和精力把许多自己喜欢做的事情都做好。

坚持中学会放弃，才能让自己轻装上阵，才能朝着目标快步前行。

下面这则故事，能够增强我们对意义放弃的认识。

一个青年背着包裹千里迢迢拜见无际大师（唐代著名高僧，法名希迁，700—790），他对大师说："大师，我孤独、痛苦、寂寞。长途跋涉让我极度疲倦；我的鞋破了，荆棘割破了双脚；手也受了伤，流血不止；嗓子因为大声呼喊而喑哑……为什么我还没能找到心中的阳光呢？"

大师问："你的包裹里装的是什么？"青年说："它对我太重要了。里面装的是我每一次跌倒时的痛苦，每一次受伤后的哭泣，每一次孤寂时烦恼……靠着它，我才能走到你这儿。"

无际大师带青年来到河边，他们坐船过了河。上岸后大师说："你扛着船赶路吧！"青年惊讶："这么沉的船，我扛得动吗？""是的，你是扛不动它。"大师微微一笑道："我们过河时，船是有用的。但过河之后，我们就要把它放下赶路，否则它会变成我们的包袱。痛苦、孤独、寂寞、灾难、眼泪，这些对人生都是有用的，它能使生命得到升华，但须臾不忘，就成了人生的包袱。放下它吧，孩子！生命不能太负重。"

青年放下包袱，继续赶路，他发觉自己的步子轻松而愉悦，比以前快得多。

俄国作家列夫·托尔斯泰（Лев Николаевич Толстой，1828—1910）说："人生并非游戏，因此我们没有权利随意放弃它。"不过，人生"有为有不为，知足知不足"，才会让我们好而不累。

6.3.3 管理生涯成功要领

如果你想成为更高层面的管理者，那么，你一定要注意下面一些事项。

1. 考虑发展

每个职业者都必然希望得到职业发展和职位提升。发展的向度包括纵向发展，横向发展和双重阶梯发展三个向度。

（1）纵向发展。在职业发展体系里，纵向发展指的是传统的晋升道路，即行政级别的晋升。在传统的晋升里，如果出现职位空缺，从内部招聘岗位成员是机构的首选。机构所有的招聘信息都会在办公信息平台上优先向内部员工发布，如果你对这些职位有兴趣，可以与部门领导者沟通、向有关部门提出申请。你必须做好笔试、面试准备。如果你工作勤奋、表现出色、能力出众，又与领导、同事关系良好，你便有可能得到晋升的机会。

（2）横向发展。在机构结构日趋扁平化的今天，传统行政级别的晋升涉及的人数较少，如果缺少纵向发展的机会，你可以考虑横向发展。横向发展包括扩大现有工作内容和工作的轮换。扩大现有工作内容指在员工的现有工作中增加更多的挑战性或更多的责任,比如安排执行特别的项目、在一个团队内部变换角色、探索为服务对象提供服务的新途径;工作轮换是指在机构里的几种不同职能领域中为员工做出一系列的工作安排,或者在某个单一的职能领域或部门中为员工提供在各种不同工作岗位之间流动的机会。获得上述机会,自然需要相应的条件,你不妨用心早做准备,这样才能在机会面前更加具有竞争力。

(3)双重阶梯发展。每一个机构中都有双重阶梯的晋升路线,旨在为专业技术员工提供双重阶梯的职业生涯路径,向他们提供与管理人员平等的职业发展机会。这样的设计不仅可以使技术员工感到被企业重视,提高其忠诚度,同时也可以使他们做到岗位相互匹配,并且提高自身的创新能力和适应变化的能力。

双重阶梯的职业生涯路径模式设计了多条平等的晋升阶梯。在双重阶梯的职业生涯路径模式下,能够使晋升到机构中、高层职位的员工大幅度增加,避免所有人都拥挤在管理岗位的独木桥上,使各类型岗位上的员工都有了更多的发展机会。双重阶梯的发展标志是职级的上升,而不是行政级别的变更。职级的增长伴随着薪酬的提高,也伴随着责任的加大,工作任务的丰富化。如果你具有技术专长,可以考虑在技术阶梯上发展,同样能够成为中、高层管理人员。专业技术等级的晋升与行政级别晋升一样,达到相应高度同样能够得到相应的管理权限和待遇,也一样能够得到应有的尊重。

2. 支持上司

在任何情况下,与你的上司作对都是愚蠢的。不要相信你对他的反对能够得到他的谅解。所以,全力支持他的工作,用实际行动把他交办给你的事情做好,在别人反对他的时候跟他站在一边,是一个下属永远要做的事情。有人会问,难道领导做错了事情,还要支持他吗?这个问题的答案很简单:你永远支持的是你的领导,而不是支持他的错误。

3. 寻找导师

寻找一位成功的人做你的导师,他能够帮助你辨别方向,为你指点迷津。无论你多么聪明、多么有才干,你都摆脱不了与其他人一样无法洞悉全局的弱点。如果能找到一个德高望重、职位较高、睿智渊博的人作为自己职业生涯的导师,定会为你的成果提供巨大帮助。

4. 不要在最初的职务上停留太久

所有成功的职业者都深谙这样一个道理:“要么在第一个职务上真正干出点成绩,要么尽快接受一项新的职务轮换指派或选择一个新的职务。”因为在最新的职务上很快转换到不同的工作岗位上的人会向他人发出一种你在“快车”上的信号,这将有利于你得到更多的晋升机会。

对于一个人的职业生涯来说,至关重要的是前三年,这三年如果比较顺利,没有什么曲折的话,以后的人生道路和职业生涯就会好走许多。如果个人品行端正,并能够在工作上取得绩效、建立良好的人际关系,3 ~5 年时间,足可以让一个人在职业上跨进一步。

5. 适度可见

不见不知道,老见亦会产生“审美疲劳”,为此,让自己在领导者面前适度可见,是最为合理和安全的。由于人们对他人工作业绩的评估常常难以避免主观性，所以，让你的领导和机构中有权力的人意识到你的贡献是职业生涯成功的重要手段。如果你没有机会争取到机构中最关键的工作，或者你只是某个小团队中的一分子，你的能力和你对团队的特定贡献便很难被他人认知。因此，你必须设法提高自己在领导者面前的可见度。如找机会向你的上级汇报工作情况；与正在评价你的人多接触，向他们展示你优秀的一面；在开会时坐在领导对面并简要说出你事先精心准备好的三点意见等。

6. 获得对组织资源的控制

组织资源是组织拥有的，可以直接控制和运用的各种要素，这些要素既是组织运行和发展所必需的，也是通过管理活动的配置整合，能够起到增值作用，为组织及其成员带来利益的。

按资源的内容来分，组织资源包括：人力资源、关系资源、信息资源、金融资源、形象资源、物质资源六类。按资源的表现形态来分可分为：有形资源和无形资源。在组织的各项资源中，由于人力资源是一切组织活动的实践者，是组织资源增值的决定性因素和唯一起创造作用的因素，所以，人力资源发挥着统领各项资源的主导作用，处于核心地位。

一个合格的领导者或管理者，必须有能力控制组织资源，为此，他们除了必须具备与其职位相适应的领导能力或管理能力外，还应该具有相应的专业技术能力和财务知识。因为，在绝大多数机构中，都有诸多专业技术工作岗位和人员，财务工作更是所有机构中必不可缺的重要工作；所以，领导者或管理者只有在专业技术和财务方面成为内行，才能心明眼亮，才能有效控制好组织资源。

7. 了解权力结构

在每一个机构中，权力结构中的核心人物就是真正能够控制机构局面的人。了解这个人，你才能通过有效方法让他了解你，你才可能得到提升的机会。

8. 展现正确形象

如果你在机构中做专业技术工作，你在工作岗位上穿什么衣服可全凭自己的兴趣爱好，只要不影响工作，谁也不会眯着眼睛看你。但是，如果你是机构中的高层领导，你的穿戴就一定要与你的职业岗位相匹配了。当然，展现正确的形象并不仅仅如此，与你职业、岗位、身份相匹配的所有肢体语言，都是你需要学习和掌握的。

9. 做好工作

把自己的工作做好，提高自己的工作能力，在工作中不断创造工作业绩，是职业生涯成功的必要条件。不具备这一条件，你的职业生涯对你来说永远就是一个词汇而已。

10. 审慎选择第一项职务

职业者对第一个职务的选择至关重要。如果你具备选择职务的条件，在选一个有权力的部门的基础上选择“最关键的工作”，对你的职业发展一定大有裨益。“最关键的工作”是指对你所在机构发展至关重要，并被上级领导最为重视的工作。通常，许多人跟你一样都想得到这个职务，你仅仅“鹤立鸡群”还远远不够。你必须调动各种资源抓住权力结构中的核心人物并得到同层和下属的赞成票，才会成为该职务的最终拥有者。

6.3.4 追求自由的征途中，付出的代价是自律

每一个人都是崇尚自由的，人的一生是追求幸福的一生，但没有自由，幸福彼岸不会存在。当人们的诸多需要都能够得到满足的时候，人们便会成为一个自由的人。不过，要想获得多种需要的满足，必须为满足需要创造条件。这些条件主要有金钱、工作、婚姻、家庭、友谊、爱情、名利、享乐、信仰等。然而，想得到这些条件并非易事，如果不作出努力，特别是如果不能以原则规范自己的行为，那么，最终不但得不到自由，还可能付出生命的代价。所以，要追求自由，必须同时付出代价，这个代价就是自律。

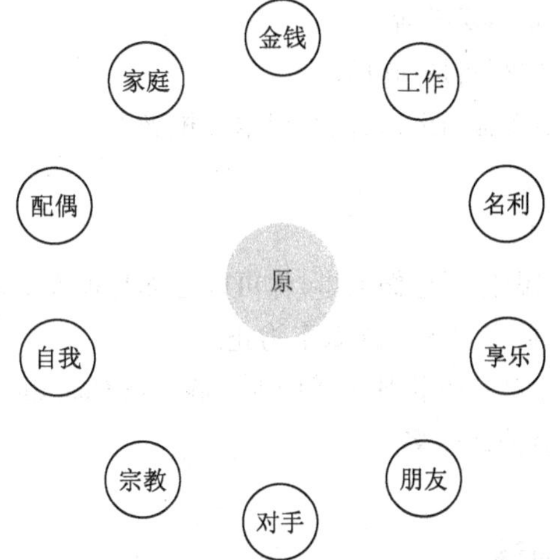

在追求能够使自己获得自由的条件的过程中，每个人都必须管控好自己的行为，其中最为重要的，也是必须要做到的就是对不义之财说“不”。

人在初次面对金钱或其他物质利益的诱惑时，会瞬间出现“无力拒绝症状”。此时，减缓或消除此症状的良药就是说“不”，如果及时以说“不”予以拒绝，以后在面对同样的情景时继续说“不”的概率就会增大，继续坚持，便会逐渐成为习惯。相反，如果没有对引起“无力拒绝症状”的事物进行语言和行为上的拒绝，那么，该症状会在以后各种利益的刺激下不断得到强化，最终使人患上“无力拒绝症”。对某些人来说，此症具有较强的依赖性，一旦患上便难以治愈。所以，较早得到预防此症的良方，即学会说“不”，是人们避免患上此症的重要条件。

不是所有的人都能够在需要说“不”的时候就能够将“不”脱口说出，也不是所有的“不”都能够产生拒绝的结果。因为，张口说“不”，并让它真正产生拒绝的效果，是需要通过训练才能够被人们掌握的。具体方法如下图。

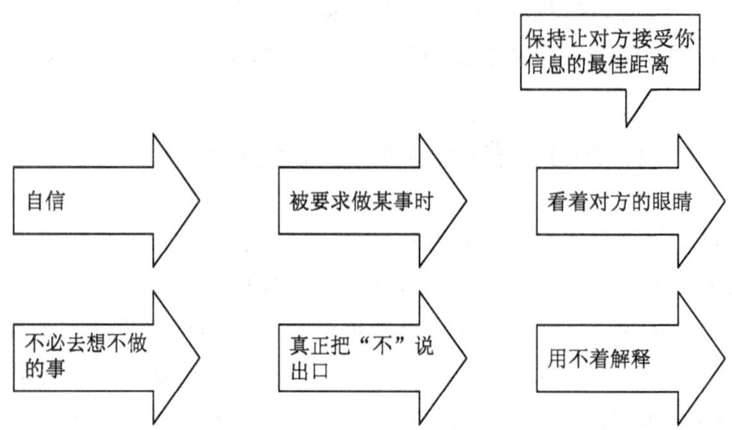

要相信自己；

在被要求做某事时，先不要说话；

看着对方的眼睛，最佳距离是90厘米；

不要去想别人想让要你做的事情，因为根本没想做；

坚定地说“不”；

不去解释为什么说“不”。

如果对方继续要求你做你不想做的事，你可以把你与他面对面的距离逐渐缩短到50厘米、30厘米……直到他放弃要求让你做事为止。

所有人都应该记住喜剧大师卓别林(Charles Spencer Chaplin，1889—1977)的话：学会说“不”吧！你的生活将会美好得多。

6.3.5 人生难圆满

追求圆满，是人生很高的境界。讨论如何做人，怎样做事，形成什么能力，掌握多少知识，以及坚韧不拔、百折不挠……再就是赚到很多的钱、开豪车、住大宅等，都是因为人人都想幸福一生。既然是人心所向，所以无可厚非。

但是，走过一生，在生命的终结点前回顾的时候，多数人都会发现，即使做了许许多多的努力，即使为他人和自己做了许许多多善事，即使拥有万贯家私，还可能觉得没有圆满。因为，你还有许许多多想做的事情没有做，还有许许多多的希望没有实现，还有，就是许许多多的人，没有事先在另外一个世界购置好“精神家园”。

人生难圆满。每个人的人生，都被上苍画上了一个或几个空白的圆圈，没人想要但却如影随形。

人总是要死的。中国西汉伟大的史学家、文学家、思想家，《史记》的作者司马迁(约前145—前87)在《报任安书》中写道：“人固有一死，或重于泰山，或轻于鸿毛，用之所趋异也。”意指人在有生之年干一番事业，就比泰山重，活得就有价值；如果无所作为，就比鸿毛还轻,活得无价值。虽然的确如此,但人的一生无论轻重,死,都属于所有人……

人生来就开始向死亡迈进。这里说迈进,好像是说我们生来了就赶着去死,其实这不是笔者的本意。我的理解是,我们在父母的特殊运动中有了生命,好不容易怀胎十月呱呱坠地见了人间,而不健康的人却难料能活多长时间,天灾人祸哪一天突然降临更是身不由己。即使我们一生特别健康又无任何带走我们生命的各种意外发生,或有家族长寿基因,或又正好生在意大利的撒丁岛,或身上还有什么科学家现在还没有发现的可以让我们长寿的东西等等都集于我们一身……我们顶多也就活个百十来年。

2007年1月31日英国《太阳报》载文:意大利撒丁岛西拉努斯村百岁老人的拥有概率是其他任何地方的至少三倍多。另有研究认为,该岛仅凭空气洁净、水质好还不能保证如此多的居民长寿。该岛居民长寿是因为他们大多携带某种"长寿基因"。2003年11月出版的美国《探索》杂志称,美国艾奥瓦大学生物学系的史蒂芬·奥斯塔德(Steven Austad)预测,到2150年,人类寿命将可能超过150岁。

呜呼,看来现今活着的人是没有指望活到150岁了,如果我们要想真的活到150岁,就得寄希望于有关人类长寿方法的研究以光年为单位飞速发展,提早实现史蒂芬·奥斯塔德的预测。但即使人类提前实现了这一预测,今生有谁真的活到了150岁?纵比时空长河,他们也如流星滑空,瞬间即逝。而那个首先活到150岁的人是不是会被扣上鲁迅(1881—1936)先生说过的那句话:"愈是无聊赖,没出息的角色,愈想长寿,想不朽。"也是,如果这个活到150岁的人,不及鲁迅先生著论等身的1/3,那活着也确是百无聊赖、没出息了。

人生实在是太短太短,而多活了一些时间的人,却也可能遭骂……

人都是很快就要死的。当我们在生的过程中对生有了认知的时候,我们就会同时意识到,所有人面对的终结就是死亡。但是,即便死是每个人不可改变的现实,许许多多的人也不愿意这个不以人的意志为转移的"预期目标"就在那一应该到来的时刻自然地在我们自己的身上发生,众生都希望尽可能多地活一些时间,这就使人们把给老年人过生日改称为"祝寿",并常常恭贺为"长命百岁""万寿无疆",以祝福老人"长寿"。

西周、春秋时,"万年无疆""眉寿无疆"等是人们常用的颂词和祝福语。《诗经·豳风·七月》有"脐彼公堂,称彼觥觥,万寿无疆"之句,描写的是人们一年辛勤劳作后举行欢庆仪式的场面。这里的"万寿无疆",是人们举杯痛饮时发出的欢呼语。到战国、秦朝时,"万岁"已常被人们用来对尊者的颂词和庆祝胜利的欢呼。据《史记·滑稽列传》:秦王嬴政(前259—前210)统一六国后称"始皇帝"。当他临殿时,臣下就"上寿呼万岁"。又据《汉书·武帝纪》载:元封元年(前110)"春正月,行幸缑氏。诏曰:'朕用事华山,至于中岳……翌日亲登嵩高,御史乘属,在庙旁吏卒咸闻呼万岁者三。登礼罔不答。"是说汉武帝刘彻(前156—前87)登上嵩山之巅,吏卒均听到三呼"万岁"之声。荀悦(148—209)注曰:"万岁,山神之称也。"即神灵在向汉武帝高呼"万岁"致敬;汉武帝向神灵致意还礼,无不答应。从此以后,历代封建皇帝都规定三呼万岁为宫廷朝拜礼仪的一项重要内容。从秦汉到隋唐的1000年中,“万岁”并非皇帝专用。当时除了朝见时拜称皇帝外,对其他尊长及对国、民有功者也可尊称“万岁”。如东汉名将马援(前14—49)因功封侯,“吏士皆伏称万岁”(《后汉书·马援传》)。从秦汉到隋唐,不但对尊者可称“万岁”,还可以将“万岁”作为人名使用。如唐代大书法家颜真卿(709—784年,一说709—785)手下有个将领就叫刁万岁(《旧唐书·颜真卿传》)。到了宋朝,“万岁”才为皇帝所专用,其他人如称“万岁”即犯欺君大罪。北宋大将曹利用的侄子曹讷醉酒后命人呼其“万岁”被告发,受杖责而死(《宋史·曹利用传》)。

不让别人称为“万岁”的诸代皇帝们,他们在皇座上也不知道被脚下的臣子喊了多少次“万岁,万岁,万万岁!”但最终也都未能躲过一死。所以,生,并不是能够喊出来的,无论如何喊,死都是必然的结局。

皇帝和百姓,无论富贵贫贱,命运不同而已,生命并无区别。芸芸众生如同花草,总有枯荣的时候,生命的长短对所有人都是公平的。

既然都要死,那就应该坦然面对。生老病死是自然规律。年事太高自然而终是最轻松的死。中国传统习俗中的“白喜事”是对七十岁以上老人仙逝的专称,此称呼源于春秋时期,寓意逝者早安。后意谓人活到这个年纪,福寿已尽享,子孙已尽孝,无牵无挂,如同瓜熟自然蒂落,死便是“升仙”而已,活着的人应半忧半喜,不必过度悲伤。

“升仙”应源自道教。这种长生不死、“成仙”的信仰(或理想)很早便在华夏民族中流传。仙在古字中为“僊”,指深居山中经修炼达至生而不死或实现了生命再变的特殊人。早期道教所说的成仙,主要指肉体长生,“若夫仙人,以药物养身,以术数延命,使内疾不生,外患不入,虽久视不死,而旧身不改”(《抱朴子·论仙》)。后来也有天仙、地仙及尸解仙三类之分和天仙、神仙、地仙、鬼仙、人仙五类之说,但还是以“旧身不改”的人仙、地仙为世人所重。这种理想与佛教的精神解脱及无我之说颇为不同。佛教精于反省生命,认为死亡是平常的事,是命之必需;有生就有死,有死就有生,生死相对,形成轮回。

道教和佛教,对中国人生死观的形成影响很大,但回到我生我在的茫茫人海之中,现今就是寺里的道士每日求道,恐也不是为了来日成仙;而庙里的和尚天天求佛念经,也未必真信会有轮回。即使他们真的相信成佛、轮回,那也不过是一种信仰或追求而已,因为科学早已用不争的事实告诉我们,他们所祈愿的都不存在,而死就如同春风、夏雨、秋霜、冬雪一样,该来的时候它就到了,什么都不能让它改变,这是规律。

人不知道自己在100年中能够走到哪个时间点上便会终结,是30年、50年还是更多一些年头?但健康和许多不太健康或疾病缠身的人,都愿意生而不是死。一个朋友在公安系统一线工作,从他手上落网的毒犯丢掉脑袋的就有56个之多。劳累大半生,刚从一线换到二线,本想好好生活、工作10年退休,但好胜的性格让他在剧烈的运动后因心肌缺血抢救无效而离世,留下老母、妻儿和一帮朋友……他想强壮身体,为以后的10年、20年好好地活着,但上帝却没有让他完成自己的心愿。瞠目望苍穹,无奈中甚感老天不公!

曾有一友的母亲身患癌症一年余,孩子求医问药想尽办法,但换来的是母亲在此期间三次自杀。无论家人如何劝阻,终无法打消其离世的想法。按家人的判断,她没有身体上太大的痛苦,孩子的爱更将其托在心间,经济上也没有问题。那她为什么偏偏想要尽早离开家人和这个世界呢?最大的可能就是孩子们无法给予她想要的东西——用生命以求的“最爱”。当没有病痛时,健康的人对没有“最爱”尚能忍受;而一旦身有病变,特别是得了难以治愈的疾病时,没有“最爱”便成了放弃生命的导火线。有心理学专家做过一个实验:给出许多你一生可以拥有的人,当采用剔除法告知你最终只能留下一个,而“其他的一个个都不属于你”时,你只能在痛苦中把你的亲人一个个放弃,最终留下的是你的另一半——你的丈夫或妻子。没有了“最爱”,即使那一半还活着,对于用生命追求“最爱”的你来说,再用自己的生命给“最爱”一个交代,或许就此一种选择。这也是有些人殉情的重要原因之一。

没有了“最爱”,对一些人来说,就是生不如死。但死了,便再没有机会得到“最爱”。

我们必须接受自然离去,但千万不可自我终结。把应该属于我们自己的时光留下来,才有时间和机会让自己的人生多一些圆满。

诚然,我们应该追求圆满,但是我们知道,那是可遇不可求的事情。因为人生难圆满,我们就没有必要强迫自己去圆满。所以,当觉得己不如人的时候,用“认命”安慰一下自己不去钻牛角尖,得到稍许的宽心也不是什么坏事情。其实,如果我们好好算算上天的恩赐,我们会发现,自己得到的和拥有的绝对比失去的和没有得到的要多出许多;而失去的和没有得到的那部分,本身就是我们生命过程中应该失去的,我们必须接受它的存在。只有这样,人生才能享有更多的豁达和快乐。当然,虽然人生不可能圆满,我们也不应对圆满不无所求,因为多一些圆满,人生必然会多一些光彩。

参考书目

1. 哈斯. 关系制胜:出人头地的5种能力[M]. 杜晋丰等,译. 北京:九州出版社,2000.
2. 泰勒. 职业外创收术[M]. 北京:中国国际广播出版社,1989.
3. 艾柯夫. 艾柯夫管理思想精华集[M]. 胡继旋,杜文君,译. 上海:三联书店,2007.
4. 派克. 做正确的事[M]. 骆欣庆,李小平,译. 北京:中国人民大学出版社,2009.
5. 柯维,梅里尔,梅里尔. 要事第一[M]. 刘宗亚等,译. 北京:中国青年出版社,2013.